W0261152

Facharzt und Recht

Herausgegeben von Hermann Fenger und Michael Entezami

Springer
Berlin
Heidelberg
New York
Hongkong
London
Mailand
Paris
Tokio

Michael Entezami
Hermann Fenger

Gynäkologie und Recht

Mit 23 Abbildungen und 7 Checklisten

 Springer

Priv.-Doz. Dr. med. Michael Entezami
Kurfürstendamm 199
10719 Berlin
entezami@t-online.de

Dr. iur. Hermann Fenger
Hedwigstraße 12
48149 Münster

ISBN 3-540-000381-9 Springer-Verlag Berlin Heidelberg New York

Bibliografische Information Der Deutschen Bibliothek
Die Deutsche Bibliothek verzeichnet diese Publikation in der Deutschen Nationalbibliografie; detaillierte bibliografische Daten sind im Internet über <http://dnb.ddb.de> abrufbar.

Springer-Verlag ist ein Unternehmen von Springer Science+Business Media

springer.de

© Springer-Verlag Berlin Heidelberg 2004

Einbandgestaltung: de'blik, Berlin

SPIN 10909263   64/3130-5 4 3 2 1 0 – Gedruckt auf säurefreiem Papier

Geleitwort

Die Kenntnis von Grundzügen der ärztlichen Rechts- und Berufskunde ist Pflicht für jeden Mediziner. Neben seinem medizinischen Fachwissen sind nicht nur Einfühlungsvermögen, ein hoher ethischer Anspruch, Sinn für Management, ein großes Organisationsgeschick, körperliche und seelische Belastbarkeit sowie unternehmerische Fähigkeiten gefordert, sondern auch ein Grundverständnis für rechtliche Fragen im Zusammenhang mit seinem Tun.

Als Rechtsmediziner, die wir in gewisser Weise zwischen den Stühlen von Recht und Medizin sitzen, können wir uns gelegentlich nicht des Eindrucks erwehren, dass eine große Zahl von Menschen über ihre Rechte als Patient besser Bescheid wissen, als die sie behandelnden Mediziner über ihre eigenen Rechte und Pflichten informiert sind. Dies ist eine grundsätzlich ungünstige Ausgangssituation, zumal in – in den Wartebereichen zahlreicher Arztpraxen ausliegenden – bunt gedruckten Wochenmagazinen regelmäßig zum Teil mehrseitige Berichte über „Ärztepfusch“, „Ihre Rechte als Patient“ und „Klinik vertuscht Behandlungsfehler“ etc. erscheinen. Und so verwundert es nicht, dass bei gleichzeitig immer komplexer werdenden Diagnose- und Behandlungsmöglichkeiten die Zahl der straf- und zivilrechtlichen (Ermittlungs-)Verfahren enorm gestiegen ist.

Andererseits kann es nicht Sinn sein, dass ein Mediziner nun auch noch eine juristische Ausbildung absolvieren muss. So gibt es seit vielen Jahren Literatur zum Thema des Arztrechts, die aber im Laufe der Jahre – parallel mit der Zunahme der Zahl entsprechender Entscheidungen und Gesetzgebungen – enorm an Umfang zugenommen hat und oft entweder sehr abstrakt das Thema behandelt oder teilweise vom juristischen Laien überhaupt nicht mehr erfasst werden kann.

Das vorliegende Werk ist anders. Hier ist es den beiden Autoren meisterhaft gelungen, die Brücke zwischen Gynäkologie und Recht zu schlagen. Nahezu sämtliche Bereiche der ärztlichen Rechts- und Berufskunde wurden konkret im Hinblick auf den gynäkologischen Alltag behandelt und mit allgemeinen Beispielen versehen. Es wurde bewusst auf allzu spezielle juristische Feinheiten verzichtet – hierzu wäre ohnehin eine individuelle Beratung durch einen Juristen indiziert. Und die für einen Nicht-Juristen verständliche Sprache animiert, das Buch nicht nur als Nachschlagewerk, sondern auch zum systematischen Lesen in die Hand zu nehmen. Der übersichtliche Umfang des Werks sowie das gelungene Layout dürften ihr übriges tun.

Ich wünsche dem gelungenen Buch eine weite Verbreitung, auf dass es den Lesern ein wertvoller Ratgeber ist und damit letztlich dem Wohl der Patientinnen dient.

Köln, Herbst 2003
Prof. Dr. Markus A. Rothschild
Institut für Rechtsmedizin
Universitätsklinikum Köln

Vorwort

Die gemeinsame Autorenschaft eines Buches durch einen Juristen und einen Facharzt ist ungewöhnlich, herausfordernd und reizvoll zugleich.

Ungewöhnlich, da im beruflichen Alltag Juristen und Ärzte kaum Berührungspunkte haben, und wenn doch, so eher unangenehme und beklemmende, zumindest aus Sicht des Mediziners. Jedem Gynäkologen und Geburtshelfer ist die Relevanz juristischer Fragestellungen im Alltag bewusst.

Ein Blick auf das Inhaltsverzeichnis des Buches genügt um zu erkennen, in wie vielen Situationen und bei wie vielen Entscheidungen und Vorgehensweisen des beruflichen Alltags der Gynäkologe mit juristisch relevanten Fragen konfrontiert wird. Eine ganze Reihe von Berufspflichten beschreiben potentielle juristische Problemkreise: Behandlungspflicht, Aufklärungspflicht, Pflicht zur persönlichen Leistungserbringung versus Delegation, Dokumentationspflicht, Schweigepflicht versus Auskunftspflicht, Meldepflicht, Fortbildungspflicht, Organisationspflicht bis hin zur Haftpflicht bei unzufriedenen Patientinnen.

Diesen Berufspflichten stehen neben der Mitwirkungs- und Duldungspflicht Rechte und Gesetze gegenüber wie das Selbstbestimmungsrecht, Einsichtsrecht, Sozialversicherungsrecht, Dienst- und Arbeitsrecht, Arbeitszeitgesetz, Infektionsschutzgesetz, Bundesdatenschutzgesetz u.v.a.m., die vom Arzt als Angestellter oder Arbeitgeber zum Schutz des Patienten zu beachten sind und ihn bei Nichtbeachtung in Berührung mit einem Juristen bringen können.

Herausfordernd war die Aufgabenstellung von Verlag und Autoren, alltägliche Fragen des Arztes in der Gynäkologie und Geburtshilfe juristisch korrekt und dennoch für den medizinischen Leser gut verständlich zu beantworten.

Reizvoll war die Zusammenarbeit der beiden Autoren ebenfalls in zweierlei Hinsicht. Zum einen galt es die unterschiedliche Sichtweise und das gänzlich verschiedene Sprachverständnis von Juristen und Medizinern zusammen zu führen. Zum anderen war die Erarbeitung dieses Buches geprägt von einem stetigen Lernprozess im Verständnis der jeweiligen Fachdisziplin und gestaltete sich dadurch zu einer, wie wir hoffen, für den Leser fruchtbaren Zusammenarbeit mit dem Ergebnis klar verständlicher und sofort umsetzbarer Antworten auf vielfältige Fragen im Alltag.

Im vorliegenden Band wurde der tatsächlichen Situation in Deutschland insofern nicht Rechnung getragen, als durchgängig von „dem Gynäkologen" gesprochen wird. Wir sind uns dessen bewusst, dass tatsächlich inzwischen die Gynäkologinnen in der Mehrheit sind, haben aber zugunsten der Lesbarkeit auf Sprachkonstruktionen wie „GynäkologInnen" oder „die Gynäkologin/der Gynäkologe" verzichtet.

Zu besonderem Dank sind die Herausgeber und Autoren dem viel zu früh verstorbenen Herrn Dietrich Pinkerneil verpflichtet. Mit seiner Hilfe ist die gesamte Reihe zustande gekommen. Besonders danken möchten wir Frau Brigitte Reschke und Herrn Jens Roth vom Springer-Verlag. Ohne ihre tatkräftige und hilfreiche Unterstützung hätte das Buch in der vorliegenden Form gar nicht entstehen können. Schließlich gilt unser herzlicher Dank Herrn Christian Wertke aus Münster für die gute und umfangreiche Zusammenarbeit.

Bedanken möchten wir uns bei Frau Brigitte Gross vom Grundsatzdezernat der BfA und Herrn Dr. Günter Haug von der Rehabilitationsklinik Hochstaufen der BfA in Bayerisch Gmain, die wesentliche Beiträge insbesondere zum Kapitel Datenschutz beigesteuert haben.

Hermann Fenger, Münster
Michael Entezami, Berlin
November 2003

Inhaltsverzeichnis

Glossar

Amtsgericht	Unterste Instanz der ordentlichen Gerichte, zuständig für Streitwerte bis 5.000,00 € in Zivilverfahren und in Strafverfahren, wenn keine höhere Strafe als 4 Jahre Freiheitsentzug zu erwarten ist.
Aufschiebende Wirkung	Ein erlassener Verwaltungsakt kann durch Einlegung eines Rechtsbehelfs hiergegen nicht von der Behörde durchgesetzt werden.
Aussageverweigerungsrecht	Niemand braucht sich in einem Ermittlungs- oder Gerichtsverfahren selbst zu belasten.
Aussetzung der Vollziehung	Die einen Verwaltungsakt erlassende Behörde oder die Widerspruchsbehörde kann die sofortige Vollziehung aussetzen, so dass der Verwaltungsakt nicht durchgesetzt werden kann.
Beschlagnahme	Zwangsweise Sicherstellung einer Sache.
Bestechlichkeit	Liegt beim Amtsträger oder sonst für den öffentlichen Dienst besonders Verpflichteten vor, wenn dieser für eine konkrete Diensthandlung sich oder einem Dritten einen Vorteil anbieten, versprechen oder gewähren lässt.
Bestechung	Liegt vor, wenn der Täter einem Amtsträger oder für den öffentlichen Dienst besonders Verpflichteten einen Vorteil für diesen oder Dritten anbietet, verspricht oder gewährt, um ihn zu einer Verletzung seiner Dienstpflicht zu bestimmen (konkrete Diensthandlung).
Betreuer	Die Betreuung dient der Regelung der Rechtsstellung psychisch kranker und körperlich, geistig oder seelisch Behinderter volljähriger Personen.
Beweisbeschluss	Beschluss des Gerichts, bestimmten Beweisanträgen zu konkreten Tatsachenbehauptungen nachzugehen.

Beweislast	Aufgabe einer Prozesspartei, die Tatsachen zu beweisen, die ihr Vorbringen tragen.
Beweislastumkehr	Aufbürdung der Beweislast auf den grundsätzlich nicht Beweisbelasteten.
Beweismittel	Augenschein, Parteivernehmung, Sachverständigengutachten, Urkunden und Zeugen.
Bundesgerichtshof	Oberster Gerichtshof des Bundes für das Gebiet der ordentlichen Gerichtsbarkeit.
Deliktisches Verhalten	Unerlaubtes Handeln oder Unterlassen, das im Zivilrecht mit Schadensersatz und im Strafrecht mit Straffolge verknüpft ist.
Dienstvertrag	Gegenseitiger Vertrag, in dem sich der Dienstverpflichtete zur Leistung bestimmter Tätigkeiten und der Dienstherr zur Gewährung einer Vergütung verpflichtet.
Disziplinarverfahren	Dient der Durchsetzung der Disziplinargewalt des Dienstherrn gegenüber den Beamten und ist teilweise dem Strafverfahren nachgebildet.
Einlassung	Schriftlicher oder mündlicher Vortrag des Beschuldigten in einem Strafverfahren.
Einrede	Recht, das die Durchsetzung eines subjektiven Rechts eines Anderen verhindert, also ein Gegenrecht ist.
enumerativ	Abschließende Aufzählung.
Erfüllungsgehilfe	Person, deren sich der Schuldner zur Erfüllung seiner Verpflichtung bedient.
Ermessensfehler	Eine Behörde hat ihre Entscheidung nach sachlichen Gesichtspunkten unter gerechter und billiger Abwägung des öffentlichen Interesses und der Belange des Bürgers zu treffen und dabei die Grundsätze der Zweckmäßigkeit und der Verhältnismäßigkeit zu beachten.
Factoring	Übertragung der Honorarforderung des Arztes gegen seinen Patienten auf die Factoringbank, die diese Forderung bevorschusst und ihrerseits beim Patienten einzieht.

Fahrlässigkeit	Das außer Acht lassen der im Verkehr erforderlichen Sorgfalt.
Garantenstellung	Es besteht nach Gesetz, Vertrag oder vorausgegangenem Tun eine Pflicht zum Handeln. Ein Unterbleiben der Handlung kann strafrechtliche Folgen auslösen.
Generalklausel	Wertausfüllungsbedürftiger Rechtsbegriff, den der Gesetzgeber verwendet, um durch allgemein gehaltene Formulierungen möglichst viele Tatbestände zu erfassen.
Gesamtschuldner	Gläubiger kann die geschuldete Leistung nach seinem Belieben ganz oder teilweise von jedem Schuldner verlangen, die Leistung insgesamt aber nur einmal beanspruchen.
Geschäftsführung ohne Auftrag	Besorgnis eines Geschäfts für einen anderen, ohne von diesem beauftragt oder ihm gegenüber sonst dazu berechtigt zu sein.
Gesellschaft bürgerlichen Rechts	Eine auf Vertrag beruhende Vereinigung von mindestens zwei Personen zur Förderung eines von ihnen gemeinsam verfolgten Zwecks.
Gesetzlicher Vertreter	Person, deren Vertretungsmacht sich aus dem Gesetz ergibt und nicht erst durch ein Rechtsgeschäft erteilt werden muss.
Gewerbe	Jede erlaubte, auf Gewinn gerichtete und auf gewisse Dauer angelegte, selbständige Tätigkeit im Gegensatz zu freien Berufen, bei denen eine besondere berufliche Qualifikation vorausgesetzt wird.
Grundsatz der Hauptverhandlung	Durchführung des Termins vor dem Strafgericht bei Anwesenheit der Beteiligten.
Juristische Person	Zusammenfassung von Personen oder Sachen zu einer rechtlich geregelten Organisation, der die Rechtsordnung Rechtsfähigkeit verleiht und dadurch als Träger eigene Rechte und Pflichten hat.
Kausalzusammenhang	Der ursächliche Zusammenhang zwischen einem bestimmten Umstand und einem bestimmten Erfolg.

konkludent	Das tatsächlich Gewollte wird stillschweigend durch ein Handeln zum Ausdruck gebracht.
Kontrahierungszwang	Verpflichtung einer Partei zum Abschluss eines Vertrages aufgrund ihrer Monopolstellung.
Körperschaft des öffentlichen Rechts	Rechtsfähige, mitgliedschaftlich organisierte Verwaltungseinheiten, die Aufgaben der öffentlichen Verwaltung erfüllen.
Krankenhausvertrag mit Arztzusatzvertrag	Der Krankenhausträger schuldet dem Patienten sowohl die ärztlichen Behandlung als auch die übrige Krankenhausversorgung, wobei der Patient mit dem Chefarzt oder einem sonstigen liquidationsberechtigten Arzt des Hauses einen zusätzlichen Arztvertrag abschließt.
Kündigung	Einseitige Willenserklärung, durch die ein Vertragsverhältnis beendet wird.
Landessozialgericht	Landesgericht der Sozialgerichtsbarkeit zur Entscheidung im zweiten Rechtszug über Berufung und Beschwerde gegen Entscheidungen der Sozialgerichte.
Landgericht	Ordentliches Gericht, das im Aufbau zwischen dem Amtsgericht und dem Oberlandesgericht steht.
Legislative	Gesetzgebende Gewalt im Rahmen der Gewaltenteilung.
Mitverschulden	Verschulden, durch das der Geschädigte an der Entstehung des Schadens mitwirkt.
Mündliche Verhandlung	Durchführung des Termins vor einem Gericht bei Anwesenheit der Beteiligten im Zivilverfahren.
Mutmaßliche Einwilligung	Unterstelltes Einverständnis des vorübergehend nicht entscheidungsfähigen Patienten, in dessen wohl verstandenem Interesse gehandelt wird.
Nebenpflicht	Nachrangige Pflichten aus einem Vertragsverhältnis (Treue und Schutzpflicht).
Nicht rechtsfähiger Verein	Nicht in das Vereinsregister eingetragener Zusammenschluss von Personen, der nicht Träger von Rechten und Pflichten ist.

Novellierung	Änderung oder Ergänzung einer bestehenden gesetzlichen Regelung ohne völlige Neugestaltung der Rechtsmaterie.
Oberlandesgericht	Ordentliches Gericht, das im Gerichtsaufbau über dem Landgericht und unter dem Bundesgerichtshof steht.
Objektiv typisierende Merkmale	Medizinischer Sorgfaltsmaßstab, der im jeweiligen Kreis der Fachärzte die vorausgesetzten Fähigkeiten, Kenntnisse und Fertigkeiten bestimmt.
Öffentliches Recht	Regelungen über die Beziehungen des Bürgers zum Staat, wenn dieser hoheitlich tätig ist.
Öffentlich-rechtliche Pflicht	Für jedermann bestehende gesetzliche Verpflichtung.
Partnerschaftsgesellschaft	Rechtsfähige Personengesellschaft freier Berufe, insbesondere bei Ärzten, Anwälten, Steuerberatern usw.
Pfleger	Vom Vormundschaftsgericht eingesetzter Vertreter für einzelne besondere Angelegenheiten, die eine Person selbst nicht ausüben kann.
Rechtfertigungsgrund	Umstand, aufgrund dessen einem an sich rechtswidrigen Verhalten die Rechtswidrigkeit genommen wird (wirksame Einwilligung des Patienten).
Rechtsfähiger Verein	In das Vereinsregister eingetragener Zusammenschluss von Personen, der Träger von Rechten und Pflichten ist.
Schadensersatz	Anspruch auf Ausgleich eines Schadens, der durch eine andere Person verursacht wurde.
Schadensminderungspflicht	Geschädigter verletzt seine Obliegenheit, den Schaden abzuwenden, zu mindern oder den Schädiger auf die Gefahr eines ungewöhnlich hohen Schadens hinzuweisen.
Schlüsselgewalt	Beschränkte Vertretungsbefugnis des Ehepartners im Rahmen der ehelichen Lebensgemeinschaft, Verpflichtungen für den anderen Ehepartner einzugehen.

Schlüssiges Verhalten	Handeln einer Person wird durch Auslegung nach Treu und Glauben als verbindliche Erklärung angesehen (konkludentes Verhalten).
Schmerzensgeld	Angemessene Entschädigung in Geld für solche Schäden, die nicht Vermögensschäden sind.
Sofortige Vollziehung	Sofortige Vollstreckbarkeit eines Verwaltungsaktes.
Sozialgericht	Gericht der Sozialgerichtsbarkeit zur Entscheidung in erster Instanz über alle Streitigkeiten, für die der Rechtsweg in diesem Gerichtszweig offen steht.
Stiftung	Juristische Person, deren Vermögen einem bestimmten Zweck gewidmet wurde.
Strafanzeige	Anzeige eines Betroffenen bei der Staatsanwaltschaft oder Polizei wegen des Verdachts einer begangenen Straftat.
Strafrecht	Teil des öffentlichen Rechts, das Strafen für bestimmtes, verbotenes Verhalten vorsieht.
Substantiierung	Genauer Vortrag aller Tatsachen, die für eine Klagebegründung oder das Bestreiten des Klageanspruchs erforderlich sind.
Tendenzbetrieb	Unternehmen, das mindestens überwiegend politischen, konfessionellen, karitativen oder wissenschaftlichen Zwecken dient und deshalb arbeitsrechtliche Bestimmungen nur eingeschränkt anwendbar sind (Betriebsverfassungsgesetz oder Kündigungsschutzgesetz).
Totaler Krankenhausvertrag	Patient hat allein zum Krankenhausträger vertragliche Beziehungen.
Übernahmeverschulden	Fehlende praktische und theoretische Fähigkeiten oder Kenntnisse bei der Übernahme einer Behandlung oder Operation.
Verhältnismäßigkeit	Beabsichtigte Maßnahme muss geeignet, notwendig und verhältnismäßig sein, um das angestrebte Ziel zu erreichen.
Verjährung	Die durch Zeitablauf entstehende Möglichkeit, die Erfüllung einer geschuldeten Leistung zu verweigern.

Vermögens- verfügung	Jedes Handeln, Dulden oder Unterlassen, das eine Vermögensminderung (Schaden) unmittelbar herbeiführt.
Verrichtungsgehilfe	Person, die für den Geschäftsherrn tätig ist und in einem sozialen Abhängigkeitsverhältnis zu diesem steht. Der Geschäftsherr haftet für die vom Verrichtungsgehilfen verursachten Schäden.
Vertrag	Mindestens zweiseitiges Rechtsgeschäft, das durch Übereinstimmung vom Angebot einer Partei und dessen Annahme durch die andere Partei zustande kommt.
Volljurist	Natürliche Person, die aufgrund zweier bestandener juristischer Staatsexamen die Befähigung zum Richteramt hat.
Vormund	Das Vormundschaftsgericht hat von Amts wegen für ein minderjähriges Kind, das nicht unter elterlicher Sorge steht, einen Vertreter als Vormund zu bestellen.
Vormundschafts- gericht	Abteilung eines Amtsgerichts, die für Betreuung, Vormundschaften und Pflegschaften zuständig ist.
Vorteilsgewährung	Begeht, wer einem Amtsträger oder einem für den öffentlichen Dienst besonders Verpflichteten für dessen Dienstausübung einen Vorteil für diesen oder einen Dritten anbietet, verspricht oder gewährt (allgemeine Dienstausübung).
Vorteilsnahme	Liegt vor, wenn ein Amtsträger oder ein für den öffentlichen Dienst besonders Verpflichteter sich für die Dienstausübung einen Vorteil für sich oder einen Dritten fordert, sich versprechen lässt oder annimmt.
Vortrag	Schriftsätzliche Ausführungen in einem Gerichtsverfahren.
Werkvertrag	Vertrag, bei dem sich der Unternehmer zur Herstellung eines bestimmten Werkes und der Besteller zur Zahlung einer Vergütung verpflichtet. Der Hersteller schuldet einen Erfolg.

Wertsicherungs-klausel	Vereinbarung, wonach sich die Höhe der Forderung automatisch etwa nach dem Lebenshaltungskostenindex anpasst.
Widerspruch	Rechtsbehelf gegen eine Entscheidung einer Behörde.
Zeugnis-verweigerungsrecht	Bestimmte Personen können aufgrund persönlicher Beziehungen oder zur Wahrung des Berufsgeheimnisses die Aussage verweigern.
Zivilprozess	Verfahren der ordentlichen Gerichte in bürgerlichen Rechtsstreitigkeiten.
Zivilrecht	Rechtsnormen des Privatrechts, welche die Beziehungen privater Personen untereinander regeln.
Zulassung der Anklage	Das Strafgericht lässt die von der Staatsanwaltschaft bei ihm erhobene Anklage durch einen Eröffnungsbeschluss zur Hauptverhandlung zu.

Abkürzungsverzeichnis

ÄArbVtrG	Gesetz über die befristeten Arbeitsverträge mit Ärzten in der Weiterbildung
Abl.	Amtsblatt
ABR	Aktenzeichen für allgemeine Rechtsbeschwerden beim Bundesarbeitsgericht
AFG	Arbeitsförderungsgesetz
AG	Amtsgericht
AHB	Allgemeine Versicherungsbedingungen für die Haftpflichtversicherung
AHRS	Arzthaftpflicht-Rechtsprechung
AMG	Arzneimittelgesetz
ÄndG	Änderungsgesetz
AOK	Allgemeine Ortskrankenkasse(n)
AP	Arbeitsrechtliche Praxis, Nachschlagewerk des Bundesarbeitsgerichts (Zeitschrift)
ArbG	Arbeitsgericht
ArbZG	Arbeitszeitgesetz
Art.	Artikel
ArztR	Arztrecht
ASiG	Gesetz über Betriebsärzte, Sicherheitsingenieure und andere Fachkräfte für Arbeitssicherheit
AuR	Arbeit und Recht (Zeitschrift)
AVB	Allgemeine Vertragsbedingungen
AVR	Richtlinien für Arbeitsverträge in den Einrichtungen des Deutschen Caritasverbandes
AWMF	Arbeitsgemeinschaft der Wissenschaftlichen Medizinischen Fachgesellschaften (Düsseldorf)
Az.	Aktenzeichen
BAG	Bundesarbeitsgericht
BAGE	Entscheidungen des Bundesarbeitsgerichts
BÄO	Bundesärzteordnung
BAT KF	Bundesangestelltentarif Kirchliche Fassung

BAT	Bundesangestelltentarifvertrag
BayObLG	Bayerisches Oberstes Landesgericht
BBG	Bundesbeamtengesetz
BBiG	Berufsbildungsgesetz
BDO	Bundesdisziplinarordnung
BDSG	Bundesdatenschutzgesetz
BErzGG	Bundeserziehungsgeldgesetz
BGB	Bürgerliches Gesetzbuch
BGB-Gesellschaft	Gesellschaft bürgerlichen Rechts
BGBl.	Bundesgesetzblatt
BGH	Bundesgerichtshof
BGHSt	Entscheidungen des Bundesgerichtshofs in Strafsachen
BGHZ	Entscheidungen des Bundesgerichtshofes in Zivilsachen
BImSchG	Bundesimmissionsschutzgesetz
BMV-Ä	Bundesmantelvertrag-Ärzte
BPflV	Bundespflegesatzverordnung
BSG	Bundessozialgericht
BSGE	Entscheidungen des Bundessozialgerichts
BVerfG	Bundesverfassungsgericht
BVerfGE	Entscheidungssammlung des Bundesverfassungsgerichts
BVerwG	Bundesverwaltungsgericht
BVerwGE	Entscheidungen des Bundesverwaltungsgerichts
CTG	Computertomographie
DBfK	Deutscher Berufsverband für die Pflegeberufe e.V.
DKG	Deutsche Krankenhausgesellschaft
DKVG	Deutsche Krankenhaus Verlagsgesellschaft
DÖV	Die öffentliche Verwaltung
DRG	Diagnosis Related Groups (Fallpauschalen)
EEG	Elektroenzephalogramm
EG	Europäische Gemeinschaft
EGV	Vertrag der Europäischen Gemeinschaft

EKG	Elektrokardiogramm
EMRK	Europäische Kommission für Menschenrechte
EMRÜ	Europäisches Menschenrechtsübereinkommen
ESchG	Embryonenschutzgesetz
EStG	Einkommenssteuergesetz
EU	Europäische Union
EuGH	Europäischer Gerichtshof
EuGHE	Sammlung der Rechtssprechung des Gerichtshofes der Europäischen Gemeinschaften
EuGRZ	Europäische Grundrechte-Zeitschrift
FGG	Gesetz über Angelegenheiten der freiwilligen Gerichtsbarkeit
GbR	Gesellschaft bürgerlichen Rechts
GenTG	Gentechnikgesetz
GG	Grundgesetz für die Bundesrepublik Deutschland
GKV	Gesetzliche Krankenversicherung
GmbH	Gesellschaft mit beschränkter Haftung
GOÄ	Gebührenordnung für Ärzte
GRUR	Gewerblicher Rechtsschutz und Urheberrecht (Zeitschrift)
HRG	Hochschulrahmengesetz
HWG	Heilmittelwerbegesetz
IfSG	Gesetz zur Verhütung und Bekämpfung von Infektions-Krankheiten beim Menschen
IGEL	Individuelle Gesundheitsleistung
KBV	Kassenärztliche Bundesvereinigung
KG	Kammergericht
KHG	Gesetz zur wirtschaftlichen Sicherung der Krankenhäuser und Regelung der Krankenhauspflegesätze
KR	Aktenzeichen für Revisionen beim Bundessozialgericht
KrPflG	Krankenpflegegesetz
KV	Kassenärztliche Vereinigung
LAG	Landesarbeitsgericht

LG	Landgericht
MBO-Ä	Musterberufsordnung für Ärzte
MedGV	Verordnung über die Sicherheit medizinisch-technischer Geräte
MedR	Medizinrecht (Zeitschrift)
MPG	Medizinproduktegesetz
MuSchG	Mutterschutzgesetz
MuWO	Musterweiterbildungsordnung
NJW	Neue Juristische Wochenschrift
NJW-RR	NJW-Rechtsprechungsreport
NStZ	Neue Zeitschrift für Strafrecht (Zeitschrift)
NW	Nordrhein-Westfalen
OLG	Oberlandesgericht
OVG	Oberverwaltungsgericht
RGSt	Entscheidungen des Reichsgerichts in Strafsachen
RKI	Robert-Koch-Institut
RÖV	Röntgenverordnung
r + s	Recht und Schaden (Zeitschrift)
RVO	Reichsversicherungsordnung
SchKG	Schwangerschaftskonfliktgesetz
SGB	Sozialgesetzbuch
SGG	Sozialgerichtsgesetz
SSW	Schwangerschaftswoche
StGB	Strafgesetzbuch
StPO	Strafprozessordnung
StrlSchV	Strahlenschutzverordnung
TDG	Teledienstgesetz
TDSV	Telekommunikations- und Datenschutzverordnung
TFG	Transfusionsgesetz
TzBfG	Teilzeit- und Befristungsgesetz
U	Aktenzeichen für Berufung beim Oberlandesgericht oder Kammergericht
UStG	Umsatzsteuergesetz
usw.	und so weiter

UWG	Gesetz gegen unlauteren Wettbewerb
VA	Verwaltungsakt
VersR	Versicherungsrecht
VGH	Verwaltungsgerichtshof
VwGO	Verwaltungsgerichtsordnung
WRP	Wettbewerb in Recht und Praxis (Zeitschrift)
WRV	Weimarer Reichsverfassung
ZPO	Zivilprozessordnung
ZSEG	Gesetz über die Entschädigung für Zeugen und Sachverständige

Weiterführende Literatur

Andreas / Debong / Brüns, Handbuch des Arztrechts in der Praxis, Baden-Baden 2001

Bahner, Das neue Werberecht für Ärzte, Berlin, Heidelberg, New York, 2. Auflage 2003

Dettmeyer, Medizin & Recht für Ärzte, Berlin, Heidelberg, New York, 2001

Deutsch / Spickhoff, Medizinrecht, Berlin, Heidelberg, New York, 5. Auflage 2003

Ehlers (Hrsg.), Wirtschaftlichkeitsprüfung, München, 2. Auflage 2002

Fenger / Göben, Sponsoring im Gesundheitswesen, München 2003

Klapp, Abgabe und Übernahme einer Arztpraxis, Berlin, Heidelberg, New York, 2. Auflage 2001

Laufs / Uhlenbruck, Handbuch des Arztrechts, München, 3. Auflage 2002

Martius (Hrsg.), Rechtliche Probleme in der Geburtshilfe und Gynäkologie, Stuttgart 1990

Münzel, Chefarzt- und Belegarztvertrag, München, 2. Auflage 2001

Ratzel / Lippert, Kommentar zur Musterberufsordnung der Deutschen Ärzte, Berlin, Heidelberg, New York, 2002

Schnapp / Wigge, Handbuch des Vertragsarztrechts, München 2002

v. Eiff / Fenger u.a. (Hrsg.), Der Krankenhausmanager, Berlin, Heidelberg, New York, 12. Auflage 2002

Winter / Fenger / Schreiber, Genmedizin und Recht, München 2001

Internetadressen

www.aerzteblatt.de
(Archiv: Bekanntmachungen, Tarifverträge (Arzthelferinnen),
Mantelverträge, Musterberufsordnung usw.)

www.aerztekammer.de
(Links: Ärztekammern regional, Bundesärztekammer, Leitlinien, Richtlinien u.v.a.)

www.aerztezeitung.de
(Kurzberichte über aktuelle Urteile)

www.bib.uni-mannheim.de/bereiche/jura/gesetze/stgb-inh.htm
(Strafgesetzbuch online)

www.bundesanzeiger.de
(Bundesgesetzblatt u.a., kostenpflichtig)

www.bundesgerichtshof.de
(Allgemeine Informationen und Urteile online)

(www.bundesgesundheitsamt.de)
(Link zu Robert-Koch-Institut, Paul-Ehrlich-Institut und dem
Bundesinstitut für Verbraucherschutz)

www.bundesgesundheitsministerium.de
(Gesetzentwürfe, Pressemitteilungen usw.)

www.bundesjustizministerium.de
(Bundesjustizministerium: Gesetzesvorhaben, Veröffentlichungen und Pressemitteilungen)

www.bvf.de
(Berufsverband der Frauenärzte: Berufspolitik, Richtlinien,
Frauenarzt-Telegramm (für Mitglieder))

www.cochrane.de
(Evidenzbasierte Medizin, Metaanalysen)

http://dejure.org/gesetze/StGB/
(Strafgesetzbuch online)

www.dggg.de
(Deutsche Gesellschaft für Gynäkologie und Geburtshilfe: Fortbildung, Leitlinien und Empfehlungen, Berufspolitik)

www.destatis.de
(Statistisches Bundesamt Deutschland, teils kostenpflichtig)

www.dimdi.de
(Deutsches Institut für medizinische Dokumentation und Information, Datenbanken)

http://europa.eu.int
(Europäische Union online, Link zum Europäischen Gerichtshof)

www.igmr.uni-bremen.de
(Institut für Gesundheits- und Medizinrecht der Universität Bremen, Gesundheitsstudien, auch beim Robert-Koch-Institut veröffentlicht)

www.kbv.de
(Kassenärztliche Bundesvereinigung, Links: Kassenärztliche Vereinigungen)

www.leitlinien.de
(Leitlinien der Fachgesellschaften und Bundesärztekammer)

www.medizinrechts-beratungsnetz.de
(Erstberatung per Internet in Rechtsfragen)

www.medknowledge.de
(Allgemeines für Ärzte und Patienten und zahlreiche Links, z.B. zu Leitlinien und DRG)

www.multimedica.de
(Datenbanken, allgemeine und fachspezifische Informationen, teils kostenpflichtig)

www.nationalerethikrat.de
(Stellungnahmen des Nationalen Ethikrates, Presseerklärungen)

www.rki.de
(Robert-Koch-Institut: Meldepflichten u.v.a.)

www.sozialgesetzbuch-bundessozialhilfegesetz.de
(Sozialgesetzbücher online)

www.springer.de/medizinrecht
(Zeitschrift Medizinrecht, kostenpflichtig)

Einleitung

Die seit geraumer Zeit festzustellende Flut neuer gesetzlicher Regelungen macht auch vor den Medizinern nicht halt. Ein Teil der neuen gesetzlichen Bestimmungen ist auf die Umsetzung europäischer Richtlinien, also Vorgaben zurückzuführen. Ein anderer ebenfalls nicht unerheblicher Teil scheint dem Regelungsbedürfnis des Gesetzgebers zu entspringen. Dabei werden die rechtlichen Bedingungen insgesamt noch weiter zunehmen. Die Zusammenarbeit mit Juristen ist deshalb für die Mediziner unausweichlich geworden. Beide Fachrichtungen sollten dies als Chance erkennen und nutzen, um die vielfach zwischen ihnen zu beobachtenden Spannungen zu beseitigen. Diese sind auf unterschiedliche Denkweisen von Ärzten und Juristen zurückzuführen. Der Unterschied wird durch die teilweise völlig gegensätzliche Arbeitsweise beider Berufsgruppen begründet sein. Vom Arzt wird verlangt, dass er in einer bestimmten Situation schnell und richtig reagiert. Der Jurist hat dem gegenüber den Vorteil, die Situation im Nachhinein an seinem Schreibtisch beurteilen zu können.

Dabei bildet das Arzthaftungsrecht nicht den Schwerpunkt der Auseinandersetzungen, wie man angesichts der zahlreichen, hierzu ergangenen Publikationen annehmen könnte. Vielmehr sieht sich der Mediziner in seinem beruflichen Alltag fortwährend mit gesetzlichen Normen konfrontiert. Dieses beginnt mit dem Abschluss eines eigenen Arbeitsvertrages oder der Anmietung von Räumlichkeiten, der Beschaffung von Geräten und der Einstellung von Personal.

Insbesondere das Verhältnis zwischen Arzt und Patient wird durch rechtliche Bestimmungen geregelt und kontrolliert. Dieses gilt sowohl für die Behandlung als auch für die spätere Abrechnung. Die gesetzlichen Bestimmungen zur Schweigepflicht sind dabei ebenso zu beachten wie der Datenschutz.

Der Arzt hat sein Berufs- und Standesrecht ebenso einzuhalten wie arbeitsrechtliche Regelungen. Die Verfahren der Ärzte im Kassenarztbereich vor den Sozialgerichten und in der Auseinandersetzung mit der Kassenärztlichen Vereinigung nehmen ständig zu.

Wer heute einen Chefarztvertrag abschließen oder sich mit Berufskollegen zur gemeinsamen Berufsausübung als niedergelassener Arzt zusammenschließen will, tut gut daran, sich rechtlicher Beratung zu bedienen. Nur so lassen sich spätere schmerzhafte Auseinandersetzungen vermeiden.

Die heftigsten Diskussionen werden nach wie vor im Rahmen der haftungsrechtlichen Inanspruchnahme des Mediziners durch unzufriedene Patienten geführt. Dabei geht man von ca. 30.000 Anspruchserhebungen (Klagen, Schlichtungsverfahren oder Direktregulierungen durch Versicherungen) jährlich aus. Die Zahl ist steigend. Dementsprechend haben sich die Prämien für die Versicherungen medizinischer Behandlungsrisiken entwickelt. Auch hier dürfte die Tendenz steigend sein. Ursache ist ein gesteigertes Anspruchsdenken der Patienten. Berichte in den Massenmedien über angebliche Kunstfehler sowie Rechtsschutzversicherungen der Patienten tun ihr Übriges, diese Tendenz weiterhin aufrecht zu erhalten. Patienten nutzen immer mehr die Möglichkeit, sich über ihr Leiden Informationen zu verschaffen. Populärwissenschaftliche Literatur sowie der unbegrenzte Informationszugang über das Internet dienen als willkommene Hilfsmittel. Noch häufiger finden sich in juristischen Fachzeitschriften Anzeigen von Medizinern, die die Erstellung von Gutachten den Juristen anbieten, um Ansprüche der von diesen vertretenen Patienten gegenüber Ärzten und Krankenhäusern zu unterstützen. Der Mediziner muss sich darüber im Klaren sein, dass jeder ärztliche Eingriff juristisch tatbestandsmäßig als Körperverletzung gewertet wird. Nur eine wirksame Aufklärung und damit einhergehende Einwilligung des Patienten rechtfertigt diese Körperverletzung und führt dazu, dass der Arzt nicht in Anspruch genommen werden kann. Dabei liegt die Betonung auf wirksam. Es wird nicht mehr nur danach gefragt, ob der Patient eingewilligt hat, sondern auch danach, ob dies wirksam geschehen ist. Dies hat seine rechtliche Grundlage in dem Gebot, die Entschließungsfreiheit und -fähigkeit des Patienten zu achten. Dies wiederum beruht auf grundlegenden Verfassungsprinzipien, wie der Achtung und dem Schutz der Menschenwürde (Art. 1 Abs. 1 GG), der Selbstbestimmung des Einzelnen (Art. 2 Abs. 1 GG) und dem Recht auf Leben und körperliche Unversehrtheit (Art. 2 Abs. 2 GG).

Der so herbeizuführende Konsens zwischen Arzt und Patient setzt voraus, dass dieser alle für die Entscheidung bedeutsamen Umstände kennt und einschätzen kann. Dazu gehören der medizinische Befund, die Art des geplanten Eingriffs, die voraussichtliche gesundheitliche Tragweite, die mit oder ohne den Eingriff zu erwartenden Heilungsaussichten, andere medizinische Behandlungsarten sowie die Risiken einer Verschlechterung seines Gesundheitszustandes. Dieses Selbstbestimmungsrecht steht nicht zur Disposition des Arztes, wenn die tatsächlichen Umstände objektiv für eine bestimmte Behandlung sprechen. Vielmehr hat der Patient das Recht, seine Entscheidung nach eigenen Maßstäben zu treffen.

Die haftungsrechtliche Inanspruchnahme des Mediziners ist letztlich nur in zwei gesetzlichen Bestimmungen normiert (§§823, 253 BGB). Diese Normen regeln auch im Wesentlichen die Abwicklung eines Verkehrsunfalls oder einer Schlägerei. Daher ist die Rechtssprechung zu einzelnen Haftungsfällen schier unüberschaubar geworden. Es handelt sich um Einzelfallrechtssprechung, weshalb nicht jeder Leitsatz einer Entscheidung ohne Weiteres auf einen prima facie vergleichbaren Fall angewendet werden darf.

Dabei ist sicherlich die teilweise aufgestellte Forderung, ein Arzt müsse sich durch regelmäßige Lektüre der einschlägigen Urteile über den jeweiligen Stand der höchstrichterlichen Rechtssprechung informieren, als zu weit gehend abzulehnen.

Da jedoch Haftpflichtprozesse und mögliche Strafverfahren wie ein Damoklesschwert über jeder ärztlichen Tätigkeit hängen, darf der Mediziner die von der Rechtssprechung aufgestellten Anforderungen nicht unbeachtet lassen. Er sollte in groben Zügen die Grundlagen der zivil- und strafrechtlichen Haftung wegen Fahrlässigkeit kennen, damit er sich auf die juristischen Sorgfaltsanforderungen entsprechend einstellen kann.

Der Mediziner ist in einem Zivilprozess zwar letztlich nur finanziell indirekt betroffen, da er haftpflichtversichert ist. Gleichzeitig geht es jedoch um seinen guten Ruf. Ein Strafverfahren kann dagegen seine berufliche Existenz gefährden. Ganz abgesehen davon stellt ein solches Verfahren rein tatsächlich eine psychische und physische Belastung dar. Dies gilt nicht zuletzt auch für eine damit verbundene Berichterstattung in Presse und Medien.

Daher wird das Bedürfnis der Ärzteschaft nach Rechtssicherheit weiter wachsen. Ihre rechtlichen Pflichten aus dem Behandlungsvertrag können nicht abschließend definiert werden. Hinzu kommt, dass die Patienten immer kritischer und sich ihrer Rechte bewusster werden. Daher ist es geboten, den rechtlichen Rahmen, in dem sich jeder Arzt relativ sicher bewegen kann, deutlich zu machen. Hierzu gehört es, dass der Arzt sich der eigenen Kompetenz immer wieder vergewissert. Er hat sich an den Stand der Wissenschaft zu halten. Ein weiterer entscheidender Aspekt ist die Beachtung des Selbstbestimmungsrechts der Patienten durch den Arzt.

Eine Kooperation zwischen Medizinern und Juristen ist daher unverzichtbar. Dem tragen bereits medizinische Fachzeitschriften insoweit Rechnung, als sie juristische Informationen in eigens hierfür zur Verfügung gestellten Rubriken an die Mediziner weitergeben. Verständigungsschwierigkeiten werden durch Symposien und Arbeitsgemeinschaften von Medizinern und Juristen abgebaut. In diese Richtung zielen auch Angebote in der medizinischen Ausbildung. An fast allen medizinischen Universitäten werden juristische Vorlesungen für Medizinstudenten angeboten. In diesen werden den angehenden Medizinern die Grundlagen des Medizinrechts vermittelt. Allerdings kann es nicht das Ziel sein, den Arzt mit so viel juristischer Fachkenntnis auszustatten, dass dieser sein eigener Anwalt sein könnte. Vielmehr gilt es, dem Arzt diejenigen Kenntnisse zu vermitteln, die es ihm ermöglichen, seine ärztliche Kompetenz in einem rechts- und sozialstaatlichen Gefüge auszuüben.

Dieses Ziel verfolgt auch das vorliegende Buch. Das vorangestellte Glossar soll dem juristisch weniger informierten Mediziner helfen, für ihn schwerverständliche Ausdrücke oder Bezeichnungen nachzuvollziehen. So soll eine Brücke zwischen den Disziplinen geschlagen werden, um den Nichtjuristen für juristische Probleme zu sensibilisieren und ihm gleichzeitig die Angst vor Auseinandersetzungen mit ihnen zu nehmen.

1 Der Behandlungsvertrag in der Gynäkologie

Eine ärztliche Behandlung wird regelmäßig aufgrund eines Behandlungsvertrages vorgenommen. Es stellt sich allerdings häufig die Frage, etwa bei Notfällen oder Behandlung von Bewusstlosen, ob überhaupt ein Vertrag zustande gekommen ist. Diese Frage etwa ist für die Geltendmachung eines vertraglichen Honoraranspruchs von Bedeutung.

1.1 Das Zustandekommen des Vertrages

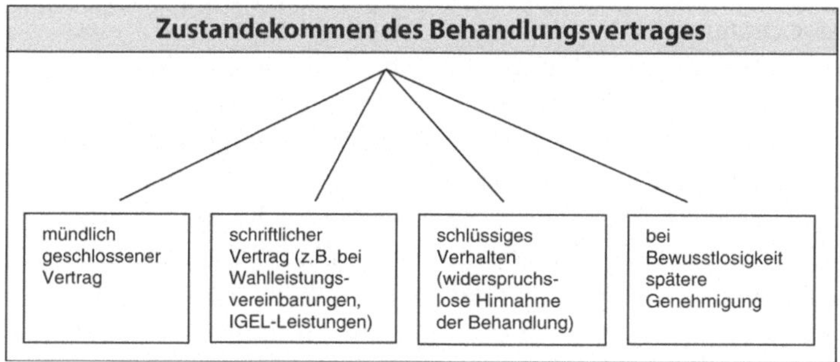

Übersicht 1.1: Das Zustandekommen des Behandlungsvertrages

Ein Arztvertrag kommt durch **übereinstimmende Willenserklärungen** der Beteiligten zustande. Ein Vertragsverhältnis kann auch schon dadurch zustande kommen, dass der Gynäkologe telefonisch Ratschläge erteilt (BGH NJW 1961, 2068).

1.1.1 Verschiedene Arten des Vertragsschlusses

Sagt der Gynäkologe telefonisch seinen Besuch bei der Patientin zu, kommt ebenfalls ein Vertrag zustande. Dies gilt auch, wenn die Patientin sich in die Behandlung des Gynäkologen begibt.

Es ist nicht erforderlich, einen schriftlichen Vertrag abzuschließen. Begibt sich daher eine Privatpatientin in eine ärztliche Praxis zur Behandlung, gibt sie hierdurch bereits zu erkennen, dass sie sich untersuchen und behandeln lassen will. Bei einer der deutschen Sprache nicht mächtigen Patientin kann ein Behandlungsvertrag ebenfalls durch schlüssiges Verhalten zustande kommen, indem die Patientin in die Behandlung einwilligt. Hierzu bedarf es keines Dolmetschers. Dieser ist jedoch bei der notwendigen Aufklärung unentbehrlich und ist vom Gynäkologen zu stellen.

Erscheint eine der deutschen Sprache nicht mächtige Patientin und steht ein **Dolmetscher** nicht zur Verfügung, kann diese gebeten werden, erneut zu erscheinen und jemanden mitzubringen, der dolmetschen kann, damit mit der Patientin entsprechend kommuniziert werden kann.

Durch die Behandlung einer **bewusstlosen Patientin** kommt kein Vertragsverhältnis zustande. Die bloße Einlieferung der Patientin in ein Krankenhaus begründet noch keinen Vertrag. Ist die Patientin bei Einlieferung nicht in der Lage, vertragliche Erklärungen abzugeben, regeln sich die Rechtsbeziehungen nach den Grundsätzen über die **Geschäftsführung ohne Auftrag**. Das bedeutet, dass der Arzt nach den Interessen und dem mutmaßlichen Willen der Patientin handeln muss. Regelmäßig wird es jedoch so sein, dass ein Dritter für die Patientin Erklärungen abgeben wird, der entsprechende vertragliche Verpflichtungen begründet oder die Patientin nach Wiedererlangung des Bewusstseins entsprechende Verträge schließt. In den meisten Bundesländern bestimmen gesetzliche Regelungen einen **Kontrahierungszwang** für Krankenhausträger (§ 7 II S. 2 MBO-Ä).

Im Alltag weisen Krankenhäuser wegen voller Belegung gelegentlich Patientinnen ab. Das soll im Einzelfall soweit gehen, dass Rettungswagen durch die ganze Stadt fahren müssen, um ein Krankenhaus aufzusuchen, welches die Patientin aufnimmt. Dadurch kann es zu medizinisch relevanten Verzögerungen der Behandlung kommen. Im Einzelfall wird dann zu prüfen sein, ob die Verzögerungen kausal für einen bei der Patientin eingetretenen Schaden sind. Es besteht eine allgemeine Aufnahme- und Behandlungspflicht, wenn das Erfordernis stationärer Behandlung besteht.

Behandlungspflicht ist insbesondere in Notfällen gegeben – haftungsrechtliche Konsequenzen sind bei Verzögerung der Therapie zu erwarten.

> **Beispiele:**
> Lässt eine schwangere Frau die Entbindung abredungsgemäß von einer frei praktizierenden Hebamme durchführen, der dazu die Einrichtungen einer Belegklinik zur Verfügung stehen, so kommt mit der Aufnahme im Belegkrankenhaus noch kein Behandlungsvertrag mit einem der gynäkologischen Belegärzte zustande (OLG Düsseldorf VersR 1990, 489).
>
> Der Gynäkologe, der anstelle des geburtsleitenden Belegarztes absprachegemäß die Geburt weiter betreut, wird nicht selbst Vertragspartner der Gebärenden. Vielmehr ist er als Vertreter des Belegarztes dessen Erfüllungs- und Verrichtungsgehilfe (OLG Stuttgart MedR 2001, 311).

Zu den Krankenhausleistungen gehören auch **Wahlleistungen**. Sie dürfen neben den Pflegesätzen für die allgemeinen Krankenhausleistungen nur gesondert berechnet werden, wenn sie die allgemeinen Krankenhausleistungen nicht beeinträchtigen und die gesonderte Berechnung mit dem Krankenhaus vereinbart ist (§ 22 BPflV). Zu beachten ist dabei die Schriftform. Die Vereinbarung ist vor der Leistungserbringung zu treffen.

WICHTIG! Bei Nichteinhaltung der Schriftform können Wahlleistungsentgelte wegen Nichtigkeit der Wahlleistungsvereinbarung zurückgefordert werden (BGH NJW 2002, 3772).

Die Wahlleistungsentgeltregelung, wonach bei Unterbringung in einem Ein- oder Zweibettzimmer sowohl für den Aufnahmetag als auch für den Entlassungs- oder Verlegungstag das volle Zusatzentgelt zu zahlen ist, wird als unangemessen hoch und damit unwirksam angesehen (BGH NJW 2003, 209).

Im Übrigen ist die Patientin vor Abschluss der Vereinbarung über die Entgelte der Wahlleistungen und deren Inhalt im Einzelnen zu unterrichten.

1.1.2 Ablehnung einer Patientin

Grundsätzlich besteht für den Gynäkologen keine Verpflichtung, einen Vertrag mit der Patientin zu schließen. Dieses gilt uneingeschränkt gegenüber Privatpatientinnen. Der Gynäkologe ist in der Ausübung seines Berufes frei. Eine Behandlung kann er ablehnen, wenn er der Überzeugung ist, dass das notwendige Vertrauensverhältnis zur Patientin nicht besteht.

Dies ist etwa dann der Fall, wenn eine Privatpatientin erstellte Rechnungen nicht bezahlt hat. Hier kann die Behandlung abgelehnt werden, soweit es sich nicht um eine notfallmäßige Behandlung handelt.

Um im Übrigen eine solche Situation zu vermeiden, kann mit einer Privatpatientin vereinbart werden, dass diese ihre Erstattungsansprüche gegenüber ihrer privaten Krankenversicherung an den Gynäkologen abtritt.

Das Standesrecht untersagt allerdings dem Gynäkologen, bei der Übernahme von Patientinnen unsachlich oder willkürlich zu verfahren. Es wird hier eine allgemeine **Berufspflicht** zur Übernahme erbetener Behandlungen angenommen. Eine Verpflichtung zur Behandlungsübernahme wird nur bei Ausübung des Bereitschaftsdienstes oder wenn eine langjährige Patientin über erhebliche Beschwerden klagt angenommen. Die grundsätzlich bestehende Freiheit, eine Behandlung zu übernehmen oder nicht wird dadurch begrenzt, dass eine Patientin bei Ablehnung ärztlicher Behandlung ohne Hilfe wäre. Hier ist dann zu behandeln.

Ablehnung der Behandlung bei Privatpatientin: Grundsätzlich möglich, wenn Vertrauensverhältnis gestört
Einschränkung: die Notfallversorgung muss sichergestellt sein

WICHTIG ! Der Vertragsarzt muss wegen seiner Zulassung Kassenpatientinnen behandeln, um seine öffentlich-rechtliche Pflicht gegenüber der Kassenärztlichen Vereinigung, die mit dem Sozialversicherungsträger einen öffentlich-rechtlichen Gesamtvertrag geschlossen hat, zu erfüllen.

Ablehnung der Behandlung bei Kassenpatientinnen: Nur bei triftigen Gründen (Behandlungspflicht des Vertragsarztes)

Zwar begründet die Verpflichtung des Kassenarztes, an der kassenärztlichen Versorgung teilzunehmen keinen Zwang, die Behandlung einzelner Kassenpatientinnen zu übernehmen. Er ist jedoch nur berechtigt, eine Behandlung in begründeten Fällen abzulehnen. So kann er Besuche außerhalb seines üblichen Praxisbereichs ablehnen, soweit es sich nicht um einen dringenden Fall handelt (§ 11 V BMV-Ä).

Beispiele:
Weitere begründete Fälle für die Ablehnung der Behandlungsübernahme werden angenommen bei:

- **Fehlendem Vertrauensverhältnis** (Patientin weist sofort auf Haftungsmöglichkeiten hin),
- **Nichtbefolgung ärztlicher Anordnung**,
- **Überlastung des Arztes**,
- Systematisch **erstrebte fachfremde Behandlung**,
- **Unqualifiziertes Verhalten der Patientin** (Patientin erscheint angetrunken in der Praxis),
- **Begehren von fachlich nicht gebotenen Wunschbehandlungen**,
- **Riskante und nicht vitalindizierte Eingriffe**
  (vgl. die Aufstellung bei Laufs/Uhlenbruck § 41, Rdn. 5 und Narr ÄrztlBerufsR Rdn. 727).

Als nicht ausreichend für die Ablehnung einer Patientin wird die **Nichtvorlage einer Krankenversichertenkarte oder eines Krankenscheins** angesehen. Nach der Durchführung der Behandlung kann der Gynäkologe die Zahlung einer Privatvergütung verlangen. Diese muss er allerdings zurückzahlen, wenn der Krankenschein innerhalb von zehn Tagen nach der ersten Inanspruchnahme nachgereicht wird. Ist eine Patientin überhaupt nicht versichert, besteht eine Behandlungspflicht nur in Notfällen.

PRAXISTIPP ! Bei Gefahr der Budgetüberschreitung oder wenn der Gynäkologe wegen der Budgetierung den haftungsrechtlich gebotenen Standard der Behandlung nicht mehr gewährleisten kann, ist er berechtigt, Patientinnen zurückzuweisen (BSGE 22, 218/222).

Unabhängig von der Frage, wann ein Arztvertrag zustande kommt, ist die allgemeine Haftung des Arztes oder des Krankenhauses zu sehen.

Kommt etwa eine neue Patientin bereits im Eingangsbereich der Praxis oder des Krankenhauses aufgrund eines Hindernisses oder glatten Bodens zu Fall, bestimmt sich die Haftung nach allgemeinen Gesichtspunkten unabhängig davon, ob ein Behandlungsvertrag bereits zustande gekommen ist. Eintrittspflichtig für solche Fälle ist die allgemeine Haftpflichtversicherung.

1.1.3 Unzulässige Verträge

Im Bereich der **Fortpflanzungsmedizin** bedarf die Feststellung der Wirksamkeit eines Arztvertrages einer genauen Prüfung. Grundsätzlich ist ein Vertrag über eine künstliche Befruchtung wirksam. Es handelt sich auch hierbei um einen Dienstvertrag.

Es ist für die Beurteilung der Wirksamkeit derartiger Verträge zu beachten, dass der Grundsatz der Subsidiarität gilt. Künstliche Fortpflanzungshilfen sind nur zulässig, wenn die natürliche Zeugung und Empfängnis unmöglich ist und traditionelle Behandlungsmethoden mit Medikamenten oder operative Eingriffe die Unfruchtbarkeit nicht beheben.

Die **postmortale** homologe Insemination ist vertraglich nicht vereinbar, da das Bestimmungsrecht des Samengebers mit seinem Tode erlischt und nicht übertragbar ist (§ 4 I Nr. 3 EschG).

Zulässig ist dagegen der postmortale Embryonentransfer, da hier bereits ein Menschenleben existiert. Ein Vertrag über eine heterologe künstliche Insemination ist wirksam, wenn sich beide Ehegatten über die Vornahme des Eingriffs verständigt haben (BGH FamRZ 1995, 861).

Der Behandlungsvertrag zwischen Gynäkologen und Patientin oder Samenspender darf keine Abrede enthalten, welche die Wahrung der **Anonymität des Spenders** zum Ziel hat. Da das Kind ein Recht auf Kenntnis der eigenen Abstammung hat, sind solche Abreden unwirksam (BVerfG NJW 1988, 3010; BGHZ 87, 169).

Bei der In-vitro-Fertilisation mit anschließendem Embryotransfer wird die homologe extrakorporale Befruchtung als anerkannte wissenschaftliche Behandlungsmethode angesehen, ein Vertrag mit diesem Inhalt ist daher wirksam (BGH MedR 1987, 182).

Die künstliche Befruchtung einer Eizelle außerhalb des Mutterleibes und die anschließende Einführung des Embryos in die Gebärmutter oder die Verbringung von Gameten oder Embryonen in den Eileiter der genetischen Mutter als Maßnahme zur Behandlung der Sterilität ist nur eingeschränkt zulässig (Kap. D Nr.

> Verträge in der Reproduktionsmedizin sind bei Einhaltung der Vorschriften des Embryonenschutzgesetzes grundsätzlich wirksam. Bei Überschreitung der Grenzen liegt aber ein sittenwidriger Vertrag vor, der nicht gültig ist.

15 MBO). Danach darf die In-vitro-Fertilisation grundsätzlich nur **bei Ehepaaren im homologen System** Anwendung finden. Es hat zuvor eine Beratung durch die bei der Ärztekammer eingerichtete Kommission zu erfolgen. Jeder Gynäkologe, der eine In-vitro-Fertilisation mit Embryotransfer durchführt und für sie die Gesamtverantwortung trägt, hat dies der zuständigen Ärztekammer anzuzeigen. Die Krankenkassen haben diese Kosten zu übernehmen, wenn die Personen, die diese Maßnahme in Anspruch nehmen wollen, miteinander verheiratet sind und nur Ei- und Samenzellen der Ehegatten verwendet werden (§ 27 a I Nr. 3, 4 SGB V).

Die assistierte Reproduktion bei nicht verheirateten Paaren in stabiler Partnerschaft darf nur nach vorheriger Beratung durch die bei der Ärztekammer eingerichtete Kommission erfolgen. Sollen bei der Anwendung der Methoden assistierter Reproduktion fremde Samenzellen verwendet werden, bedarf dies eines zustimmenden Beschlusses der bei der Ärztekammer eingerichteten Kommission.

Die „**Leihmutterschaft**" verstößt gegen das Embryonenschutzgesetz (OLG Hamm NJW 1986, 781)(§ 1 I Nr. 7 EschG).

Bei der Behandlung von **Minderjährigen** stellt sich die Frage, ob diese überhaupt einen Vertrag abschließen können. Grundsätzlich bedarf eine Jugendliche, die das siebente Lebensjahr, nicht aber bereits das achtzehnte Lebensjahr vollendet hat, zum Abschluss eines Vertrages der Einwilligung ihres gesetzlichen Vertreters. Zur Wirksamkeit eines von einer Minderjährigen abgeschlossenen Arztvertrages bedarf es der Genehmigung des Vertreters. Wird die Genehmigung erteilt, ist die Minderjährige Partei des Vertrages. Im Rahmen einer partiellen Geschäftsfähigkeit ist diese Zustimmungserklärung des Sorgeberechtigten nicht erforderlich. Hiervon ist auszugehen, wenn eine Minderjährige im Rahmen normaler Geschäfte eines ihr vom Sorgeberechtigten gestatteten Dienst- oder Arbeitsverhältnisses vorstellig wird.

> **PRAXISTIPP !** Bei Vorlage einer Krankenversicherungskarte oder eines Krankenscheins ist eine Minderjährige als unbeschränkt geschäftsfähig anzusehen, wenn die Behandlung der Erhaltung oder Wiederherstellung ihrer Arbeitskraft dient. Ebenso kann sich eine minderjährige Patientin wirksam vertraglich binden, wenn sie mit ihren überlassenen finanziellen Mitteln das Honorar begleicht. Dies gilt insbesondere in den Fällen der Verschreibung von Ovulationshemmern für Minderjährige.

Eine minderjährige Patientin bedarf im Fall des **Schwangerschaftsabbruchs** grundsätzlich der Zustimmung des gesetzlichen Vertreters (OLG Hamm NJW 1998, 3424).

Hier ist jeder Gynäkologe gut beraten, wenn er die entsprechende Zustimmung des gesetzlichen Vertreters der minderjährigen Schwangeren einholt. Dies gilt auch, wenn nach Ansicht des Amtsgerichts Schlüchtern eine Minderjährige, die für die Einwilligung in den Eingriff die nötige Reife besitzt, nicht der Zustimmung ihrer Erziehungsberechtigten bedarf (AG Schlüchtern NJW 1998, 832)

Ein Vertrag über die Durchführung einer freiwilligen **Sterilisation** ist ein Dienstvertrag (BGH NJW 1980, 1450).

Der Gynäkologe schuldet die sachgerechte Durchführung der Sterilisation. Einer besonderen Indikation bedarf es nicht (BGH NJW 1981, 2002). Ein derartiger Vertrag ist auch nicht sittenwidrig (BGH NJW 1976, 1790).

Ebenso ist ein Vertrag über eine **operative Geschlechtsänderung** nicht sittenwidrig (BGH NJW 1972, 330).

Regelmäßig liegt hier eine medizinische Indikation zur Vornahme des Eingriffs vor, da ein Transsexueller, der schicksalhaft kraft eines unwiderstehlichen Dranges bestrebt ist, sich in eine dem Gegengeschlecht angehörige Person umzuwandeln, ein anerkennenswertes Bedürfnis hat, dem Gegengeschlecht zuzugehören.

Der Abschluß eines Vertrags zum erlaubten **Abbruch einer Schwangerschaft** ist zulässig. Dieser Vertrag wird ebenfalls als Dienstvertrag angesehen (BGH NJW 1983, 1371).

Der Gynäkologe schuldet der Patientin somit eine ärztliche Leistung, nicht dagegen einen Erfolg. Fehlt es an einer gesetzlich geregelten Indikationslage, ist der Vertrag über den Abbruch einer Schwangerschaft unwirksam (BVerfG NJW 1993, 1751) ($$ 218 StGB, 134 BGB).

Verträge mit Ärzten im Praktikum über einen Schwangerschaftsabbruch sind unwirksam, da der Abbruch durch einen Gynäkologen erfolgen muss (§ 218 I StGB).

Dies bedeutet nicht, dass ein Arzt im Praktikum oder ein sich in der Facharztausbildung befindender Assistenzarzt von vornherein keine Aufklärung vornehmen dürften. Sie können in dem Rahmen, in dem sie den vorzunehmenden Eingriff auch tatsächlich beherrschen, die entsprechende Aufklärung vornehmen.

Die zuvor beschriebene Pflicht des Gynäkologen zur Behandlungsübernahme ist zu begrenzen. Wenn vom Gynäkologen eine Behandlung verlangt wird, die außerhalb seines Fachgebietes liegt oder deren Technik er nicht beherrscht, darf er die Behandlung nicht übernehmen. Wenn weder die persönlichen Fähigkeiten noch die sachlichen Voraussetzungen für eine dem zu fordernden Qualitätsstandard entsprechende Behandlung vorhanden sind, muss deren Übernahme abgelehnt werden. Stößt der Gynäkologe an die Grenzen seines Fachbereichs oder seiner persönlichen Fähigkeiten, muss er Konsiliarärzte hinzuzie-

Verträge über Sterilisation Geschlechtsumwandlung und Schwangerschaftsabbruch sind im Rahmen der gesetzlichen Bestimmungen voll wirksam

Grenzen der Behandlungspflicht bei Überschreitung der fachlichen Kompetenz.

hen oder die Patientin überweisen. Der Gynäkologe hat daher seine Kenntnisse und Fähigkeiten bei Übernahme einer Behandlung oder Operation entsprechend sorgfältig zu prüfen, um ein sogenanntes **Übernahmeverschulden** zu vermeiden. Andernfalls sieht er sich Ersatzansprüchen der Patientin ausgesetzt, wenn ihm aufgrund dieser Unzulänglichkeiten Fehler unterlaufen.

Bei der Inanspruchnahme von Laborleistungen sollte mit der Patientin vereinbart werden, dass durch das Labor unmittelbar mit ihr abgerechnet werden darf.

1.1.4 Individuelle Gesundheitsleistungen (IGEL)

Im Bereich der gesetzlichen Krankenversicherung gilt das **Sachleistungsprinzip**. Danach sind die kassenärztlichen Vereinigungen verpflichtet, den Versicherten die gesetzlich vorgesehenen Leistungen als Sach- oder Dienstleistungen zur Verfügung zu stellen. Daher muss die Versicherte die in Anspruch genommenen Leistungen nicht bezahlen.

Dieser Leistungsanspruch und die Leistungspflicht des Vertragsarztes sind jedoch **begrenzt** auf die notwendige Krankenbehandlung. Dieses bezieht sich auf Leistungen, die erforderlich sind, um eine Krankheit zu erkennen, zu heilen, ihre Verschlimmerung zu verhüten oder Krankheitsbeschwerden zu verhindern.

Darüber hinausgehende medizinisch mögliche und sinnvolle Leistungen sind jedoch nicht Bestandteil des **Leistungskataloges**. Sie können vom Vertragsarzt angeboten, erbracht und privat liquidiert werden.

Daher kann der Vertragsarzt die gesetzlich krankenversicherten Patientinnen darauf hinweisen, dass ein Leistungsanspruch auf medizinisch notwendige, also letztlich wirtschaftliche Leistungen begrenzt ist. Ferner können zusätzliche Leistungen für eine optimale Diagnostik und Therapie sinnvoll sein.

1998 wurde von der Kassenärztlichen Bundesvereinigung in Zusammenarbeit mit den Berufsverbänden der Ärzte eine **Igel-Liste** herausgegeben, die medizinische Leistungen kennzeichnen soll, die nicht Bestandteil der Leistungen der gesetzlichen Krankenversicherung sind. 1999 wurde diese Liste um weitere zehn Punkte auf 79 Leistungspositionen erweitert.

Diese Igel-Liste hält sich an folgende Definition: Zugrunde gelegt werden Leistungen, die nicht zum Leistungsumfang der gesetzlichen Krankenversicherung gehören (§ 135 Abs. 1, SGB V), die dennoch eine Nachfrage seitens der Patienten haben und die ärztlich empfehlenswert oder zumindest ärztlich vertretbar sind. Hier wurden also bewusst Außenseitermethoden mit fragwürdigem Nutzen oder reine Wellnessmassnahmen nicht aufgenommen.

Im Hinblick auf die **Abgrenzung zum GKV-Leistungskatalog** werden drei Kategorien unterschieden: der Behandlungsanlass (z.B. Reisetauglichkeit), das Behandlungsverfahren (z.B. Akupunktur) und die Indikation (z.B. Befunddokumentation für Zivilprozess nach Verkehrsunfall).

Der Grundkonflikt, der zur Erarbeitung der Igel-Liste Anlass gab, ist der Widerspruch zwischen dem **Wirtschaftlichkeitsgebot**, dem der Vertragsarzt unterliegt, und dem individuellen **Patientenwunsch nach bestmöglicher Versorgung**, der gegebenenfalls auch im Zivilprozess („Kunstfehler", Verletzung der Aufklärungspflicht, Verletzung des Selbstbestimmungsrechts der Patientin) ausschlaggebend ist.

Ein besonders umstrittenes Feld sind sinnvolle neue Leistungen, über deren Aufnahme in den Leistungskatalog der Bundesausschuss noch nicht entschieden hat. Der Arzt hat rechtlich die Verpflichtung, Patientinnen auch auf diagnostische Möglichkeiten außerhalb des GKV-Katalogs hinzuweisen, da es der Patientin obliegt, eine selbstbestimmte Entscheidung über die Nutzung neuer Möglichkeiten zu treffen.

Dies trifft insbesondere zu, wenn die Methode eine so weitgehende Akzeptanz in der Ärzteschaft gefunden hat, dass sie einer nachfragenden Patientin nicht verweigert werden kann.

Für den Triple-Test hat der Bundesausschuss die Aufnahme in den Leistungskatalog der gesetzlichen Krankenversicherung abgelehnt. Begründet wurde dies damit, dass lediglich der Schwangerschaftsabbruch und keine Therapie der Erkrankung im Falle eines korrekt-positiven Testergebnisses die Konsequenz sei. Ob damit rechtswirksam das Selbstbestimmungsrecht der Schwangeren berücksichtigt wurde, sei dahingestellt. Zusätzlicher Grund für die Ablehnung war die Kosten-Nutzen-Analyse aufgrund der Häufigkeit falsch-positiver Ergebnisse. Die Folgekosten nach positivem Test hat auch nach einer individuellen Gesundheitsleistung die gesetzliche Krankenkasse zu tragen. Für zivilrechtliche Verfahren (Schadensersatzanspruch nach Geburt eines behinderten Kindes) ist die **kollektive Kosten-Nutzen-Analyse** unter dem Gesichtspunkt der ärztlichen Aufklärung über die medizinischen Möglichkeiten höchstwahrscheinlich irrelevant.

Grundsätzlich spielt für die Aufnahme einer Leistung in den GKV-Katalog auch die **Finanzierbarkeit** und eine ausreichende Kapazität für eine bevölkerungsweite Diagnostik eine Rolle.

Außerdem hat der Bundesausschuss in der Vergangenheit **Screeninguntersuchungen** auf fetale Erkrankungen mit einer Inzidenz unter 1:2500 von der Früherkennungsuntersuchung ausgeschlossen.

Die Informationen über das Leistungsspektrum und die Sinnhaftigkeit der individuellen Gesundheitsleistungen muss sachlich richtig, objektiv und vollständig sein. Die Patientin darf durch den Vertragsarzt nicht beeinflusst werden, indem dieser die Leistungen der gesetzlichen Krankenversicherung als nicht ausreichend oder ungenügend darstellt. Die Initiative für eine privatärztliche Behandlung der gesetzlich krankenversicherten Patientinnen muss also von diesen ausgehen.

Allerdings hat der Gynäkologe darauf hinzuweisen, dass die Kosten weder ganz noch teilweise von der Krankenkasse erstattet werden.

Die Patientin ist darüber aufzuklären, dass sie die Kosten in voller Höhe selbst zu tragen hat.

> **PRAXISTIPP !** Entscheidet sich die Patientin für eine Privatbehandlung, muss sie dieses vor Beginn der Behandlung schriftlich niederlegen.
> Ein Muster ist am Ende des Kapitels angefügt.

Diese individuellen Gesundheitsleistungen sind nach der GOÄ abzurechnen. Ein Splitting der Leistungen ist nicht möglich indem etwa ein Anteil über die Chipkarte abgerechnet wird und darüber hinaus ein weiterer Anteil privat in Rechnung gestellt wird. Es gilt hier der Grundsatz der Einheitlichkeit der Leistungen.

1.2   Die Beendigung des Vertrages

Beendet wird der Arztvertrag, wenn der Zweck erreicht und die Patientin genesen ist. Seine Beendigung kann der Vertrag auch

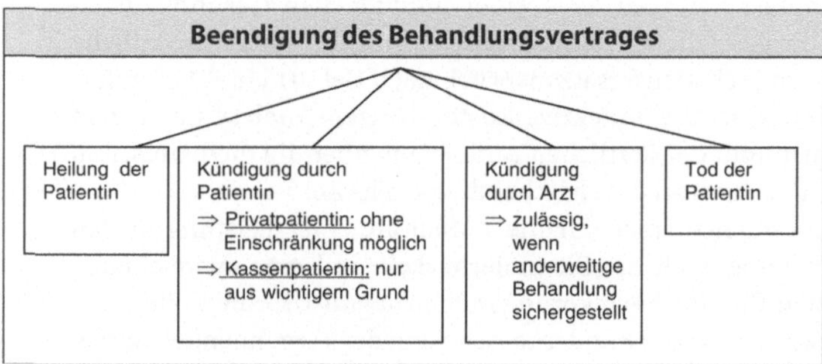

Übersicht 1.2: Beendigung des Behandlungsvertrages

durch eine Kündigung finden. Diese Kündigung kann jederzeit ausgesprochen werden.

1.2.1 Kündigung durch die Patientin

Eine **Privatpatientin** kann den Arztvertrag **jederzeit** kündigen. Sie benötigt hierfür keinen besonderen Grund. Vielfach ist die Übernahme der Behandlung durch einen anderen Arzt, die dem Vorbehandler mitgeteilt wird, als Kündigung zu verstehen. Dem vorbehandelnden Arzt bleibt dann nur der Anspruch auf Teilvergütung im Rahmen der durchgeführten Behandlung. Eine Ausnahme gilt nur dann, wenn diese Teilbehandlung isoliert für die Patientin keinerlei Wert hätte.

Für eine **Kassenpatientin** ist es schwieriger, den Arztvertrag zu kündigen. Sie darf nach § 76 III SGB V **nur aus wichtigem Grund** den Arzt wechseln. Andernfalls hat sie die Mehrkosten zu tragen, da der erstbehandelnde Arzt seinen Vergütungsanspruch auf Erstattung seiner Teilleistung gegenüber der Kassenärztlichen Vereinigung geltend macht.

Kündigung durch die Patientin:
Bei Privatkassen jederzeit möglich
Bei gesetzlichen Kassen nur aus wichtigem Grund.

1.2.2 Kündigung durch den Gynäkologen

Bei einer Kündigung durch den Arzt hat dieser die Behandlung solange fortzusetzen, bis die Patientin anderweitig ärztliche Hilfe erhält. Es muss sichergestellt sein, dass durch die Kündigung des Arztvertrages seitens des Arztes die Patientin nicht ohne weitere ärztliche Hilfe da steht. Andernfalls muss der kündigende Arzt mit etwaigen Schadensersatzansprüchen der Patientin rechnen.

Auch der Arzt kann den Behandlungsvertrag aus wichtigem Grund kündigen (§ 627 II BGB). Aus der Besonderheit des Arztvertrages ergeben sich jedoch Einschränkungen.

Die Kündigung eines Behandlungsvertrages von ärztlicher Seite muss begründet sein und es muss die weitere Versorgung der Patientin sichergestellt sein.

WICHTIG! **Die Kündigung und Ablehnung der Weiterbehandlung einer Patientin durch einen Arzt darf nicht zu einem Zeitpunkt erfolgen, in dem die Patientin dringender ärztlicher Hilfe bedarf und auf den behandelnden Arzt angewiesen ist.**

WICHTIG! **Ein wichtiger Grund für eine fristlose Kündigung des Behandlungsvertrages durch den Arzt ist anzunehmen, wenn durch das Verhalten der Patientin das Vertrauensverhältnis nicht mehr besteht.**

Allgemein wird ein wichtiger Grund angenommen, wenn die Patientin sich grundlegend weigert, den ärztlichen Anordnungen Folge zu leisten oder die verschriebenen Medikamente einzunehmen. Ein Arzt braucht sich Beschimpfungen oder Bedrohungen nicht anzuhören. Häufige nächtliche Telefonanrufe, die nicht gerechtfertigt sind, brauchen ebenfalls nicht hingenommen zu werden. In all diesen Fällen kann der Arzt den Behandlungsvertrag aus wichtigem Grund kündigen. Ihm steht dann ein Anspruch auf Teilhonorar zu.

Verweigert die Patientin nach einer entsprechenden Aufklärung durch den Arzt eine stationäre Aufnahme im Krankenhaus oder lehnt sie insgesamt eine Behandlung ab, rechtfertigt dies keine fristlose Kündigung, da kein wichtiger Grund vorliegt. Vielmehr ist hier das Selbstbestimmungsrecht der Patientin zu berücksichtigen (Deutsch/Spickhoff IV 11, Rdn. 80; Laufs/Uhlenbruck § 46, Rdn. 4 ff.).

1.3 Pflichten des Gynäkologen

Der Behandlungsvertrag ist seinem Wesen nach ein **Dienstvertrag** (BGH NJW 1975, 305). Der Gynäkologe schuldet somit die Durchführung einer Behandlung oder eines Eingriffs nach dem medizinischen Standard. Einen Erfolg schuldet der Gynäkologe demgegenüber nicht.

1.3.1 Erhebung der Anamnese und Stellung der Diagnose

Die Anamnese gilt nach wie vor als entscheidende grundlegende diagnostische Maßnahme. Sie sollte daher gut dokumentiert werden.

Eine effektive Diagnostik und die sich anschließende Therapie setzen die Erhebung der Anamnese voraus. Dabei hat das Gespräch zwischen Arzt und Patientin eine nicht zu unterschätzende wichtige Rolle.

WICHTIG! **Es wäre ein Behandlungsfehler, wenn eine Anamnese nicht oder unvollständig erhoben würde. Der Arzt haftet, wenn deshalb wesentliche diagnostische Möglichkeiten ungenutzt bleiben und daher die Therapie nicht oder nicht rechtzeitig einsetzt. Dieses gilt insbesondere, wenn typische Symptome auftreten und dennoch eine gezielte Anamnese, die sich auch auf das familiäre Umfeld zu beziehen hat, unterbleibt (OLG Koblenz VersR 1992, 359 f.).**

Werden hierdurch wesentliche diagnostische Möglichkeiten ungenutzt gelassen, wodurch die Therapie nicht oder nicht rechtzeitig einsetzt, haftet der Gynäkologe oder Krankenhausträger auf Schadensersatz und Schmerzensgeld (OLG Koblenz, VersR 1992, 359 f.).

Ob der Gynäkologe eine Vollanamnese oder eine gezielte Teilanamnese durchführt, richtet sich nach der Art der beklagten Beschwerden, der Erkrankung und dem Zustand der Patientin.

Das ärztliche Gespräch ist unverzichtbar. Hilfreich ist dabei der eigene Bericht der Patientin.

> **PRAXISTIPP!** Eine Telefonuntersuchung, eine Ferndiagnose oder eine Fernbehandlung sind unzulässig. Ebenso wenig darf sich der Gynäkologe unkritisch auf das Ergebnis physikalischer, chemischer, bakteriologischer oder virologischer Untersuchungen allein verlassen.

Problematisch ist, inwieweit der Gynäkologe eigene diagnostische Maßnahmen durchzuführen hat und inwieweit er sich auf Vordiagnosen anderer vorbehandelnder Ärzte verlassen darf. Einerseits sind unnötige **Doppeluntersuchungen** zu vermeiden. Andererseits wird gefordert, dass der nachfolgende Gynäkologe grundsätzlich Diagnose und Therapiewahl eigenverantwortlich zu überprüfen hat. Hier wird der Gynäkologe im Einzelfall eine Entscheidung treffen müssen, wobei er im Zweifel eigene Untersuchungen durchzuführen hat.

Aus dem Arztvertrag ist der Gynäkologe verpflichtet, eine **Diagnose** zu stellen. Dabei muss er wegen der Fülle der sich anbietenden differenzialdiagnostischen Methoden nach pflichtgemäßem Ermessen gewissenhaft entscheiden, was konkret für seine Patientin als ausreichend und angemessen anzusehen ist. Der Gynäkologe hat dabei von allen Erkenntnisquellen Gebrauch zu machen, die nach dem **medizinischen Erkenntnisstand** möglich und verfügbar sind.

> **Beispiel:**
> Der Gynäkologe ist nicht verpflichtet, Diagnosemaßnahmen durchzuführen, wenn die Möglichkeiten einer hieran anschließenden Therapie nicht vorhanden sind (OLG Köln, MedR 1985, 290).

Bestehen mehrere diagnostische Untersuchungsmethoden, hat der Gynäkologe diejenige zu wählen, die für die zu untersuchende Patientin **bei optimaler Effizienz die geringsten schädlichen Folgen** hat. Es besteht eine gesteigerte diagnostische Pflicht bei solchen Krankheiten, die mit ihren Gefahren einem Gynäkologen einfach nicht entgehen dürfen.

Wenn eine Diagnose nicht gesichert ist, sind weitere Maßnahmen durchzuführen wie Röntgen, Laboruntersuchungen oder mikroskopische Untersuchungen.

Im Laufe der Behandlung ist eine bereits erstellte Diagnose zu sichern, laufend zu überprüfen und gegebenenfalls zu revidieren (BGHZ 85, 212).

Der Patientin ist die **Diagnose mitzuteilen**. Dabei ist ihr die Wahrheit zu sagen. Nur bei schwersten Erkrankungen wird es als zulässig angesehen, eine unzutreffende oder verharmlosende Information zu erteilen (BGH VersR 1989, 628 f.).

Marginalien:

Konflikt: der Arzt muss eigenverantwortlich eine Diagnose stellen, soll andererseits Doppeluntersuchungen vermeiden

Im Zweifelsfall wird man der individuellen Verantwortung der Patientin gegenüber den Vorrang einräumen müssen.

Diagnoseüberprüfung im Therapieverlauf!
Dokumentation!

Die Indikationsstellung als wesentlicher Schritt der ärztlichen Behandlung muss gut dokumentiert werden.

Dies gilt insbesondere auch bei der Gefahr einer Selbstgefährdung der Patientin, wenn diese schonungslos über die Diagnose informiert wird.

Unmittelbarer Bestandteil der Diagnostik ist die **Indikationsstellung**. Jede Heilbehandlung muss indiziert sein. Es hat eine Interessenabwägung stattzufinden. Risiko und Schwere des Eingriffs, Erfolgsaussichten und erstrebter Zweck der Heilbehandlung müssen gegeneinander abgewogen werden und in einem angemessenen und vernünftigen Verhältnis zueinander stehen.

Es erscheint äußerst zweifelhaft, wenn mit größtem personellen und materiellen Einsatz ein pathologischer Zustand in einen anderen umgewandelt wird, nur um der Patientin für wenige Tage oder Wochen eine Verlängerung ihres Leidens zu ermöglichen. Ist daher bei einer beabsichtigten Operation ein eindeutiger therapeutischer Erfolg nicht zu erwarten, hat sich der Arzt auf eine konservative Behandlungsweise oder Palliativbehandlung zu beschränken.

Von der Rechtssprechung werden bei diagnostischen Eingriffen strenge Anforderungen an die Indikationsstellung gestellt.

Wird eine nicht indizierte Operation durchgeführt, stellt dieses einen Behandlungsfehler dar, für den der Gynäkologe zivilrechtlich haftet und strafrechtlich einzustehen hat (OLG Köln VersR 1992, 1097).

1.3.2 Durchführung der Therapie

Dem behandelnden Arzt obliegt im Rahmen der Therapiefreiheit die Wahl der therapeutischen Methode. Die Sicherheit der Patientin ist dabei ein entscheidendes Kriterium ("primum nil nocere").

Aus dem Arztvertrag folgt weiter die Verpflichtung, die ärztliche Behandlung durchzuführen. Hier besteht der Grundsatz der Behandlungsfreiheit. Zum einen kann der Gynäkologe unter den zuvor beschriebenen Bedingungen frei darüber entscheiden, ob er eine Behandlung überhaupt übernehmen will. Zum anderen steht ihm das Recht zu, eine übernommene Behandlung nach seiner Methode durchzuführen.

Es ist sorgfältig zwischen der Notwendigkeit eines Eingriffs und der Möglichkeit einer konservativen Behandlung abzuwägen. Bestehen gleichwertige anerkannte Methoden, ist der Gynäkologe in der Wahl der Methode frei. Allerdings hat er die **sicherere Methode** zu wählen. Wenn der Gynäkologe eine **Außenseitermethode** anwendet, muss er diese beherrschen und die Patientin entsprechend aufklären (BGH NJW 1981, 633).

Die Patientin hat selbstverständlich das Recht, eine empfohlene Therapie abzulehnen (Dokumentation der Aufklärung!).

Die **Behandlungspflicht** wird begrenzt durch das **Selbstbestimmungsrecht** der Patientin. Diese kann medizinische Maßnahmen zurückweisen, was der Gynäkologe zu respektieren hat, wenn die Patientin entsprechend aufgeklärt worden ist. Verweigern etwa Eltern einer minderjährigen Patientin missbräuchlich den notwendigen Eingriff, ist das Vormundschaftsgericht einzuschalten. Zur Abwendung einer gesundheitlichen Gefahr kann das Vormundschaftsgericht das Sorgerecht teilweise oder vorübergehend entziehen und der Durchführung notwendiger ärztliche Maßnahmen zustimmen.

In allen Fällen hat der Gynäkologe sich ein eigenes Bild von der Patientin zu machen, Befunde selbst zu erheben und die Behandlung unmittelbar durchzuführen. Eine **Fernbehandlung** ist grundsätzlich unzulässig. Ausnahmsweise können telefonisch Therapieanweisungen für dem Gynäkologen bekannte Patientinnen bei Bagatellerkrankungen gegeben werden.

1.3.3 Persönliche Leistungserbringung

Allen zuvor beschriebenen Verpflichtungen ist gemein, dass sie vom Gynäkologen selbst durchzuführen sind. Es besteht eine Pflicht zur persönlichen Leistungserbringung (§ 613 BGB).

Dieses bedeutet, dass grundsätzlich keine **Übertragung von ärztlichen Maßnahmen** auf Dritte erfolgen darf. Dabei dürfen Hilfspersonen nur eingeschaltet werden, soweit es sich um vorbereitende, unterstützende, ergänzende oder mitwirkende Tätigkeiten zur eigentlichen ärztlichen Leistung handelt. Dieses heißt jedoch nicht, dass jede Maßnahme, die im Rahmen der Behandlung erfolgt, auch durch den Gynäkologen selbst ausgeführt werden muss (§ 15 I Satz 2 SGB V, i.V.m. § 15 BMV-Ä).

Generell delegationsfähig sind einfache Verbandswechsel, Wechsel eines Dauerkatheters, labor- und radiologische Leistungen.

Im Einzelfall dürfen **qualifizierte nichtärztliche Mitarbeiter** mit Injektionen, Wechsel von Infusionslösungen und Blutentnahmen beauftragt werden. Unabdingbare Voraussetzung ist, dass die Art und Schwere des Krankheitsbildes die persönliche Tätigkeit des Gynäkologen nicht verlangt und der nichtärztliche Mitarbeiter die erforderliche Qualifikation, Zuverlässigkeit und Erfahrung hat.

Im Übrigen ist eine Delegation ärztlicher Leistungen nicht möglich.

> **Beispiele:**
> - Aufklärungsgespräche,
> - ärztliche Untersuchung und Beratung des Patienten,
> - operative und endoskopische Eingriffe,
> - Kontrolle von Laborwerten, Einstellen der Medikation, Bestimmung von Intervallen für Kontrolluntersuchungen,
> - Befundung apparativ-technisch durchgeführter Untersuchungen (Röntgenaufnahmen, EKG, EEG),
> - Röntgenuntersuchungen, Szintigraphien, Sonographien usw.,

---

Marginalien:

Ausnahme: wenn Eltern notwendige therapeutische Maßnahmen für Minderjährige ablehnen, kann es rechtlich geboten sein, das Vormundschaftsgericht einzuschalten.

Der Arzt hat die medizinische Leistung persönlich zu erbringen. Ausnahmen sind eng definiert.

- Diktat von Entlassungsbriefen, Ausfüllen von Konsilscheinen usw.,
- schwierige Injektionen und Punktionen,
- Anlage von Infusionen, insbesondere von Zytostatika, nicht aber das bloße Umstecken bzw. Anhängen einer neuen Infusion auf ärztliche Anordnung,
- Ausstellen von Rezepten,
- Schreiben von Gutachten, Gesundheitszeugnissen, Arbeitsunfähigkeitsbescheinigungen.

Der **liquidationsberechtigte Krankenhausarzt** hat die ärztliche Behandlung ebenfalls persönlich zu erbringen. Bei Verstößen hiergegen hat dies zivilrechtlich zur Folge, dass der ärztliche Honoraranspruch nicht begründet ist. So ist etwa eine formularmäßige Bestimmung in einer Wahlleistungsvereinbarung, nach der im Verhinderungsfall der Stellvertreter des Chefarztes die Aufgaben des liquidationsberechtigten Gynäkologen übernimmt, unwirksam (LG Hamburg NJW 2001, 3415).

Aus strafrechtlicher Sicht kommt einer solchen Abrechnung der Charakter eines Abrechnungsbetruges zu (siehe hierzu Kap. 11.4).

Er darf sich bei seiner Leistungserbringung der Mitarbeit von nachgeordneten Gynäkologen bedienen, aber wohl nicht soweit, dass diese die Untersuchung durchführen und der Ermächtigte nur seine Unterschrift dazusetzt oder gar eine maschinelle Unterschrift beigefügt wird.

Nur in **Urlaubs- und Krankheitsfällen** sowie bei dienstlicher Verhinderung (Kongressteilnahme, Kontakt zu berufsständischen Organisationen) darf der Chefarzt sich vertreten lassen. Bei Verstößen drohen Abrechnungsschwierigkeiten.

1.3.4 Anforderungen im Rahmen der medizinischen Technik

Die medizinische Technik hat in den letzten Jahren an Bedeutung enorm zugenommen. Gleichzeitig wird ein sachgerechter Umgang mit medizintechnischen Geräten gefordert. Dies gilt auch für das nichtärztliche Personal. Die Rechtssprechung hat diesem Umstand bereits zeitig Rechnung getragen und festgestellt, dass die zunehmende Technisierung der modernen Medizin es mit sich bringt, dass der Arzt nicht mehr alle technischen Einzelheiten der ihm verfügbaren Geräte zu erfassen und gegenwärtig zu haben hat (BGH NJW 1975, 2245). Dieses befreit ihn aber nicht von der Pflicht, sich mit der Funktionsweise insbesondere von Geräten, deren Einsatz für die Patientin vitale Bedeutung hat, wenigstens insoweit vertraut zu machen, wie dieses einem naturwissenschaftlich und technisch aufgeschlossenen Menschen möglich und zumutbar ist (BGH NJW 1978, 584).

Erbringt ein liquidationsberechtigter oder ermächtigter Krankenhausarzt die medizinische Leistung nicht persönlich, sind die Honoraransprüche rechtlich nicht gedeckt bzw. es liegt ein Abrechnungsbetrug vor.

Die regelmäßige Berichterstattung in den Medien nährt bei der Patientin die Vorstellung, dass die modernsten medizinischen Geräte eingesetzt werden. Diese Erwartung lässt jedoch die wirtschaftlichen Grenzen, die derzeit immer enger werden, unberücksichtigt. Die vorhandenen medizinischen Geräte müssen nicht dem neusten Stand entsprechen. Sie haben jedoch die **Anforderungen des Standards** zu erfüllen (Laufs/Uhlenbruck § 55, Rdn. 2; Deutsch/Spickhoff VIII 8, Rdn. 321 f.).

Nach der **Verordnung über die Sicherheit medizinisch-technischer Geräte (MedGV)** werden medizinisch-technische Geräte in vier Gruppen aufgeteilt:

Medizingeräteverordnung (MedGV)!

Gruppe 1:
energetisch betriebene medizinisch-technische Geräte:
1. Elektro- und Phonokardiographien, intrakardial,
2. Blutdruckmesser, intrakardial,
3. Blutflussmesser, magnetisch,
4. Defibrillatoren,
5. Geräte zur Stimulation von Nerven und Muskeln für Diagnose und Therapie,
6. Geräte zur Elektrokrampfbehandlung,
7. Hochfrequenz-Chirurgiegeräte,
8. Impulsgeräte zur Lithotripsie,
9. Photo- und Laserkoagulatoren,
10. Hochdruck-Injektionsspritzen,
11. Kryochirurgiegeräte (Heizteil),
12. Infusionspumpen,
13. Infusionsspritzenpumpen,
14. Perfusionspumpen,
15. Beatmungsgeräte (nicht manuell),
16. Inhalations-Narkosegeräte,
17. Inkubatoren, stationär und transportabel,
18. Druckkammern für hyperbare Therapie,
19. Dialysegerät,
20. Hypothermiegeräte (Steuerung),
21. Hez-Lungen-Maschine,
22. Laser-Chirurgie-Geräte,
23. Blutfiltrationsgeräte,
24. Externe Herzschrittmacher,
25. Kernspintomographien.

Gruppe 2:
implantierbare Herzschrittmacher und sonstige energetisch betriebene medizinisch-technische Implantate,

Gruppe 3:
energetisch betriebene medizinisch-technische Geräte, die den vorstehenden Gruppen nicht zuzuordnen sind,

Gruppe 4:
alle sonstigen medizinisch-technischen Geräte.

Die in den Gruppen 1 und 3 aufgeführten Geräte sind in einem Bestandverzeichnis zu führen. Dabei sind folgende Eintragungen vorzunehmen:

- Name oder Firma des Herstellers,
- Typ, Fabriknummer und Anschaffungsjahr,
- Gerätegruppe nach § 2,
- Standort oder betriebliche Zuordnung.

Hier ist von besonderer Bedeutung, dass jederzeit Einsicht in das Bestandsverzeichnis durch die aufsichtsführende Behörde verlangt werden kann.

Für die Geräte der Gruppe 1 ist ein Gerätebuch zu führen.

In das Gerätebuch sind einzutragen:

- Zeitpunkt der Funktionsprüfung vor der erstmaligen Inbetriebnahme des Gerätes,
- Zeitpunkt der Einweisungen sowie die Namen der eingewiesenen Personen,
- Zeitpunkt der Durchführung von vorgeschriebenen sicherheitstechnischen Kontrollen und von Instandhaltungsmaßnahmen sowie der Name der Person oder die Firma, welche die Maßnahme durchgeführt hat,
- Zeitpunkt, Art und Folgen von Funktionsstörungen und wiederholter gleichartiger Bedienfehler.

Die Gebrauchsanweisungen und Gerätebücher für diese Geräte sind so aufzubewahren, dass sie den mit der Anwendung beauftragten Personen jederzeit zugänglich sind. Ferner muss jederzeit Einsicht in die Gerätebücher gewährt werden können. Zuwiderhandlungen werden als Ordnungswidrigkeit, die eine Geldbuße nach sich zieht oder als Straftat, die empfindliche Strafen nach sich ziehen kann, geahndet.

Die Erwartung der Patientin, dass modernste vorhandene Geräte eingesetzt werden, wird durch wirtschaftliche Erwägungen begrenzt. Die in einer Klinik vorhandenen Geräte müssen nicht dem neuesten technischen Entwicklungsstand entsprechen. Sie müssen jedoch ihren Zweck erfüllen und nach den Erkenntnissen der medizinischen Wissenschaft und Praxis dem Standard entsprechen (Laufs/Uhlenbruck § 55, Rdn. 2; Deutsch/Spickhoff VIII 8, Rdn. 259 f.).

Der Standard verlangt, dass modernes und funktionsfähiges medizinisch-technisches Gerät zum Einsatz kommt und damit

> Die Geräte müssen dem Standard entsprechen und ihren Zweck und die Vorschriften erfüllen, es müssen nicht die allerneuesten Geräte vorgehalten werden.

entsprechend vorgehalten werden muss. Der richtige Umgang mit diesen Geräten setzt voraus, dass ausgebildete Fachkräfte eingesetzt werden. Sie müssen mit dem Umgang des Gerätes vertraut werden, was eine entsprechende Aus- und Fortbildung verlangt. Die vorgeschriebenen sicherheitstechnischen Kontrollen müssen eingehalten werden. Die medizin-technischen Geräte müssen regelmäßig geprüft und gewartet werden. Die Bestimmungen des **Medizinproduktegesetzes** sind sorgfältigst zu beachten. Von großer Bedeutung war in diesem Zusammenhang die Verordnung über die Sicherheit medizinisch-technischer Geräte. Diese sog. Medizingeräte-Verordnung ist zum 1.1.2002 durch das 2. Medizinprodukteänderungsgesetz aufgehoben worden. Das Gerätesicherheitsgesetz gilt allerdings weiter fort. Nähere Einzelheiten zum Medizinproduktegesetz siehe Kapitel 7.3.1.

1.3.5 Einhaltung des vereinbarten Behandlungstermins

Bei einer ambulanten Behandlung muss die Patientin, die für einen festen Termin bestellt wurde, darüber informiert werden, wenn der vereinbarte Zeitpunkt sich um etwa 30 Minuten verzögern wird. Wird dies nicht beachtet, steht der Patientin unter Umständen ein Schadensersatzanspruch wegen eines Organisationsverschuldens zu (AG Burgdorf MedR 1985, 129). Anderseits muss die **Patientin** eine **Wartezeit von bis zu 30 Minuten hinnehmen.** Diese Regelung gilt auch dann, wenn sich die Patientin erstmals vorstellt.

> Wenngleich selten Gegenstand gerichtlicher Auseinandersetzungen, gibt es doch klare Urteile zur Zulässigkeit von Wartezeiten, die im krassen Gegensatz zur alltäglichen Praxis stehen

PRAXISTIPP ! Dabei ist es ratsam, eine pünktlich erschienene Patientin sogleich darüber zu informieren, mit welcher Wartezeit sie ungefähr zu rechnen hat, damit sie sich entsprechend darauf einstellen kann.

1.4 Pflichten der Patientin

Auch die Patientin trifft eine Reihe von Verpflichtungen aus dem Arztvertrag. Die Patientin hat alles zu tun, um die erfolgreiche Behandlung oder Operation zu ermöglichen.

1.4.1 Mitwirkung der Patientin

Eine umfassende Diagnostik und auch Therapie setzen eine Mitwirkung der Patientin voraus. Diese hat Untersuchungen, Heilbehandlungen und Heileingriffe zu dulden. Es handelt sich um eine **passive Mitwirkungspflicht.** Wird diese verweigert, kann eine schuldhafte Vertragsverletzung durch die Patientin angenommen

> Wirkt die Patientin unbegründet nicht am Therapieerfolg mit, begeht sie eine Vertragsverletzung, was sich für den behandelnden Arzt haftungsrechtlich entlastend auswirkt.

Pflichten der Patientin	
Mitwirkungs-pflichten	• Angaben über Vorerkrankungen, Beschwerden, mögliche Kontraindikationen, Unverträglichkeiten, Einnahme von Medikamenten • Durchführung der verordneten Selbstbehandlung (z.B. Heimdialyse, Insulinspritzen) • Einnahme verordneter Medikamente • Befolgung sonstiger vom Arzt angeordneter Verhaltensregeln (z.B. Rauchverbot, Diät)
Duldungspflichten	• Duldung von Untersuchungen, Behandlungen und Eingriffen • Duldung von Folgeeingriffen zur Schadensminderung, wenn der Eingriff – gefahrlos durchführbar oder – nicht mit besonderen Schmerzen verbunden ist, – sichere Aussicht auf Heilung oder wesentliche Besserung bietet und – keine zusätzlichen Kosten für den Patienten verursacht werden.
Grenzen	• Unverhältnismäßigkeit / Unzumutbarkeit der Behandlung • Gefahren für Leben und Gesundheit nicht auszuschließen • Untersuchung / Behandlung mit erheblichen Schmerzen verbunden • Untersuchung / Behandlung stellt erheblichen Eingriff in körperliche Unversehrtheit dar
Folgen für die Vergütungsan-sprüche des Arztes	• Vergütungsanspruch bleibt bei schuldhafter Nichtbefolgung ärztlicher Anweisungen auch bei Misslingen der Behandlung bestehen

Übersicht 1.3: Pflichten der Patientin

werden. Die **Grenze dieser Duldungspflicht** liegt darin, dass ein Verschulden der Patientin verneint wird, wenn ihre passive Mitwirkung begründet abgelehnt wird und dies von der Rechtsordnung anzuerkennen ist. Diese Grenze findet sich in § 65 SGB I. Diese Vorschrift ist auch für den vertraglichen Bereich maßgebend, in dem Mitwirkungspflichten verneint werden, wenn diese etwa nicht in einem angemessenen Verhältnis zu der in Anspruch genommenen Leistung stehen oder ihre Erfüllung der Betroffenen aus einem wichtigen Grund nicht zugemutet werden kann.

Danach kann bei **Unverhältnismäßigkeit, Unzumutbarkeit** oder wenn Gefahren für Leben und Gesundheit nicht ausgeschlossen werden können, die Untersuchung oder Behandlung mit erheblichen Schmerzen verbunden ist oder einen erheblichen Eingriff in die körperliche Unversehrtheit darstellt, die Mitwirkung abgelehnt werden.

Ebenso gilt das Grundrecht auf **körperliche Unversehrtheit** nach Artikel 2 Abs. 2 Satz 1 GG, so dass die Patientin aus jedem beliebigen Grund alle diagnostischen und therapeutischen Maßnahmen ablehnen kann. Sie ist nicht zur Einwilligung in den Eingriff oder die Therapie verpflichtet. Verweigert die Patientin die diagnostische oder therapeutische Maßnahme, weil sie mit nicht unerheblichen Risiken verbunden ist, ist dies für sie, was Honoraransprüche angeht, folgenlos, wenn nicht etwa vereinbarte Termine kurzfristig abgesagt werden.

Der Patientin obliegen ferner **Informations- und Hinweispflichten**. Sie hat an der Therapiedurchführung aktiv mitzuwirken. Schon bei der Erhebung der Anamnese greift die Mitwirkungspflicht. Vorerkrankungen sind vollständig zu erwähnen. Die Beschwerden und ihre Intensität sind zu schildern. Der Gynäkologe hat die Patientin zur Mitarbeit und Eigenverantwortlichkeit anzuhalten.

Die Patientin ist gehalten, aktiv an der Diagnostik und Therapie mitzuwirken.

Die Patientin hat den Anordnungen des Gynäkologen Folge zu leisten und Untersuchungen, Behandlungen oder Eingriffe zu dulden, soweit dies dem Selbstbestimmungsrecht der Patientin entspricht. Einen nicht gewollten ärztlichen Eingriff hat sie nicht hinzunehmen. In vielen Fällen ist die Patientin gehalten, selbst tätig zu werden, wie etwa bei der Heimdialyse oder der Behandlung von Diabetes mellitus, wo die Patientin sich selbst Insulin spritzen muss.

Kommt die Patientin schuldhaft der therapeutischen Mitwirkungspflicht nicht nach, indem sie ärztliche Anordnungen nicht befolgt, behält der Gynäkologe seinen Vergütungsanspruch.

WICHTIG! **Die Weigerung, eine Untersuchung vornehmen zu lassen, die zur Abklärung einer Verdachtsdiagnose geboten ist, wird in einem etwaigen späteren Haftpflichtprozess nur dann berücksichtigt, wenn die Patientin auf die Notwendigkeit und Dringlichkeit dieser Untersuchung hingewiesen wurde (Dokumentation!) (BGH NJW 1997, 3090 f.).**

Entsprechendes gilt, wenn die Patientin die ihr verordneten Medikamente nicht oder nur unregelmäßig nimmt. Beachtet sie die Diätanweisung oder ein Rauchverbot nicht, gilt entsprechendes. Die Patientin ist verpflichtet, die Instruktionen des Gynäkologen und die Hinweise des Arzneimittelherstellers im Beipackzettel zu beachten. Die Patientin darf dem Gynäkologen auf dessen Frage eine kontraindizierende Tatsache nicht verschweigen.

Wenn die Patientin aus von ihr zu vertretenden Umständen nicht zum vereinbarten Termin zur Untersuchung oder Operation erscheint, behält der Gynäkologe seinen Honoraranspruch (AG Meldorf NJW-RR 2003, 1029).

1.4.2 Duldung der ärztlichen Maßnahmen

Zwangsbehandlungen spielen im gynäkologischen Alltag im Gegensatz zu anderen Fachrichtungen (Psychiatrie, Infektiologie) keine Rolle.

Es gibt eine Reihe von gesetzlichen Pflichten, wonach ein Eingriff oder eine ärztliche Behandlung zu dulden ist.

Dabei wird unterschieden zwischen unmittelbar erzwingbaren Maßnahmen und solchen, deren Verweigerung zu wirtschaftlichen Nachteilen führt.

Die unmittelbar erzwingbaren Behandlungen (Zwangsbehandlung) greifen in das Recht auf körperliche Unversehrtheit ein und bedürfen daher einer Gesetzesgrundlage. So ist eine Quarantäne bei bestimmten Erkrankungen nach § 30 IfSG möglich. Nach § 29 IfSG sind Kranke, Krankheitsverdächtige, Ansteckungsverdächtige und Ausscheider einer Beobachtung unterworfen. Die erforderliche Untersuchungen haben die Betroffenen zu dulden und Auskünfte über alle Umstände zu geben, die den Gesundheitszustand betreffen.

Die Entnahme einer Blutprobe ist nach § 81 a StPO zulässig, wenn sie zur Feststellung von Tatsachen, die für ein Verfahren von Bedeutung sind, erforderlich ist.

Nach dem Grundsatz der Verhältnismäßigkeit sind besonders schwerwiegende Eingriffe nur bei schwerem strafrechtlichem Vorwurf oder entsprechendem Verdacht zulässig wie EEG, EKG, Röntgenaufnahmen, Szintigraphie oder Computertomographie. Dagegen sind Liquorentnahmen oder Urinabnahmen mittels Katheter oder Angiographien untersagt (Laufs/Uhlenbruck § 79, Rdn. 3).

Die Unterbringungsgesetze der Länder regeln, wann eine Heilbehandlung bei untergebrachten psychisch Kranken durchgeführt werden darf.

Die Fixierung einer unruhigen Patientin ist nur bei entsprechender Indikation oder zu ihrem Schutz zulässig. Ferner darf keine weniger einschneidende Maßnahme möglich sein (LG Freiburg, MedR 1995, 411 ff.).

Daneben gibt es **nicht erzwingbare Duldungspflichten**, bei deren Nichteinhaltung Rechtsnachteile für die Betroffene eintreten. Dies gilt im Wesentlichen für Maßnahmen nach dem Sozialgesetzbuch. Hier unterliegt die Leistungsempfängerin der Verpflichtung, ärztliche und psychologische Untersuchungsmaßnahmen zu dulden, soweit diese für die **Entscheidung über die Leistungspflicht** erforderlich sind. Wird dies unbegründet verweigert, entfällt die Leistungspflicht.

Problematisch ist ferner die Frage, inwieweit eine Patientin im Rahmen ihrer allgemeinen Schadensminderungspflicht verpflichtet ist, weitere Eingriffe zu dulden. Dieses ist etwa der Fall, wenn durch einen geringen weiteren Eingriff ein im Bauchraum der Patientin zurückgebliebener Gegenstand entfernt werden kann.

Die geschädigte Patientin hat eine weitere ärztliche Behandlung oder Operation zu dulden, wenn diese gefahrlos durchgeführt werden können und nicht mit besonderen Schmerzen verbunden sind. Es muss dabei jedoch eine sichere Aussicht auf Heilung oder Besserung bestehen. Der geschädigten Patientin dürfen keine zusätzlichen Kosten entstehen (BGH NJW 1994, 1592 ff.)

Im Falle eine Schädigung besteht eine Duldungspflicht seitens der Patientin, um den Schaden zu beheben.

Der Patientin obliegt ferner eine **Pflicht zur Offenlegung** gegenüber dem Gynäkologen. Im Rahmen der Anamnese hat sie besondere Symptome anzugeben. Die Einnahme von Blutverdünnungsmitteln ist unbedingt mitzuteilen. Entsprechendes gilt für eine Medikamentenempfindlichkeit. Eine Alkoholabhängigkeit ist unaufgefordert anzugeben (OLG Koblenz, MedR 1998, 421). Zwar hat der Gynäkologe die Pflicht, im Rahmen der Anamnese, Untersuchung und Diagnostik die Patientin nach Vorerkrankungen und Unverträglichkeiten zu befragen. Die Patientin hat jedoch ihrerseits die Pflicht, auf wichtige Vorerkrankungen und Unverträglichkeiten hinzuweisen. Andernfalls trifft sie ein **Mitverschulden**, wenn es aufgrund der unterbliebenen Angaben zu Komplikationen kommt.

Teilt die Patientin dem Arzt wesentliche anamnestische Dinge nicht mit, trifft sie ein Mitverschulden für Komplikationen.

Dem entspricht, dass die Patientin die ärztlichen Anordnungen zu befolgen hat. Dabei darf der Gynäkologe im Regelfall davon ausgehen, dass seine Anweisungen befolgt werden. Geschieht dies nicht und misslingt die Behandlung, behält der Gynäkologe seinen Honoraranspruch.

Die Patientin hat zu beweisen, dass trotz der Nichtbefolgung der ärztlichen Anweisungen eine Falschbehandlung vorliegt.

Zwar ist die Methoden- und Therapiefreiheit des Gynäkologen durch den Willen der Patientin eingeschränkt. Jedoch steht der Patientin kein Weisungsrecht zu, wie verfahren werden soll.

Vielmehr ist es das Weisungsrecht des leistungsberechtigten Gynäkologen, Art und Umfang seiner Leistung zu bestimmen. Diese richten sich nach dem Krankheitsbild, dem Zustand der Patientin und den therapeutischen Notwendigkeiten. Die medizinische Indikation von Behandlungen und Eingriffen bestimmt sich daher nicht nach dem Willen der Patientin, sondern nach objektiven Merkmalen einer umfassenden Differentialdiagnostik.

Das Weisungsrecht für die Art der Behandlung obliegt dem Arzt, die Patientin kann diese nach Aufklärung ggfs. ablehnen.

1.4.3 Honorarzahlung

Vergisst die Patientin die für eine ambulante Operation erforderlichen Unterlagen, sodass der Eingriff nicht durchgeführt werden kann, ist ein Stundenhonorar von 100 € von der Patientin zu zahlen (AG München, NJW 1994, 3014).

Da der Gynäkologe sich jedoch auf seine Honorarforderung das Honorar, das er für die Behandlung einer anderen Patientin in der fraglichen Zeit bekommen hat oder hätte verdienen können, anrechnen lassen muss, wird im Regelfall ein Zahlungsanspruch gegenüber einer nicht erschienenen Patientin erfolgversprechend nur dann geltend gemacht werden können, wenn der vereinbarte Termin außerhalb der üblichen Sprechstunden lag oder es sich um einen zeitlich ausgedehnten Termin wie bei einer ambulanten Operation handelte.

Um diesen Schwierigkeiten zu entgehen, wird vielfach mit der Patientin eine **Kündigungsfrist** von 24 Stunden formularmäßig vereinbart. Einer Kassenpatientin ist das Honorar wegen Nichterscheinens privat in Rechnung zu stellen.

1.5 Besondere Situationen

1.5.1 Die ausländische Patientin als Notfall

Häufig kommt es vor, dass ausländische, nicht in Deutschland versicherte Patientinnen einer ärztlichen Behandlung bedürfen. Dabei ist zwischen **Notfällen und elektiven Behandlungen** (letztere s. Kap. 14.3) zu unterscheiden. Ferner ist zu unterscheiden zwischen Patientinnen, die nach zwischenstaatlichem Krankenversicherungsrecht Anspruch auf Leistungen aus der Krankenversicherung haben und sonstigen Patientinnen.

Durch folgende **zwischenstaatliche Vorschriften** sind die Krankenkassen verpflichtet, Patientinnen, die gegenüber Versicherungsträgern der betreffenden Länder anspruchsberechtigt sind, bei einem Aufenthalt in Deutschland ärztliche Behandlung, Arznei, Krankenhausbehandlung usw. im Wege der Leistungsaushilfe zu erbringen. Es handelt sich hierbei um:

- Verordnungen der EU über soziale Sicherheit;
- deutsch-israelisches Abkommen über soziale Sicherheit (nur bei Mutterschaft);
- deutsch-jugoslawisches Abkommen über soziale Sicherheit (gilt für Bosnien-Herzegowina, die Bundesrepublik Jugoslawien (Montenegro, Serbien, Vojvodina) und Mazedonien);
- deutsch-kroatisches Abkommen über soziale Sicherheit;
- deutsch-polnisches Abkommen über soziale Sicherheit (gilt nicht für Touristen);

- deutsch-schweizerisches Abkommen über soziale Sicherheit;
- deutsch-slowenisches Abkommen über soziale Sicherheit;
- deutsch-türkisches Abkommen über soziale Sicherheit;
- deutsch-tunesisches Abkommen über soziale Sicherheit;
- deutsch-ungarisches Abkommen über soziale Sicherheit;
- Übereinkommen über die soziale Sicherheit der Rheinschifffahrt.

Patientinnen, die gegenüber **ausländischen Trägern** der Sozialversicherung anspruchsberechtigt sind und während ihres Aufenthaltes in Deutschland ärztliche Hilfe in Anspruch nehmen müssen, erhalten unter Vorlage der vom ausländischen Versicherungsträger ausgestellten Anspruchsbescheinigung bei der **von ihnen gewählten** deutschen Krankenkasse am Aufenthaltsort einen Abrechnungsschein oder eine Krankenversichertenkarte.

Personen, die sich nur zeitweise in Deutschland befinden, erhalten Leistungen, die auf der Grundlage eines mit den notwendigen Angaben versehenen, speziell gekennzeichneten Abrechnungsschein erbracht und abgerechnet werden. Diese Patientinnen müssen **in ihrem Heimatland vor Reiseantritt** von ihrer Krankenkasse oder Krankenversicherung einen entsprechenden Abrechnungsschein besorgen. Dieser wird bei einer eventuellen Inanspruchnahme eines Arztes bei jeder Krankenkasse in einen sogenannten **E111-Abrechnungsschein** umgetauscht.

Patientinnen mit **Wohnort in Deutschland** erhalten Krankenversichertenkarten. Im Fall der Abrechnung der Krankenkasse mit dem ausländischen Kostenträger nach tatsächlichem Aufwand oder in Fällen des Erstattungsverzichts enthält das Feld „Ost-West-Status" die Ziffer „7". Dies gilt auch für Grenzgänger mit Wohnort in den Niederlanden. Im Fall der Pauschalabrechnung der Krankenkasse mit dem ausländischen Kostenträger enthält das Feld „Ost-West-Status" die Ziffer „8".

Die Leistungen sind in dem Umfang zu erbringen, als ob für die zu behandelnde Patientin eine Versicherung bei einer deutschen Krankenkasse bestünde. Dabei ist ein **strenger Maßstab** anzulegen.

Die Leistungen sind nur zu erbringen, wenn der Zustand der Patientin ärztliche Betreuung sofort erforderlich macht. Dies ist auf dem Abrechnungsschein besonders zu vermerken.

Handelt es sich ersichtlich um eine Erkrankung, die **bereits vor der Einreise** nach Deutschland bestanden hat, bedarf es zur stationären Behandlung einer besonderen Genehmigung des ausländischen Trägers der Krankenversicherung. Nach einer Entscheidung des Europäischen Gerichtshofes vom 13.05.2003 gilt dies nicht mehr für **ambulante Behandlungen**. In diesen Fällen ist der

Bei Anspruch über eine ausländische Krankenversicherung stellt eine deutsche Versicherung einen Anspruchsschein oder eine Chipkarte aus.

Bei vorbestehenden Krankheiten ist bei stationärer Behandlung eine Genehmigung des ausländischen Trägers erforderlich.

Patient an eine für den Aufenthaltsort zuständige Krankenkasse zu verweisen.

Als **nicht sofort notwendige Leistungen** gelten etwa:

- Untersuchung zur Früherkennung von Krankheiten, außer bei Kindern, die während eines vorübergehenden Aufenthalts in Deutschland geboren sind;
- ärztliche Beratung über Fragen der Empfängnisregelung einschließlich der erforderlichen Untersuchung und der Verordnung von empfängnisregelnden Mitteln;
- ärztliche Leistungen bei einer nichtrechtswidrigen Sterilisation;
- ärztliche Leistungen bei einem nichtrechtswidrigen Schwangerschaftsabbruch.

Arzneimittel dürfen auf Rechnung der aushelfenden deutschen Krankenkasse nur verordnet werden, wenn das Arzthonorar der Krankenkasse in Rechnung zu stellen ist. Die Bestimmungen über die wirtschaftliche Verordnungsweise sind zu beachten.

Eine Überweisung zur **fachärztlichen Begutachtung oder Behandlung** ist nur dann zulässig, wenn es sich um Personen handelt, die eine Krankenversichertenkarte erhalten haben.

Bei Patientinnen, die einen Abrechnungsschein erhalten haben, wird der erstbehandelnde Arzt der Anspruchsberechtigten die Notwendigkeit anderweitiger ärztlicher Behandlung auf einem Rezept bescheinigen und sie an die aushelfende deutsche Krankenkasse verweisen. Diese stellt dann einen weiteren Abrechnungsschein aus.

Für die Bescheinigung einer **Arbeitsunfähigkeit** sind die geltenden Bestimmungen der deutschen Krankenkassen zu beachten. Das Original der Bescheinigung ist dem Versicherten auszuhändigen, während die Durchschrift der aushelfenden deutschen Krankenkasse übermittelt werden muss.

Entsprechendes gilt für die Verordnung von Krankenhausbehandlungen.

Die **Abrechnung** der vertragsärztlichen Leistungen soll unverzüglich nach Abschluss der Behandlung, spätestens mit Ablauf des Kalendervierteljahres über die für den Vertragsarzt zuständige KV erfolgen. Bei Vorliegen einer Krankenversichertenkarte ist der Arzt grundsätzlich verpflichtet, die auf dem Chip enthaltenen Daten auf alle relevanten Vordrucke maschinell unter Verwendung eines zertifizierten Lese- und Druckgerätes zu übertragen. Nach Übertragung der Daten der Krankenversichertenkarte auf den Abrechnungsschein bestätigt der Berechtigte das Bestehen des speziellen Kostenübernahmeanspruchs gegenüber der jeweiligen Krankenkasse. Ärzte, die mit Hilfe einer genehmigten Praxis-EDV abrechnen, können durch die KV von der Ausstellung eines Abrechnungsscheins befreit werden, wenn ein nichtveränderbares Einle-

Überweisung nur bei Vorliegen der Chipkarte erlaubt, sonst: erneuter Abrechnungsschein bei der Krankenkasse zu beantragen.

Abrechnung über Praxis-EDV möglich, ggfs. Rückfrage bei der KV

sedatum der Krankenversichertenkarte im jeweiligen Quartal festgehalten und Bestandteil der in der Abrechnung zu prüfenden Datei wird. Bei Vorliegen eines Abrechnungsscheins ist dieser der Abrechnung beizufügen. Die ärztlichen Leistungen werden unter Berücksichtigung des jeweils geltenden Punktwertes vergütet.

Weist sich die anspruchsberechtigte Patientin anstelle eines von einer deutschen Krankenkasse ausgestellten Abrechnungsscheins bzw. Krankenversichertenkarte nur mit einer **Anspruchsbescheinigung des ausländischen Versicherungsträgers** aus, ist der Arzt berechtigt, sofortige Bezahlung seiner Leistungen in Anwendung der GOÄ zu verlangen. Wird der Abrechnungsschein bzw. die Krankenversichertenkarte innerhalb des Quartals nachgereicht, ist der Arzt verpflichtet, der Patientin das Honorar zu erstatten. Dieses gilt insbesondere für Patientinnen aus Überseeländern, welche die Leistungen der Ärzte und Krankenhäuser privat zu bezahlen haben.

Bei ausländischen Patientinnen, die keinerlei Krankenversicherung haben und auch nicht Selbstzahler sind, muss vor der Behandlung die Übernahme der Kosten beim örtlich zuständigen Sozialamt beantragt werden. In Eilfällen, wenn wegen drohender Gesundheitsverschlechterung vor dem Behandlungsbeginn eine solche Kostenübernahme nicht herbeigeführt werden konnte, kann ein **Kostenerstattungsantrag beim Sozialamt** nachgeholt werden. Dieses gilt auch für Asylbewerberinnen ohne legalen Aufenthaltsstatus.

1.5.2 Behandlung von Kolleginnen

Bei der ärztlichen Behandlung von Kolleginnen wird gelegentlich von einer Liquidation für die erbrachten Leistungen abgesehen. Hieraus darf nicht gefolgert werden, dass kein Vertrag zustande kommt. Es liegt **kein Gefälligkeitsverhältnis** mit einer entsprechenden **Haftungsminderung** vor. Vielmehr wird auch in diesen Fällen ein Arztvertrag abgeschlossen, für den der auch sonst übliche Haftungsmaßstab gilt (BGH NJW 1977, 2120).

„Gefälligkeitsbehandlungen" sind haftungsrechtlich jedem anderen Behandlungsvertrag gleichzusetzen!

1.5.3 Nur ein Elternteil erscheint mit Kind

Geben Eltern ihr Kind in ärztliche Behandlung, ist der Status der Eltern von ausschlaggebender Bedeutung. Leben die Eltern nicht getrennt und bringt die Mutter das Kind in die Praxis, kommt ein Vertrag zwischen beiden Ehegatten und dem Gynäkologen zustande (BGH NJW 1985, 1394 f).

Will dem gegenüber ein Ehegatte im Einzelfall die Mitverpflichtung des anderen Ehepartners oder seiner eigenen Mitver-

Bei der Behandlung von Minderjährigen kommt bei verheirateten Eltern ein Vertrag mit beiden Eltern zustande.
Bei nicht-verheirateten Eltern kommt der Vertrag nur mit dem anwesenden Elternteil zustande.

pflichtung ausschließen, hat er dies eindeutig gegenüber dem Gynäkologen zuvor zum Ausdruck zu bringen.

Darüber hinaus wird auch das Kind Vertragspartei, da es sich dabei um einen sogenannten **Vertrag zugunsten Dritter** handelt.

Leben die Eltern getrennt, kommt der Vertrag nur mit dem anwesenden Elternteil zustande. Da dies für den Gynäkologen nicht erkennbar ist, hat er im Zweifelsfall sich durch entsprechende Befragung zu erkundigen. Unterlässt er dies, wird sein guter Glaube an das Zusammenleben der Eltern in häuslicher Gemeinschaft nicht geschützt. In diesem Fall wird nur der anwesende Elternteil Vertragspartner.

Ist die Ehe der Eltern geschieden, kommt der Vertrag ebenfalls nur mit dem anwesenden Elternteil zustande. Bei Nichtzahlung des ärztlichen Honorars hat der Gynäkologe die Möglichkeit, den Freistellungsanspruch der Ehefrau gegenüber dem Ehemann zu pfänden und sich zur Einziehung überweisen zulassen.

1.5.4 Behandlung eines Ehegatten

Bei der Behandlung eines Ehegatten werden im Zweifel beide Eheleute Vertragspartei (§ 1357 BGB). Will sich der Ehegatte nur selbst oder nur den anderen verpflichten, muss er dies vor der Behandlung ausdrücklich erklären. Die Vereinbarung von Wahlleistungen wird regelmäßig von der **Schlüsselgewalt** (Berechtigung zum Abschluss von Rechtsgeschäften zur angemessenen Deckung des Lebensbedarfs der Familie) erfasst, wenn die Leistungen den Lebenszuschnitt der Familie entsprechen (BGHZ NJW 1992, 909).

<table>
<tr><td style="background:black;color:white">**MUSTER für eine Patienten-Erklärung inkl. der erforderlichen Honorarvereinbarung**</td></tr>
</table>

Name und Vorname der Patientin/des Patienten, Anschrift

____

____

____

Ich wünsche, durch die/den behandelnde(n) Ärztin/Arzt die folgenden Leistungen gemäß GOÄ in Anspruch zu nehmen:
Angabe der Einzelleistungen nach GOÄ-Ziffern,
Euro-Beträge

____

____

____

Ich vereinbare hierfür ein Honorar über voraussichtlich Euro

____

Es ist mir bekannt, dass die Krankenkasse, bei der ich versichert bin, eine im Sinne des Gesetzes ausreichende Behandlung gewährt und vertraglich sichergestellt hat. Ich wünsche dennoch die oben aufgeführten Leistungen.

Ich weiß, dass die Behandlung nicht erstattungsfähig ist und dass der oben genannte Betrag von mir selbst zu tragen ist.

Datum: Datum:

Ort: Ort:

_______________________   _______________________
Unterschrift   Unterschrift
Ärztin/Arzt   Patient/Patentin

Muster 1.1: Vereinbarung zu „IGEL" Leistungen

MUSTER für eine Wahlleistungsvereinbarung

Liebe Patientin,
lieber Patient,

für unsere Unterlagen erbitten wir einige Angaben:

Name:

Vorname:

Geburtsdatum:

Straße:

Postleitzahl, Ort:

Telefon, Fax:

Krankenversicherung:

Beihilfe: ja [   ]   nein [   ]

Bericht an Hausarzt erwünscht: ja [   ]   nein [   ]

Name des Hausarztes: Straße:

Postleitzahl, Ort:

Telefon, Fax:

Die Leistungen werden gemäß der Gebührenordnung für Ärzte (GOÄ) abgerechnet
(technische Leistungen bis zum 1,8-fachen, ärztliche Leistungen bis zum 2,3-fachen
bzw. in begründeten Ausnahmefällen bis zum 3,5-fachen des GOÄ-Gebührensatzes)

_______________________   _______________________
Unterschrift   Datum

Muster 1.2: Wahlleistungsvereinbarung

MUSTER für eine Einverständniserklärung zu externen Wahlleistungen am Beispiel Laborleistungen

Sehr geehrte Patientin,
sehr geehrter Patient,

das Datenschutzgesetz schreibt das Einverständnis des Patienten vor, wenn dessen Daten an Dritte weitergeleitet werden.
Um dieses Einverständnis möchte(n) ich/wir Sie hiermit bitten, da ich/wir in Ihrem Fall Material an mein/unser Korrespondenzlabor weiterleiten müssen. Dieses Einverständnis schließt die Abrechnung der Privatliquidation durch einen Kollegen mit ein. Selbstverständlich werden alle Patientendaten vertraulich und nur sachbezogen verwendet.
Ich/wir garantieren Ihnen den vertraulichen und sorgsamen Umgang mit Ihren Patientendaten in unserer Praxis und bedanken uns für Ihr Verständnis.

Einverständniserklärung

Ich bin mit der Weitergabe meiner persönlichen Daten an das Korrespondenzlabor und der damit verbundenen Rechnungsstellung einverstanden.

_______________________________   _______________________________
Ort, Datum   Unterschrift Patientin/Patient

Muster 1.3: Einverständniserklärung zu externen Wahlleistungen

2 Die Aufklärung in der Gynäkologie

Zu den Hauptpflichten des Gynäkologen gehört die Aufklärung. Nach dem Behandlungsvertrag soll er die Patientin als selbstverantwortliche Partnerin unterstützen und dabei ihre persönlichen Rechte respektieren. Zwischen Gynäkologe und Patientin soll ein Konsens bestehen, der jedoch eine Aufklärung voraussetzt.

Die Aufklärungspflicht ist im Allgemeinen gesetzlich nicht geregelt. Lediglich einige Spezialgesetze wie das Arzneimittelgesetz, das Transplantationsgesetz sowie insbesondere das Kastrationsgesetz sehen spezielle Vorschriften zur Aufklärung und Einwilligung vor. Die Musterberufsordnung regelt die Aufklärungspflicht.

> ### § 8 MBO-Ä Aufklärungspflicht
>
> Zur Behandlung bedarf der Arzt der Einwilligung des Patienten. Der Einwilligung hat grundsätzlich die erforderliche Aufklärung in persönlichen Gesprächen vorauszugehen.

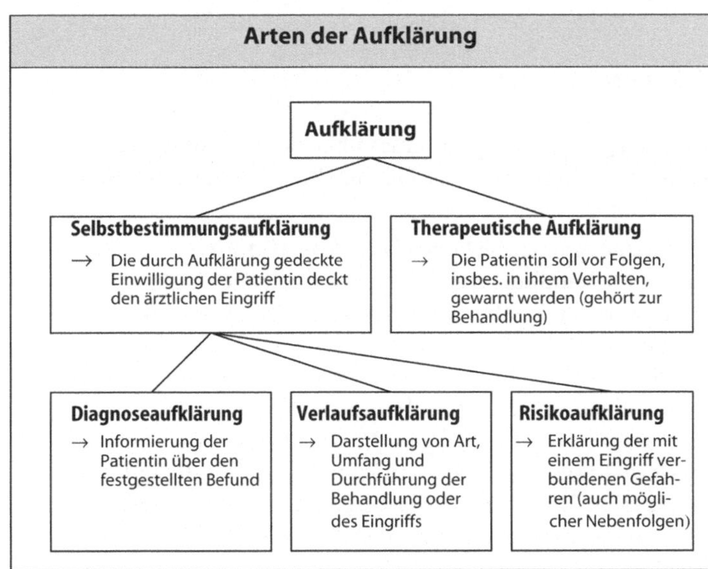

Übersicht 2.1: Arten der Aufklärung

2.1 Selbstbestimmungsaufklärung

Da die Rechtssprechung jeden Heileingriff als **Körperverletzung** ansieht, stellt sich die Frage, ob der einzelne ärztliche Eingriff von einer Einwilligung der Patientin, die nach gebotener Aufklärung abgegeben wird, gedeckt ist. Dabei sind zahlreiche Gesichtspunkte zu berücksichtigen, die eine Aufstellung allgemeiner Regeln erheblich erschweren.

Die Aufklärung soll eine selbstbestimmte Entscheidung der Patientin ermöglichen, in praxi entscheidet aber die dokumentierte Aufklärung häufig darüber, wie ein Haftpflichtfall entschieden wird.

Die Vielfältigkeit der individuellen Gegebenheiten im Verhältnis zwischen Gynäkologe und Patientin bewirkt, dass sich ein Urteil darüber, ob der Gynäkologe seiner Aufklärungspflicht genügt hat, nur in Würdigung der gesamten Umstände fällen lässt (BGH NJW 1976, 363 f.).

Durch die Selbstbestimmungsaufklärung soll eine freie, selbstverantwortliche Entscheidung der Patientin herbeigeführt werden. Dabei wird zwischen der Diagnose-, Verlaufs- und Risikoaufklärung unterschieden.

Insgesamt ist es die Pflicht des Gynäkologen, die Patientin über ihre Erkrankung aufzuklären. Dabei sind die Spezifika der Krankheit und das Krankheitsstadium ebenso zu berücksichtigen wie die mit dem Therapieverlauf einhergehenden Gefahren und potentiellen Nebenwirkungen. Dieses umfangreiche Feld der Selbstbestimmungsaufklärung teilt sich auf in Diagnose-, Verlaufs- und Risikoaufklärung.

2.1.1 Diagnoseaufklärung

WICHTIG! Die Patientin muss über Befunde und Diagnosen sowie das Ziel der Behandlung informiert und aufgeklärt werden.

Ärztliches Ermessen: in welchem Umfang werden gravierende Befunde realistisch dargestellt? Umfang der Aufklärung von den therapeutischen Optionen abhängig.

Eine allgemeine Rechtspflicht zur Diagnoseeröffnung wird allgemein aus dem Behandlungsvertrag nicht hergeleitet. Die Diagnose und ihre Bewertung ist aber auf jeden Fall mitzuteilen, wenn die Patientin ausdrücklich danach fragt oder für den Arzt erkennbar eine wichtige persönliche Entscheidung von der Kenntnis ihrer Erkrankung abhängig macht. Allerdings soll die Patientin nicht mit unsicheren oder unbestätigten Verdachtsdiagnosen belastet werden. Deshalb sieht die Rechtssprechung vor, dass die in Krankenunterlagen befindlichen Verdachtsdiagnosen dem Einsichtsrecht der Patientin entzogen werden sollen (BGH NJW 1983, 328). Ebenso sollen ungesicherte Verdachtsdiagnosen nicht mitgeteilt werden (OLG Köln NJW 1987, 2936). Wenn erst die Kenntnis der Patientin von der Schwere ihrer Erkrankung sie dazu bringt, in eine notwendige Behandlung einzuwilligen, ist sie auf jeden Fall über die Befundung und Bewertung aufzuklären. Zwar ist über eine

Krebsdiagnose zu informieren (BGH NJW 1989, 2318); gleichzeitig ist aber **Rücksicht auf die Patientin** zu nehmen. Die Mitteilung der Diagnose soll schonend erfolgen.

> **Beispiel:**
> Die Mitteilung gegenüber einer in psychischer Hinsicht zu Überreaktionen neigenden Patientin, dass wohl ein schnell wachsender Tumor vorliege, von dem aber nicht gesagt werden kann, ob er operabel ist oder nicht, ob er gutartig oder bösartig ist, ist unzulässig. In einem solchen Fall verletzt der Gynäkologe seine Pflicht, die Patientin nicht in unnötige Ängste zu versetzen und sie nicht unnötig zu belasten (OLG Celle VersR 1981, 1184).

2.1.2 Verlaufsaufklärung

WICHTIG! **Durch die Verlaufsaufklärung soll die Patientin über die Art, den Umfang und die Durchführung der Behandlung oder des Eingriffs informiert werden.**

Der Arzt hat also die Patientin über ihre Erkrankung und deren voraussichtlichen Verlauf ohne Behandlung sowie über die Behandlung selbst, ihren Verlauf und ihre Wirkung auf ihre Erkrankung aufzuklären. Die Patientin ist über die Art, den Umfang und die Durchführung des beabsichtigten Eingriffs aufzuklären. Stimmt eine Patientin einem beabsichtigten Eingriff nicht zu, muss sie darüber informiert werden, welchen Verlauf ihre Krankheit voraussichtlich nehmen wird, wenn wegen ihrer fehlenden Einwilligung der Eingriff unterbleibt. Allerdings müssen der Patientin nicht alle Einzelheiten des Verlaufs eines Eingriffs mitgeteilt werden. Hier reicht eine Information über das Wesen des Eingriffs im Großen und Ganzen aus.

Die Verlaufsaufklärung muss die Information über sichere und voraussehbare Nebenfolgen umfassen (OLG Hamburg NJW 1975, 603 f.).

Ebenso ist über mögliche Alternativen zu sprechen, wenn etwa eine konservative oder eine operative, eine medikamentöse oder eine Strahlenbehandlung möglich sind. Im Rahmen des Aufklärungsgespräches muss dafür gesorgt werden, dass sich die Patientin über die Erfolgschancen der geplanten Therapie sowie über die Folgen eines möglichen Misslingens eindeutig bewusst ist (BGH NJW 1981, 1319 f.). Hierbei genügt eine Aufklärung im Großen und Ganzen nicht (BGH VersR 1980, 1145).

In nicht vielen Fällen stellt der Eingriff als solcher bereits eine gesteigerte Gefahr dar oder es drohen schwere Komplikationen. In diesen Fällen müssen die Vor- und Nachteile des Eingriffs mit der Patientin umfassend besprochen werden. Auf jeden Fall ist

Die Verlaufsaufklärung soll die Patientin über die Therapie und den wahrscheinlichen Krankheitsverlauf informieren.

der Arzt ohne Rücksicht auf das Risiko des Eingriffs zu einer eingehenden Verlaufsaufklärung verpflichtet.

Die Patientin ist auch über sichere **Eingriffsfolgen** wie Operationsnarben, Unfruchtbarkeit nach Gebärmutterentfernung, Operationseinbussen eines Organs zu informieren (Hormonmangel nach Ovarektomie u.a.).

2.1.3 Risikoaufklärung

WICHTIG! **Die Patientin ist unbedingt über die Gefahren, die mit der beabsichtigten Therapiemaßnahme verbunden sind, aufzuklären.**

Der Arzt hat die Patientin über die Art, die Dringlichkeit, den Ablauf, die Tragweite und die Heilungschancen der Behandlung und den zu erwartenden postoperativen Zustand aufzuklären. Dabei ist über **typische Risiken** immer aufzuklären. Auf **atypische Risiken** ist hinzuweisen, wenn diese für die Patientin völlig überraschend sind und deren Verwirklichung für die Patientin in Zukunft eine schwere Belastung darstellen werden. Der Umfang der Aufklärung wird von der Komplikationsrate bestimmt. Dabei sollte weniger auf einzelne Statistiken abgestellt werden. Entscheidend ist vielmehr die Häufigkeit von Zwischenfällen in der konkreten therapeutischen Tätigkeit des Arztes.

Die Patientin ist über den Ablauf der Behandlung insoweit zu informieren, dass sie sich ein Bild von dem Umfang des anstehenden Eingriffs machen kann. Über **sichere Folgen des Eingriffs** ist unter allen Umständen aufzuklären. Dies gilt auch für ein Fehlschlagen der beabsichtigten Maßnahme, wodurch der Zustand der Patientin verschlechtert statt verbessert werden kann (BGH NJW 1987, 1481).

Es ist über alle denkbaren, dauernden oder auch nur vorübergehenden Folgen aufzuklären, die auch bei fehlerfreier Durchführung des Eingriffs unter Anwendung der geboten Sorgfalt nicht ausgeschlossen werden können.

WICHTIG! **Auch bei sogenannten kleinen Eingriffen hat eine Risikoaufklärung zu erfolgen, da andernfalls ein rechtswidriger Eingriff erfolgt.**

Bei mangelhafter oder gar fehlender Aufklärung hat der Arzt für alle negativen Folgen einzustehen.

Allerdings müssen die Risiken nicht medizinisch exakt oder in allen denkbaren Erscheinungsformen dargestellt werden. Es genügt die **allgemeine Darstellung** von der Schwere und der Richtung des möglichen Risikos (BGH NJW 1990, 2929).

Über **Behandlungsalternativen** ist die Patientin aufzuklären, wenn diese bei gleichen Erfolgschancen unterschiedliche Risiken in sich bergen. Die Patientin soll selbst entscheiden, auf welches Risiko sie sich einlassen will. Diese Entscheidung soll ihr möglichst nicht abgenommen werden (BGH NJW 1982, 2121).

Befindet sich ein alternatives Verfahren in der Erprobung, ist hierüber nicht aufzuklären. Je weniger dringlich ein Eingriff ist, um so umfangreicher ist die Pflicht zur Aufklärung (BGH NJW 1991, 2349).

Will sich der Arzt bewährter und fachlich anerkannter Methoden nicht bedienen, besteht eine **gesteigerte Aufklärungspflicht** (BGH NJW 1976, 365).

Kein Bestandteil der Risikoaufklärung sind Schäden, die der Patientin durch eine **regelwidrige Behandlung** entstehen könnten. Vielmehr ist es die Pflicht eines jeden Arztes, seiner Patientin keinen Schaden zuzufügen. Deshalb braucht über Gefahren, die nur durch sachliche Fehler entstehen können, nicht aufgeklärt zu werden (BGH NJW 1992, 108). Umgekehrt bedeutet dieses, dass durch einen solchen Hinweis die Verantwortlichkeit des Arztes nicht entfällt.

Über **allgemein bekannte Risiken** muss nicht aufgeklärt werden. Hierzu gehören Risiken, die mit jeder größeren, unter Narkose vorgenommenen Operation verbunden sind und mit denen gerechnet werden muss wie etwa die Gefahr allgemeiner Wundinfektionen oder Embolien. Hier darf davon ausgegangen werden, dass die Patientin insoweit über ein Grundwissen verfügt.

Beispiel:
Die vaginal-operative Entbindung wurde bei einem Höhenstand des kindlichen Kopfes im Beckeneingang als ärztlicher Fehler gewertet, der eine Haftung für die Folgen der Schulterdystokie nach sich zog (LG Heidelberg, Urteil vom 01.06.1988, 3 O 237/83).

Dem Gynäkologen steht die Wahl der richtigen Behandlungsmethode allein zu (BGH NJW 1982, 2121).

Beispiel:
Dies kann die Operationsmethode betreffen: Im vorliegendem Fall die Wahl des Verfahrens der Tubensterilisation (nach Pomeroy), die dem Stand der ärztlichen Kunst (1982) entsprach und die der Operateur am Besten beherrschte.

Ist eine Uterusentfernung nur relativ indiziert, weil ihre Erforderlichkeit vom Sicherheitsbedürfnis der Patientin abhängt, so muss das mit dieser ausführlich besprochen werden. Andernfalls fehlt es an der erforderlichen Aufklärung als Voraussetzung für eine wirksame Einwilligung in die Operation (BGH NJW 1997, 1637).

Verneint wurde die Aufklärungspflicht von der Rechtssprechung jedoch im Folgenden:

> **Beispiel:**
> Die Mutter erwartete ein großes Kind (postpartal 4770 g) und hatte bereits zuvor ein großes Kind geboren. Ansonsten waren keine Risiken erkennbar. Die Möglichkeit der Schulterdystokie machte hier nicht die Aufklärung über die Alternative der Sectio caesarea erforderlich (OLG Stuttgart, 19.05.1988, 14 U 34/37; BGH-Beschluss 13.12.1988, VI ZR 179/88).

Bejaht wurde eine Aufklärungspflicht hingegen im Folgenden:

> **Beispiele:**
> - Bei der Beckenendlage ist die primäre Sectio caesarea als Alternative zur vaginalen Geburt anzusehen und deshalb besteht die Pflicht, über die Vor- und Nachteile der Möglichkeiten aufzuklären (BGH 06.12.1988, VI-ZR 132/88; OLG Braunschweig, Urteil vom 19.12.1986, 2 U 71/86).
> - Die Patientin ist darüber aufzuklären, dass statt einer Ausschabung eine sofortige vaginale Hysterektomie vorgenommen werden kann (OLG Hamm VersR 2001, 461).
> - So ist aufzuklären über die Möglichkeit des Abwartens mit der Hysterektomie bei zystischem Ovarialtumor (BGH NJW 1997, 1637).
> - Ebenso ist über die Möglichkeit des Abwartens einer Operation beim Mamma-CA aufzuklären (BGH NJW 1992, 2354). Über die Möglichkeit des kontrollierten Abwartens statt Amputation der Brust bei Auftreten einer Zyste nach Carcinomal obulare in situ der Brust ist aufzuklären (BGH NJW 1998, 1784).
> - Auch über die mögliche Konssation statt der Hysterektomie bei einer Präkanzerose der Gebärmutter ist aufzuklären (BGH VersR 2002, 120).

Wenn sich durch die Wahl besserer Behandlungsbedingungen das Risiko deutlich verkleinern lässt, ist über diese Alternative aufzuklären. Allerdings braucht der Gynäkologe nicht ohne ausdrückliche Nachfrage darauf hinzuweisen, dass die medizinisch-apparativen Gegebenheiten in einem kommunalen Krankenhaus schlechter sein können als in der Universitätsklinik (BGH NJW 1988, 763).

> **Beispiel:**
> Die Patientin wurde zur Durchführung eines medizinisch indizierten Schwangerschaftsabbruchs in die Klinik eingewiesen. Vorgesehen war zusätzlich zum Schwangerschaftabbruch eine laparoskopische Tubensterilisation mittels Elektrokoagulation. Zu dieser Zeit wurden in dieser Klinik Elektrokoagulationen nur mit monopolaren Hochfrequenzstrom vorgenommen. Auf die Möglichkeit der Verwendung bipolaren Hochfrequenzstromes und die dabei geringere Gefahr von Darmverletzungen wurde die Patientin nicht hingewiesen. Die Klinik erhielt ein entsprechendes Gerät

erst einige Monate später. Es kam bei der Operation zu einer Darmverletzung, die einen weiteren Eingriff notwendig machte. Die Patientin machte Schadenersatz- und Schmerzensgeldansprüche geltend und behauptete, dass sie sich in einem anderen Krankenhaus hätte operieren lassen, wenn sie darüber aufgeklärt worden wäre, dass in einem anderen Krankenhaus bereits bipolarer Hochfrequenzstrom verwendet wurde. Die Klage wurde vom Bundesgerichtshof abgewiesen. Solange der Patientin im Krankenhaus eine Behandlung geboten wird, die dem jeweils zu fordernden medizinischen Standard genügt, ist sie nicht darüber aufzuklären, dass dieselbe Behandlung andernorts mit besseren personellen und apparativen Mitteln und deshalb mit einem etwas geringeren Komplikationsrisiko möglich ist. Etwas anderes gilt nur dann, sobald neue Verfahren sich weitgehend durchgesetzt haben und der Patientin entscheidende Vorteile bieten (BGH NJW 1988, 763).

Ebenso wenig ist **ungefragt** darüber aufzuklären, dass bei nichtoptimaler Ausstattung nicht die modernsten Methoden angewendet werden können oder in einem Nachbarkrankenhaus eine modernere Apparatur zur Verfügung steht (BGH NJW 1988, 2302).

Bei **diagnostischen Eingriffen** gelten strengere Maßstäbe für die Aufklärung über die mit der Maßnahme einhergehenden Gefahren. Selbst entfernt liegende Komplikationsmöglichkeiten sind darzulegen. Etwas anderes gilt nur dann, wenn der diagnostische Eingriff vital indiziert ist (BGH VersR 1979, 720 f.; Laufs/Uhlenbruck § 64, Rdn. 8).

Bei einer **bewusstlosen Patientin** darf der Gynäkologe ohne Einwilligung handeln, wenn er annehmen kann, dass eine verständige Kranke in dieser Lage bei angemessener Aufklärung in die Maßnahme eingewilligt hätte.

Problematisch ist es, wenn sich während eines Eingriffs medizinische Weiterungen zeigen. In einem solchen Fall muss die Erweiterung vorgenommen werden, wenn sonst für die Patientin Lebensgefahr besteht und nicht davon ausgegangen werden muss, dass die Patientin mit dieser Erweiterung nicht einverstanden wäre. Die Operation ist andererseits zum Zweck der Aufklärung zu unterbrechen, wenn dies ohne ernsthafte Gesundheitsgefahr für die Patientin möglich ist (BGH NJW 1977, 337).

Eine **bereits informierte Patientin** braucht nicht mehr aufgeklärt zu werden (BGH VersR 1961, 1036 ff.). Entsprechendes gilt für Erfahrungen der Patientin aus vorangegangenen Eingriffen. Kennt die Patientin bereits das Risiko einer bestimmten Therapie, kann eine Aufklärung entfallen (BGH NJW 1974, 1422 f.).

Auch eine vorhergehende Aufklärung durch den Hausarzt ist ausreichend. In allen Fällen ist jedoch auf den konkreten Einzelfall abzustellen, wobei auf die persönlichen Verhältnisse wie

Operationserweiterung problematisch, Einzelfallentscheidung. Angehörige dürfen diese Entscheidung nicht treffen

Intelligenz und Bildung abzustellen ist. Auf jeden Fall muss der Gynäkologe sich davon überzeugen, ob die Patientin vorinformiert ist oder nicht.

WICHTIG! **Häufig verzichten Patientinnen auf eine Aufklärung. Hier muss der Gynäkologe sich vor einem Blankoverzicht hüten. Die Patientin muss die Erforderlichkeit des Eingriffs ebenso kennen wie seine Art sowie die Risikobehaftetheit. Im Prinzip kann eine Patientin nur darauf verzichten, über Einzelheiten aufgeklärt zu werden.**

Von den genannten Aufklärungen zu unterscheiden ist die **therapeutische Aufklärung**, die auch Sicherungs- oder Sicherheitsaufklärung genannt wird. Sie soll der Patientin Verhaltensmaßregeln aufzeigen, welche die Herbeiführung des Heilungserfolges unterstützen sollen. Die therapeutische Aufklärung ist ein wesentlicher Teil der ärztlichen Tätigkeit. Ein Verstoß hiergegen stellt einen **Behandlungsfehler** dar (BGH NJW 1989, 2318; OLG Köln VersR 1996, 1278). Der Gynäkologe schuldet eine Beratung über therapierichtiges Verhalten zur Sicherung des Heilerfolges.

Hierzu gehört auch die Aufklärung der Patientin zum Schutz vor Unverträglichkeitsrisiken sowie die Unterrichtung der **nachbehandelnden Ärzte**. Diese sind über erhobene Befunde und vorgekommene Zwischenfälle zur rechtzeitigen Einleitung und Sicherung einer sachgerechten Nachbehandlung zu informieren.

Da die therapeutische Aufklärung Teil der Behandlung ist, trifft die Patientin die Beweislast für ihre Behauptung, der Gynäkologe habe die therapeutische Aufklärung unterlassen oder unzureichend vorgenommen (OLG Köln NJW-RR 2001, 92).

Die therapeutische Aufklärung verlangt, dass der Gynäkologe die Patientin führt, wobei sich dieses auch auf die Zeit nach der Behandlung bezieht.

So hat der Gynäkologe die Patientin unter Hinweis auf deren Erkrankung oder Anfälligkeit auf eine schonendere Lebensweise, Diät oder Enthaltsamkeit hinzuweisen. Neben dem diagnostischen oder therapeutischen Eingriff besteht das ärztliche Handeln auch im Gespräch mit der Patientin, das der Heilung, der Prophylaxe und der Nachsorge dient.

Die therapeutische Aufklärung zeigt sich in den verschiedensten Situationen, die beispielhaft aufgezeigt werden können:

Beispiele:

- Ist eine Klinikeinweisung dringend erforderlich, hat der Gynäkologe der Patientin dies unter Darlegung der Gefahren eindringlich nahe zu legen. Verweigert sich die Patientin, darf der Gynäkologe dies nur akzeptieren, wenn er der Patientin das damit verbundene Risiko deutlich gemacht hat (OLG Karlsruhe VersR 1987, 1247).

- Über allgemein bekannte, der Patientin drohende Verläufe wie Verschlechterung des Zustandes ist nicht aufzuklären (OLG Schleswig NJW 2002, 227). Selbst für einen medizinischen Laien drängt sich bei einer sich ausweitenden Entzündung auch ohne ärztlichen Hinweis auf, dass bei Nichtdurchführung der angeratenen Behandlung eine weitere Ausbreitung des Entzündungsherds zu einer „Blutvergiftung" und einer dauerhaften Schädigung des angegriffenen Körperteils und insgesamt der Gesundheit der Patientin führen kann.
- Den Gynäkologen trifft in bestimmten Fällen eine erhöhte Hinweispflicht. Dies gilt insbesondere dann, wenn die Patientin gegen ärztlichen Rat die Klinik verlässt, obwohl eine ärztliche Behandlungsmaßnahme zur Sicherung des Heilerfolges dringend notwendig ist (BGH VersR 1986, 1121).
- Zur Information über die Diagnose ist der Gynäkologe gegenüber der Patientin verpflichtet, weil diese nicht Infektionsquelle zum Nachteil Dritter werden darf. Dies gilt etwa bei einem positiven HIV-Befund (BGH NJW 1989, 2318; zur Frage der Aufklärung des Partners des Infizierten: vgl. OLG Frankfurt NJW 2000, 875 ff.). Die therapeutische Aufklärung naher Angehöriger, soweit sie überhaupt ohne Einwilligung der Patientin zulässig ist, kann regelmäßig nicht das Gespräch zwischen Gynäkologe und Patientin ersetzen.
- Nach einer Vaso-Resektion ist über das Risiko einer Spätrekanalisation zu informieren (OLG Hamm VersR 1993, 484; OLG Oldenburg VersR 1994, 1348).
- Wünscht eine Schwangere etwa die konkret weniger angezeigte Entbindungsmethode, Vakuumextraktion statt Sectio, hat der Gynäkologe auf die Risiken deutlich hinzuweisen und die Vorzugswürdigkeit des anderen Weges darzutun. Nur so wird er der Autonomie der Patientin wie dem gesundheitlichen Wohl von Mutter und Kind gerecht (BGH NJW 1992, 741).
- Eine Patientin mit dem Rhesus-Faktor negativ, der zur Vorbeugung gegen eine Antikörperbildung Immunglobulin injiziert wurde, ist nach der Entbindung von einem Kind mit dem Rhesus-Faktor positiv darauf hinzuweisen, dass sich bei ihr dennoch Antikörper bilden und daraus schwerwiegende Risiken für eine weitere Schwangerschaft erwachsen können (BGH NJW 1989, 2320 f.). In diesem Fall waren während einer weiteren Schwangerschaft bei der Mutter im Blut Rhesus-Antikörper festgestellt worden. Bei dem erwarteten Kind trat später eine schwere Anämie auf, die auch durch Bluttransfusion nicht behoben werden konnte. Das nach sechsmonatiger Schwangerschaft durch Kaiserschnitt entbundene Kind verstarb wenige Tage nach der Geburt. Der Bundesgerichtshof hatte einen Behandlungsfehler nicht angenommen. Es wurde jedoch der Aufklärungsfehler angenommen.
- Allerdings darf etwa bei der Geburt eines Kindes aus einer Beckenendlage, für welche die Schnittentbindung vorgesehen war, nicht ohne

> Rücksprache mit der Patientin in eine Vaginalgeburt verändert werden. Entsteht hierdurch ein Schaden für Mutter oder Kind, ist der Gynäkologe verpflichtet, Schadensersatz und Schmerzensgeld zu zahlen (BGH NJW 1989, 1538).
>
> - Eine 39-jährige schwangere Patientin ist über das Risiko, ein Kind mit Down Syndrom zu gebären und über die Möglichkeit der Fruchtwasseruntersuchung aufzuklären (OLG München VersR 1988, 523). Wenn eine Schwangere (im vorliegenden Fall 36 Jahre alt) nach der Möglichkeit der Amniozentese fragt, muss sie auch über die Möglichkeit, dass ein Down Syndrom des Feten vorliegen kann, aufgeklärt werden (BGH Urteil vom 07.07.1987, VI ZR 193/86). Anderenfalls entsteht eine Schadensersatzpflicht des behandelnden Gynäkologen (Unterhalt), und zwar heute im Gegensatz zu 1987 nur dann, wenn die Schwangere glaubhaft machen kann, dass eine medizinische Indikation zum Schwangerschaftsabbruch vorgelegen hätte. Die medizinische Indikation zum Schwangerschaftsabbruch begründet sich dabei nicht allein aus der Behinderung des Kindes, sondern nur aus den gesundheitlichen Folgen (z.B. psychische Belastung) für die Mutter.
> - Eine Aufklärungspflicht über den Tripletest wurde verneint, weil die Ergebnisse der Tripletests zu unsicher seien (OLG München, Urteil vom 01.04.1999, 1 U 2676/95).

Der Gynäkologe muss die Patientin über die Dosis, etwaige Unverträglichkeiten und Nebenwirkungen verordneter Medikamente informieren (BGH NJW 1970, 511).

Je gefährlicher ein Medikament oder dessen Nebenwirkungen sind, um so größer ist die Informationspflicht. Der Gynäkologe hat notfalls durch ärztliche Überwachung die schonendere Applikation sicherzustellen (BGH NJW 1970, 511).

Der Gynäkologe darf sich dabei nicht auf den Standpunkt zurückziehen, dass die Patientin den Beipackzettel des Medikamentes lesen könne (OLG Oldenburg VersR 1986, 69).

> **Beispiel:**
> Aktuell ist diese Problematik im Jahre 2001 bei den Vorgängen um das Mittel Lipobay geworden. Eine Diabetikerin ist auf Anweisung für die tägliche Selbstbehandlung mit Insulin sowie die Selbstbeobachtung der Werte und die einzuhaltende Diät zu belehren. Über körperliche Übungen nach einer Operation zur Verbesserung der Motorik ist ebenso zu informieren wie über eine vorübergehende Schonung. So ist auch auf die Notwendigkeit vorsichtiger Lebensweise bei kardialer Erkrankung hinzuweisen (OLG Köln VersR 1992, 1231).

Unverträglichkeits- und Zwischenfallrisiken sind der Patientin mitzuteilen. Die Patientin muss mögliche Komplikationen kennen und sie richtig einordnen können, um zu wissen, ob sie ärztliche Hilfe benötigt (BGH NJW 1972, 335; OLG Celle VersR 1986, 554).

Auf eine **Gefahrenlage,** die durch Zufügung einer Gesundheitsschädigung durch den Gynäkologen oder nichtärztliches Personal entstanden ist, muss die Patientin hingewiesen werden (OLG Koblenz NJW 2000, 3435).

Dies gilt etwa bei:

- Darmverletzungen oder Verbrennungen bei der Elektrokoagulation der Eileiter (OLG Hamm VersR 1986, 477),
- Harnleiterverletzungen bei der abdominalen Hysterektomie (BGH NJW 1985, 1399),
- Geburtsrisiken einer paracervikalen Blockade für das Kind (OLG Hamm VersR 1985, 598).

Die Patientin ist darauf hinzuweisen, dass eine frühestmögliche Operation in bestimmten Situationen der günstigste Weg zur Begrenzung und Behebung der Schadenauswirkung sein kann.

Je größer die gesundheitliche Gefährdung für die Patientin ist, desto größer ist die Pflicht des Gynäkologen zur Wiedereinbestellung der Patientin (BGH NJW 1985, 2749; OLG München VersR 1988, 1158; OLG Frankfurt VersR 1990, 659; BGH NJW 1989, 2318).

> **Beispiel:**
> Hat der Gynäkologe etwa bei Abtasten der Brust den Verdacht auf einen Knoten, ist dies sofort radiologisch abzuklären. Die Patientin ist unmissverständlich darauf hinzuweisen, dass sie sich danach wieder vorzustellen hat. Abzulehnen ist die Rechtsprechung, die eine derartige Verpflichtung verneint (OLG Celle VersR 1984, 393).

Ausschlaggebend ist das Fachwissen des Gynäkologen, der die Chancen einer Weiterbehandlung und die Gefahren einer Nichtbehandlung kennt.

Der Gynäkologe ist gehalten, die Patientin auf mögliche Gefahren hinzuweisen, die sich aus der Benutzung ihres Pkw im Anschluss an die Behandlung ergeben können (LG Konstanz NJW 1972, 2223).

Auf die mögliche Beeinträchtigung des Sehvermögens durch eine medikamentöse Behandlung ist hinzuweisen. Im Zweifel darf sich der Gynäkologe nicht auf den Beipackzettel verlassen, sondern muss mit dem Herstellerwerk Rücksprache halten (BGH NJW 1982, 697).

Besondere Bedeutung hat die therapeutische Aufklärung bei **ambulanten Operationen.** Hier ist besonderer Wert auf die postoperative Phase zu legen. Die Patientin muss darüber aufgeklärt sein, dass in dieser Phase Komplikationen auftreten können.

Die Patientin ist eindringlich darauf hinzuweisen, dass beim Auftreten solcher Komplikationen der Hausarzt oder die Klinik aufgesucht werden muss.

Beeinträchtigungen der Verkehrstauglichkeit geben immer wieder Anlass zu Schadensersatzklagen, wenn keine adäquate Aufklärung darüber erfolgt ist.

Grundsätzlich darf der Gynäkologe sich nicht darauf verlassen, dass bei Nichterscheinen der Patientin zum vorgesehenen Kontrolltermin keine Komplikationen eingetreten sind. Ist bei dem ambulant durchgeführten Eingriff eine Risikoerhöhung erfolgt, so dass eine **Nachuntersuchung** unbedingt erforderlich ist, wirkt die therapeutische Sicherungsaufklärung als Erkundigungspflicht nach.

In all diesen Fällen ist die Patientin beweispflichtig für die den Anspruch begründenden Tatsachen. Es können hier zu Gunsten der Patientin jedoch **Beweiserleichterungen** bis hin zur Beweislastumkehr zu Lasten des Gynäkologen eintreten, wenn diesbezüglich Dokumentationslücken oder -fehler in der Krankenakte festzustellen sind.

WICHTIG! **Deshalb ist es besonders wichtig, dass der Gynäkologe die Erfüllung der vorstehend beschriebenen Verpflichtungen aus dem Arztvertrag auch hinreichend dokumentiert und somit beweisbar macht. So ist es bei der Wiedereinbestellung von Patientinnen außerordentlich hilfreich, wenn die mündlich oder fernmündlich vorgenommene Information an die Patientin in der Krankenakte festgehalten wird.**

PRAXISTIPP! Bei Verdachtdiagnosen auf mögliche schwere gesundheitliche Beeinträchtigungen sollte der Gynäkologe sich in seinem Kalender eine Wiedervorlage der Krankenakte notieren. Er kann dann bei der Wiedervorlage feststellen, ob die Patientin sich wieder vorgestellt hat oder nicht, um dann entsprechende Schritte einleiten zu können. Auf jeden Fall verbessert er seine Ausgangsposition bei einer eventuellen Inanspruchnahme durch die Patientin.

Vor dem Einsetzen eines Intrauterinpessars zum Zweck der Empfängnisverhütung muss der Gynäkologe die Patientin im Rahmen seiner insoweit gesteigerten Aufklärungspflicht über das typische und durchaus genügend naheliegende Risiko einer Gebärmutterperforation durch Einwachsen des Pessars aufklären (OLG München VersR 1990, 1398). Im vorliegenden Fall wurde der Gynäkologe zur Zahlung eines Schmerzensgeldes verurteilt, die Perforation machte eine Hysterektomie erforderlich.

Besondere hohe Anforderungen an die Aufklärung wird vor einer **kosmetischen Operation** gestellt (BGH NJW 1991, 2349; OLG München NJW-RR 1994, 1307). Hier wird der Standard eines Facharztes für plastische Chirurgie verlangt.

2.2 Besondere Bereiche

2.2.1 Heilversuche und klinische Experimente

Heilversuche und klinische Experimente sind für die Entwicklung der medizinischen Forschung unverzichtbar. Der Heilversuch stellt Eingriffe und Behandlungsweisen dar, die der Heilbehandlung im konkreten Fall dienen.

Sie sollen zur Erkennung, Heilung oder Verhütung einer Krankheit oder eines Leidens oder zur Beseitigung eines körperlichen Mangels führen, obwohl ihre Auswirkungen und Folgen aufgrund der bisherigen Erfahrungen noch nicht ausreichend zu übersehen sind. Hier kommen Erleichterungen bei der Aufklärung in Betracht.

Das klinische Experiment dient nicht dem Probanden, sondern allgemein der Wissenschaft. Deshalb kommen hier keine Einschränkungen bei der Aufklärung in Betracht.

Besonders detaillierte Aufklärung bei experimentellen Therapien

2.2.2 Sterilisation

Die Patientin ist über das **Versagerrisiko** einer Sterilisation aufzuklären. Sie soll die Bedeutung zusätzlicher Maßnahmen zur Empfängnisverhütung kennen. Unterbleibt hier die notwendige Information, haftet der Gynäkologe auf **Unterhalt**, wenn die durch die unerwünschte Geburt belasteten Eltern glaubhaft machen können, dass sie in Kenntnis des Versagerrisikos solche zusätzlichen Vorkehrungen getroffen hätten, mit denen sich die Empfängnis hinreichend sicher hätte verhindern lassen.

2.2.3 „Wrongful-life-Fälle"

Besonders haftungsträchtig sind die „Wrongful-life-Fälle". Hier trifft den Gynäkologen der Vorwurf, seine Unachtsamkeit bei Diagnose oder Aufklärung habe den Weg zum Schwangerschaftsabbruch aus medizinischer Indikation nicht eröffnet mit der Folge der Geburt eines unerwünschten behinderten Kindes (BGH NJW 2001, 886).

Beispiele:
- Erhält die Frühschwangere falsche oder unvollständige Auskünfte über die Möglichkeit einer Diagnose von Schäden der Leibesfrucht, die den Wunsch der Mutter nach einem Schwangerschaftsabbruch gerechtfertigt hätten, so kann daraus ein Anspruch der Eltern gegen den Gynäkologen auf Ersatz von Unterhaltsaufwand für das mit körperlichen oder geistigen Fehlern geborene Kind folgen. Hierbei trägt der Gynäkologe die Beweislast dafür, dass die Mutter nach umfassender und richtiger Beratung sich nicht für eine pränatale Untersuchung der Leibesfrucht

> und nach einer ungünstigen Diagnose nicht für den Schwangerschaftsabbruch entschieden hätte (BGH NJW 1984, 658).
>
> - Fragt eine Schwangere nach einer Fruchtwasseruntersuchung auf körperliche Fehlbildungen des Embryos, ist sie auch über die Gefahr einer Trisomie zu unterrichten (BGH NJW 1987, 2923).

2.2.4 Pflicht zur Offenbarung eines Behandlungsfehlers?

WICHTIG! Nach überwiegender und richtiger Ansicht besteht keine Pflicht des Gynäkologen, sich selbst zu bezichtigen und einen Behandlungsfehler zu offenbaren.

Etwas anderes gilt nur, wenn aus dem Behandlungsfehler weitere **schädliche Folgen** resultieren. Entsprechendes gilt bei Behandlungsfehlern ärztlicher Kollegen.

Auch hier besteht eine **Informationspflicht** dann, wenn durch einen Eingriff weiterer Schaden von Patientinnen abgewendet werden kann. Ein bloßer Verdacht reicht nicht.

2.2.5 Aufklärung über wirtschaftliche Umstände

Immer größere Bedeutung gewinnt die Aufklärungspflicht des Gynäkologen über wirtschaftliche Umstände. Die Patientin soll über alternative Methoden, **Kosten** und deren Übernahme durch den Krankenversicherer beraten werden (KG Berlin, VersR 2000, 89).

Soweit sozialpolitische Entscheidungen zu Eingriffen in das Leistungssystem der Krankenkassen führen, steigt die Pflicht, Kostenfragen mit der Patientin zu erörtern. So wird der Gynäkologe die Patientinnen anhalten müssen, die Kostenübernahme mit der Versicherung zu klären.

Andernfalls muss der Arzt damit rechnen, dass die Bezahlung seiner Rechnung durch die Patientin mit der Begründung abgelehnt wird, dass die Versicherung die Kosten nicht übernommen habe und der Arzt hierüber nicht aufgeklärt habe. Als Nebenpflicht aus dem Behandlungsvertrag leitet die Rechtssprechung die Verpflichtung des Arztes her, die Patientin auf deren **vermögenswerte Interessen** Rücksicht zu nehmen. Wenn erkennbar alternative, gleichwertige, aber kostengünstigere Behandlungsmethoden zur Verfügung stehen, muss sie entsprechend informiert werden. Wenn der Arzt bei Beginn der Behandlung davon ausgehen muss, dass die Versicherung der Patientin Zweifel an der medizinischen Notwendigkeit der Heilbehandlung äußern wird, ist sie ebenfalls aufzuklären.

Unter allen Umständen ist über die erteilte Aufklärung ein Vermerk in die Krankenakte aufzunehmen.

> Wenngleich wir von „amerikanischen Verhältnissen" noch weit entfernt sind, gewinnt die Aufklärung über Kosten und (eingeschränkte) Kostenerstattung immer größere Bedeutung.

2.3 Art und Weise der Aufklärung

2.3.1 Aufklärungsverpflichteter

Grundsätzlich hat der behandelnde Gynäkologe **selbst** aufzuklären. Delegiert er diese Aufgabe an einen anderen Gynäkologen, muss dieser hinreichend qualifiziert sein.

Der Aufklärende muss den Eingriff genau kennen, besser noch: ihn selbst durchführen können

Der die Operation durchführende und der aufklärende Arzt müssen nicht immer identisch sein. Auch ein Kollege des Operateurs kann die Patientin aufklären. Wichtig ist nur, dass der Aufklärende über die erforderliche Sachkenntnis im Hinblick auf den Eingriff und die Person der Patientin verfügt.

Daher ist bei der beabsichtigten Aufklärung durch einen AIP'ler Vorsicht geboten. Komplizierte Eingriffe oder solche, an denen er noch nicht teilgenommen hat und deshalb nicht beherrscht, kann er sicherlich einer Patientin im Aufklärungsgespräch nicht näher bringen.

> **PRAXISTIPP !** Der die Aufklärung einem Kollegen übertragende Gynäkologe muss sich vergewissern, dass hinreichend aufgeklärt worden ist.

Es ist eine klare Absprache und Kompetenzverteilung erforderlich. Der aufklärungspflichtige Gynäkologe darf sich nicht ohne weiteres darauf verlassen, dass der einweisende Hausarzt oder ein vorbehandelnder Kollege die Patientin entsprechend aufgeklärt hat. Er muss sich vergewissern, ob die Patientin ausreichend aufgeklärt wurde, indem er entsprechende Fragen stellt.

2.3.2 Umfang und Formulierung

Es bleibt dem behandelnden Gynäkologen überlassen, in welcher Weise er die Aufklärung durchführt (BGH NJW 1984, 1397).

Es ist **im Großen und Ganzen** aufzuklären. Je weniger dringlich der Eingriff und je fragwürdiger die Prognose erscheint, um so umfangreicher ist aufzuklären (BGH NJW 1984, 1397).

Der Gynäkologe hat die Freiheit, nach pflichtgemäßen Ermessen die angezeigte Ausdrucksweise zu wählen und bestimmte Vokabeln vermeiden. So ist eine Belehrung über die Gefahren einer geplanten Behandlung auch dann ausreichend, wenn eine ausdrückliche Erwähnung der Krebsdiagnose unterbleibt (BGH NJW 1959, 814).

2.3.3 Fremdsprachige Patientinnen

Bei fremdsprachigen Patientinnen hat der Gynäkologe sich zu vergewissern, ob diese der deutschen Sprache ausreichend mächtig sind, um dem Aufklärungsgespräch folgen zu können. Ist dieses nicht der Fall, muss ein **Dolmetscher** hinzugezogen werden. Dabei ist es zulässig, **Angehörige der Patientin** einzusetzen, wenn sichergestellt ist, dass diese die Aufklärung nachvollziehen und entsprechend übersetzen können (OLG Karlsruhe VersR 1998, 718). Mittlerweile ist diese Entscheidung etwas „entschärft" worden. Wird eine sprachlich angepasste, also einfache Worte benutzende Aufklärung vorgenommen und äußert sich die Patientin nicht entgegenstehend, muss der Arzt nicht von fehlendem Sprachverständnis ausgehen. Vielmehr muss die Patientin auf **Verständigungsprobleme** hinweisen (OLG Hamm VersR 2002, 192; OLG Nürnberg NJW-RR 2002, 1255; OLG München VersR 2002, 717).

Der Arzt kann seiner Beweispflicht bei dem Verständnis der erfolgten Aufklärung einer fremdsprachigen Patientin dadurch genügen, dass auf die Art und den Umfang der eigenen Angaben der Patientin zur Erkrankung und Vorerkrankungen zugegriffen wird. Dies ist dann der Fall, wenn die Patientin etwa selbst Einzelheiten des Aufklärungsgespräches sowie der seinerzeitigen Anamneseerhebung schildert (BGH MedR 2003, 172 ff.).

2.3.4 Zeitpunkt der Aufklärung

Die Aufklärung darf **nicht zur Unzeit** erfolgen und die Patientin unter Druck setzen. Ihr muss genügend Zeit bleiben, ihren Entschluss zu überdenken, sofern nicht ein Notfall vorliegt. Die Aufklärung soll nicht später als am Tag vor dem Eingriff stattfinden (OLG Stuttgart MedR 2003, 413 ff.). Eine „Aufklärung auf der Bahre" ist unzulässig (BGH NJW 1994, 3009).

Vor schweren oder problematischen Operationen können mehrere Gespräche notwendig sein. Eine Aufklärung im Untersuchungsraum oder vor dessen Tür vor einem diagnostischen Eingriff mit dem Hinweis, ohne diesen könne die Operation am anderen Tage nicht erfolgen, ist unzulässig (BGH NJW 1995, 2410).

Bei kleinen ambulanten Eingriffen kann eine Aufklärung erst **am Tag des Eingriffs** erfolgen (BGH NJW 2000, 1784).

Dieses ist etwa beim Einsetzen einer Spirale, einer Ausschabung nach Fehlgeburt oder einer Amniozentese anzunehmen.

2.3.5 Adressatin der Aufklärung

Es muss diejenige aufgeklärt werden, welche die Einwilligung in die Behandlung zu geben hat. Dieses ist entweder die **Patientin** selbst oder bei minderjährigen oder willensunfähigen Patientinnen deren **gesetzlicher Vertreter** (Eltern, Vormund, Pfleger oder Betreuer).

Entscheidend ist, ob die natürliche Einsichts- und Entschlussfähigkeit gegeben ist. Bei Minderjährigen **unter vierzehn** Jahren ist die Einwilligung der Eltern regelmäßig einzuholen.

Zwischen dem **vierzehnten und dem achtzehnten** Lebensjahr ist darauf abzustellen, wie die Persönlichkeit der Jugendlichen zu beurteilen ist. Bestehen Zweifel an der Einwilligungsfähigkeit, muss sich der Gynäkologe an die Eltern wenden.

In jüngster Zeit haben die Medien über Fälle berichtet, in denen Eltern sich weigerten, an ihrem Kind **medizinisch notwendige Maßnahmen** durchführen zu lassen. In einem solchen Fall hat der Arzt das Vormundschaftsgericht einzuschalten. Von dort wird ein Pfleger bestellt. Dieser entscheidet dann mit Hilfe des beratenden Arztes. Ist für eine Volljährige ein Betreuer bestellt, hat dieser für eine Untersuchung des Gesundheitszustandes, einer Heilbehandlung oder einen ärztlichen Eingriff im Falle besonderer Gefahr die Genehmigung des Vormundschaftsgerichts einzuholen.

Die Patientin oder deren gesetzlicher Vertreter sind aufzuklären.

2.3.6 Formbedürftigkeit

Sowohl die Aufklärung als auch die Einwilligung der Patientin bedürfen nicht der Schriftform. Gleichwohl ist es ratsam, **Aufklärungsformulare** zu benutzen, um entsprechende Beweise im Streitfall vorlegen zu können. Dabei ist es angeraten, auf dem Formular die Dauer des Aufklärungsgesprächs zu vermerken.

Falls Angehörige oder sonstige Personen anwesend sind, sollten diese **namentlich erfasst** werden. Werden handschriftliche Weisungen und **schriftliche Ergänzungen** vorgenommen, spricht dies dafür, dass der Gynäkologe mit der Patientin das Formular ausführlich durchgegangen ist und besprochen hat. Die bloße Überlassung eines Merkblatts, das die Patientin anschließend unterschreibt, reicht nicht (BGH NJW 1994, 793).

Obwohl die Schriftform für die Aufklärung nicht vorgeschrieben ist, hat sie sich weitgehend durchgesetzt. Schriftliche Notizen des Arztes über ein Aufklärungsgespräch sind aber ebenfalls gültig.

2.3.7 Aufklärung in besonderen Situationen

Nicht selten muss eine unter Medikamenten stehende Patientin über einen beabsichtigten Eingriff aufgeklärt werden. Hier stellt sich die Frage, ob sie wegen der Wirkung der Medikamente überhaupt in der Lage ist, dem Aufklärungsgespräch zu folgen. Ist sie hierzu nicht in der Lage, liegt keine wirksame Einwilligung in den Eingriff vor, so dass dieser zu unterbleiben hat.

In solchen Fällen ist durch Kontrollfragen zu sichern, dass die Patientin auch alles richtig und vollständig erfasst und verstanden hat. Nur so ist gewährleistet, dass eine wirksame Einwilligung vorliegt.

WICHTIG ! **Im Aufklärungsbogen sollte daher unter allen Umständen das Aufklärungsgespräch beson-**

ders dokumentiert werden, in dem etwa auf die Medikamenten-einnahme hingewiesen wird und die Kontrollfragen in groben Zügen dargelegt werden.

2.4 Folgen unzulänglicher Aufklärung

2.4.1 Fehler bei der Selbstbestimmungsaufklärung

Die Patientin hat hier darzulegen, dass die Aufklärung unterblieb oder nicht vollständig erfolgte. Dann hat der Arzt oder Klinik-träger zu beweisen, dass die Aufklärung ordnungsgemäß durch-geführt wurde. Ebenso muss bewiesen werden, dass die Patientin bei vollständiger Aufklärung in die Maßnahme eingewilligt hätte. Allerdings muss die Patientin **plausibel** darlegen, dass die gebo-tene Aufklärung sie ernsthaft vor die Frage gestellt hätte, ob sie der Maßnahme zustimmt oder nicht (BGH NJW 1998, 2734). Den Arzt trifft dem gegenüber auch die Beweislast für den Einwand, der von der Patientin geltend gemachte Schaden wäre auch bei ver-weigerten Einverständnis und Nichtvornahme des Eingriffs mit Sicherheit eingetreten (BGH NJW 1989, 1538).

Somit ist es für den Gynäkologen gefährlich, wenn er auf einen Aufklärungsverzicht der Patientin vertraut. Hier muss der Gynä-kologe beweisen, dass die Patientin die Erforderlichkeit des Ein-griffs kannte sowie dessen Art und Umfang und dass die Operation nicht ganz ohne Risiko sein wird.

2.4.2 Fehler bei der therapeutischen Aufklärung

Versäumnisse bei der therapeutischen Aufklärung stellen ärztliche Behandlungsfehler dar. Sie sind von der Patientin zu beweisen. Ein grober Verstoß gegen die Hinweispflicht stellt einen **schweren Behandlungsfehler** dar.

Dies ist etwa dann der Fall, wenn eine Patientin nach einer ambulanten Operation erkennbar nicht in der Lage ist, ihr Kraft-fahrzeug zu führen und keine Maßnahmen ergriffen werden, die fahrwillige Patientin an der Nutzung ihres Fahrzeuges zu hindern. Hier ist für die Patientin ein Taxi zu bestellen. Andernfalls muss der Arzt auch mit strafrechtlichen Konsequenzen rechnen, wenn etwa eine solche Patientin infolge der Beeinträchtigung einen Ver-kehrsunfall verursacht.

Schwerer Behandlungsfeh-ler: Beweislastumkehr!

Dies hat die Folge, dass den Gynäkologen die Beweislast dafür trifft, dass sein Handeln nicht kausal für den bei der Klägerin eingetretenen Schaden ist (BGH NJW 1989, 2318).

CHECKLISTE

1. Vollständige Aufklärung

○ über vorgesehenen Verlauf der Operation
- → Art, Umfang, Durchführung des Eingriffs
- → beabsichtigte Therapie
- → Aufklärung in Großen und Ganzen

○ über Weiterungen während der Operation, insbesondere Umstieg zur Laparatomie
- → Erweiterung bei vitaler Indikation
- → besondere Aufklärung bei sich anbietender Erweiterung

○ über mögliche Komplikationen und Nebenwirkungen
- → Risiken des Eingriffs
- → Operationsnarben, Hormonmangel, Unfruchtbarkeit

2. Rechtzeitige Aufklärung

○ Entscheidungsfreiheit der Patientin muss gewahrt bleiben
- → vor schweren Eingriffen mehrere Gespräche
- → bei kleinen (ambulanten) Eingriffen am Tag selbst aufklären

○ Nicht auf einweisenden/überweisenden Gynäkologen verlassen
- → Vergewisserung durch Fragestellungen
- → im Zweifel Aufklärung wiederholen

○ Aufklärung über mögliche Nachoperationen bereits vor Ersteingriff nötig
- → typische Risiken: Aufklärung unabhängig von Komplikationsrate
- → atypische Risiken: Aufklärung abhängig von Komplikationsrate

3 Die Behandlung in der Gynäkologie

Der Arztvertrag wird nach allgemeiner Meinung als **Dienstvertrag** und nicht als Werkvertrag angesehen (BGH NJW 1981, 2002). Der Gynäkologe schuldet somit gegenüber der Patientin nicht den Eintritt eines bestimmten Erfolges, wie dies beim Werkvertrag der Fall ist. Vielmehr schuldet der Gynäkologe eine Leistung, die dem medizinischen Standard entsprechen muss. Er trägt also nicht das Risiko des Erfolges seiner Behandlung. Er übernimmt keine Gesundheitsgarantie gegenüber der Patientin, obwohl dies vielfach von Patientinnen so gesehen wird. Der Gynäkologe hat also dafür einzustehen, dass er die vertraglich geschuldete Behandlung kunstgerecht durchführt.

Dienstvertrag: Leistung
Werkvertrag: Erfolg

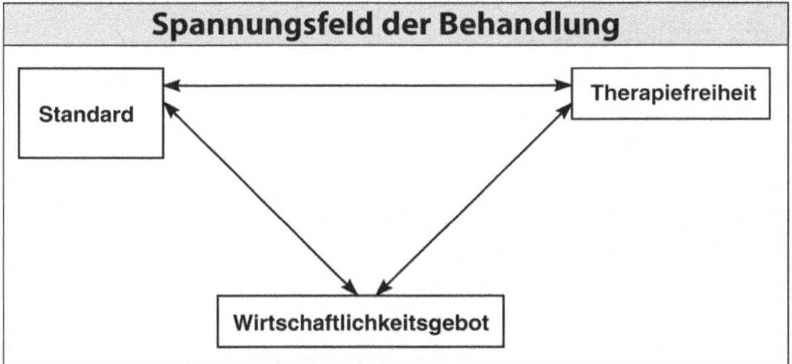

Übersicht 3.1: Spannungsfeld der Behandlung

3.1 Leistung nach Standard

Der Begriff „Standard" hat den Begriff „Stand der Wissenschaft und Technik" als sorgfaltsbegründendes Merkmal abgelöst. Standard bedeutet ein fortwährendes sich Anpassen an Umstände und Gefahren. Die an den Gynäkologen zu stellenden Anforderungen folgen damit regelmäßig dem Stand der medizinischen Wissenschaft und Erfahrung. Standards sind somit die im Rechtsverkehr erforderliche Sorgfalt (BGH NJW 1987, 1479).

3.1.1 Der Sorgfaltsmaßstab

Der Sorgfaltsmaßstab richtet sich danach, wie sich ein gewissenhafter Gynäkologe in der gegebenen Lage verhalten hätte. Es wird vom Gynäkologen verlangt, sich an die in seinem jeweiligen Fach entwickelten Regeln zu halten. Die einzelnen medizinischen Fachgebiete geben sich selbst ihre Kunst- und Sorgfaltsregeln. Der Gynäkologe schuldet daher die zur Zeit der Behandlung **berufsfachlich gebotene Sorgfalt**. Eingerissene Nachlässigkeiten entlasten ihn nicht (BGHZ 8, 138/140).

In dieser Entscheidung hat der Bundesgerichtshof ausdrücklich klargestellt, dass zwar angesichts einer allgemeinen Übung in Kreisen der Gynäkologen ein Verhalten nur als gering schuldhaft angesehen werden kann, es jedoch ausreiche, eine Schadensersatzpflicht des Gynäkologen zu begründen, wenn es hierdurch zu einer Gesundheitsschädigung der Patientin kommt.

Der Gynäkologe, der das in den Kreisen gewissenhafter und aufmerksamer Ärzte oder Fachärzte vorausgesetzte Verhalten unterlässt, handelt fahrlässig (BGH NJW 2000, 2737).

WICHTIG! **Bei der Beurteilung einer ärztlichen Maßnahme ist der zur Zeit der Behandlung geltende Standard zugrunde zulegen.**

Dies erfordert vom Gutachter, dass er sich bei häufig erst Jahre später stattfindenden Prozessen auf den Standard bezieht, der zur Zeit der zu beurteilenden Behandlung galt.

Da der Standard sich dem jeweiligen Stand der medizinischen Wissenschaft anpasst, obliegt dem Gynäkologen die Rechtspflicht zur **beruflichen Fortbildung** (BGH NJW 1991, 1535).

Dabei darf der Arzt sich auf die Richtigkeit von Fachpublikationen verlassen.

Der Maßstab der einzuhaltenden Sorgfaltspflicht wird nicht etwa nach subjektiven Fähigkeiten des einzelnen Arztes bestimmt. Er richtet sich vielmehr nach objektiv-typisierenden Merkmalen (BGH MedR 1992, 214). In diesem Zusammenhang ist das Schlagwort der **Gruppenfahrlässigkeit** geschaffen worden (Laufs/ Uhlenbruck § 99, Rdn. 11). Abgestellt wird auf die im jeweiligen Kreis der Fachärzte allgemein vorausgesetzten Fähigkeiten sowie die in diesem Kreis zu erwartenden Kenntnisse und Fähigkeiten. Außer Betracht bleiben die individuellen Möglichkeiten des jeweiligen Arztes.

Unterschieden wird jedoch nach dem Status. Die Anforderung an den Direktor einer Universitätsklinik ist höher als die, welche an den Chefarzt einer kleinen Klinik gestellt wird (Laufs/Uhlenbruck § 99, Rdn. 11).

3.1.2 Der Facharztstandard

Die Behandlung im Krankenhaus erfordert den Facharztstandard. Dem Weiterbildungsassistenten ist ein seinem Ausbildungsstand und seinen Leistungen entsprechendes Maß an Selbstständigkeit zuzugestehen, um so das Ziel der Weiterbildungszeit zu erreichen.

Wenn es geboten ist, müssen Anweisungen und Überwachung die fachärztliche Qualität garantieren.

Neue diagnostische oder therapeutische Methoden, die den geltenden Standard übertreffen, hat der Gynäkologe nur dann anzuwenden, wenn dies möglich und notwendig erscheint.

Beispiele:

Wird etwa ein aggressives Medikament eingesetzt, muss der Gynäkologe sich über die Erfahrungen mit dem Mittel in der Fachliteratur informieren. Der Gynäkologe muss Kenntnis von der therapeutischen Wirkung und den Risiken, welche die Patientin mit der Einnahme eingeht, haben (BGH NJW 1982, 697).

Die ärztliche Sorgfaltspflicht gebietet, von vermeidbaren Maßnahmen abzusehen, wenn diese auch nur ein geringes Risiko in sich bergen. Nichtindizierte Röntgenaufnahmen können den Tatbestand der gefährlichen Körperverletzung erfüllen (BGH NJW 1998, 833).

Die Wahl der laparoskopischen Operationsmethode ist fehlerhaft, wenn nach mehreren Operationen im Bauchraum mit einer eitrigen Komplikation mit nahezu völliger Sicherheit ein ausgedehnter „Verwachsungsbauch" zumindest im Oberbauch zu erwarten ist (LG Nürnberg-Fürth VersR 2002, 100).

Nach einer abdominalen Hysterektomie ist in der Regel eine sonographische Untersuchung der Nieren und der harnableitenden Wege geboten, wenn eine Abflussstörung nicht schon aufgrund intraoperativer Kontrolluntersuchungen ausgeschlossen werden kann (OLG Düsseldorf VersR 1997, 240).

Das Ausmaß der ärztlichen Sorgfalt hängt oft auch von der Dringlichkeit einer medizinischen Maßnahme ab. Bei großer Eilbedürftigkeit eines Eingriffs gelten für die Vorbereitung andere Maßstäbe als bei einem selektiven Eingriff (BGH NJW 1985, 1392).

Rät ein niedergelassener Gynäkologe einer mit einem Intrauterinpessar verhütenden Patientin, von der er weiß, dass die Familienplanung abgeschlossen ist und eine weitere Schwangerschaft verhindert werden soll, zur Entfernung des Pessars, weil dessen Einsatzdauer sich der zeitlichen Grenze nähert, hat er grundsätzlich dafür Sorge zu tragen, dass die Entnahme nicht zu einem Zeitpunkt erfolgt, in dem das Risiko einer nicht gewollten Empfängnis besteht.

Da nach dem derzeitigen Stand der medizinischen Wissenschaft nicht ausgeschlossen werden kann, dass es trotz des Einsatzes eines Pessars bei einem Geschlechtsverkehr in enger zeitlicher Nähe zur Ovulation zu einer Befruchtung kommt, und eine Entfernung des Nidationshemmers binnen des bis zur Einnistung der Eizelle notwendigen Zeitraums von sieben Tagen zu einer Empfängnis führen kann, muss zum sicheren Ausschluss einer Schwangerschaft vor der Entnahme des Verhütungsmittels der Zeitpunkt des letzten Geschlechtsverkehrs durch eine Befragung der Patientin geklärt werden (OLG Düsseldorf NJW 2001, 1800).

3.1.3   Grundsätzliche Therapiefreiheit

Es gilt der Grundsatz der ärztlichen Therapiefreiheit. Dies bedeutet jedoch nicht, dass Abstriche von der Sorgfaltspflicht gemacht werden dürften. Eine **sachgerechte Therapiewahl** besteht darin, nach der gebotenen genauen und umfassenden Erhebung der Befunde eine gewissenhafte Abwägung der Vorteile und Gefahren bei dem in Betracht gezogenen Verfahren vorzunehmen. Dabei sind alle ernsthaft in Frage kommenden und eingeführten Methoden miteinander zu vergleichen. Es gibt Situationen, in denen der Arzt von der allgemein gängigen Methode abzuweichen hat. Voraussetzung ist jedoch, dass er diese Entscheidung nach gewissenhafter Prüfung trifft und fest davon überzeugt ist, einer anderen gleichwertigen Methode folgen zu müssen (Laufs/Uhlenbruck § 99, Rdn. 19 ff.).

Umgekehrt findet die Freiheit des Gynäkologen, sich für ein bestimmtes Verfahren zu entscheiden, dort ihre Grenze, wo die **Überlegenheit** eines anderen Verfahrens allgemein anerkannt ist. Dieses in einem solchen Fall nicht anzuwenden, wäre als ein Behandlungsfehler zu werten, der auch durch die Einwilligung der Patientin nicht ausgeschlossen werden kann (BGH NJW 1992, 754).

3.1.4   Bedeutung des Wirtschaftlichkeitsgebotes

Medizinische Sorgfalt hat im Zweifel haftungsrechtlich Vorrang vor wirtschaftlichen Überlegungen

Derzeit ungeklärt ist die Frage, welchen Einfluss das sozialrechtliche Wirtschaftlichkeitsgebot auf den Standard hat. So wird manch ein Gynäkologe vor der Frage stehen, ob er die vertraglich wie haftpflichtrechtlich begründete höchstmögliche Sorgfalt und beste Vorkehrung mit ihrem erhöhten Aufwand anwenden darf und soll. Es fehlt eine **Harmonisierung** der gesetzlichen Haftpflichtregeln und der gesetzlichen Wirtschaftlichkeitsgebote. Während vom Gericht hohe Maßstäbe an die erforderlichen ärztlichen Leistungen gestellt werden, schreibt das Gesetz für Kassenpatienten eine ausreichende und auf wirtschaftliche Gesichtspunkte gestützte Diagnostik und Therapie vor. Hier hat der Gynäkologe jedoch zuerst immer im Dienst der Patientin zu stehen. Er darf sich nicht aus Gründen der Wirtschaftlichkeit über das anerkannte Fachwissen und die Standards seiner Disziplin hinwegsetzen.

Seit einiger Zeit wird die Off-label-Therapie heftig diskutiert. Off-label-Verordnungen sind ärztliche Verordnungen von Medikamenten für nicht zugelassene Anwendungsgebiete oder Anwendungsarten (**Off-label-use**).

Wenn ein apothekenpflichtiges Arzneimittel zulassungsgemäß, also entsprechend den Vorgaben der Packungsbeilage eingesetzt wird, ist die Verordnungsfähigkeit grundsätzlich gegeben.

Wird ein Medikament **nicht zulassungsgemäß** eingesetzt, also abweichend von den Vorgaben der Packungsbeilage, ist dieses Medikament zu Lasten der gesetzlichen Krankenversicherung nicht verordnungsfähig und nicht erstattungsfähig. Dieses hat das **Bundessozialgericht** in seinem Urteil vom 19.03.2002 ausdrücklich festgestellt (BSG B 1 KR 37/00 R).

Off-label-use zur Zeit bis auf Ausnahmen nicht zu Lasten der gesetzlichen Krankenkasse möglich

Eine entsprechende Klage eines krankenversicherten Klägers, der an Multipler Sklerose leidet, wurde abgewiesen. Das zur Behandlung eingesetzte Arzneimittel war vom Paul-Ehrlich-Institut, Bundesamt für Sera und Impfstoffe, zum Verkehr zugelassen. Die Zulassung bezog sich auf andere Anwendungsgebiete und umfasste nicht die Therapie der Multiplen Sklerose. Das Gericht hat ausdrücklich betont, dass ein Arzneimittel auch dann, wenn es zum Verkehr zugelassen ist, grundsätzlich nicht zu Lasten der Krankenversicherung in einem Anwendungsgebiet verordnet werden kann, auf das sich die Zulassung nicht erstreckt.

Allerdings hat das Bundessozialgericht eine **Ausnahmeregelung** dann gesehen, wenn es bei einer schweren Krankheit **keine Behandlungsalternative** gibt und nach dem Stand der wissenschaftlichen Erkenntnis die begründete Aussicht besteht, dass mit dem Medikament ein Behandlungserfolg erzielt werden kann. Das BSG führt weiter aus, dass die Defizite des Arzneimittelrechts nicht dazu führen dürfen, dass den Versicherten der gesetzlichen Krankenversicherung unverzichtbare und erwiesenermaßen wirksame Therapien vorenthalten bleiben, obwohl die betreffenden Medikamente außerhalb der Krankenversicherung in der nichtzugelassenen Indikation verordnet werden und verordnet werden dürfen.

Die Versuche verschiedener Ärzte, für ihre Patienten Genehmigungen zur Verordnung im Off-label-use zu erhalten, sind vertragswidrig und müssen vom Arzt unterlassen werden.

Unter allen Umständen ist zu berücksichtigen, dass die im Schadensfall sonst eintrittspflichtige Haftpflichtversicherung im Fall von Off-label-use nicht eintrittspflichtig ist. Hier haftet in einem Schadensfall der Arzt persönlich.

Haftungsrechtliche Probleme beim off-label zu befürchten, Aufklärung!

3.2 Richtlinien, Leitlinien und Empfehlungen

Die Bundesärztekammer definiert Richtlinien und Leitlinien und grenzt sie voneinander ab.

Danach sind Richtlinien meist die von Institutionen veröffentlichten Regeln des Handelns und Unterlassens, die dem einzelnen Arzt einen geringen Ermessensspielraum einräumen. Ihre Nichtbeachtung kann Sanktionen nach sich ziehen. Eine ähnliche Verbindlichkeit wie Richtlinien haben Standards, die als normative Vorgaben bezüglich der Erfüllung von Qualitätsanforderungen verstanden werden und durch ihre in der Regel exakte Beschreibung einen mehr technisch-imperativen Charakter haben.

Dem gegenüber sind Leitlinien systematisch entwickelte Entscheidungshilfen über angemessene Vorgehensweisen bei speziellen diagnostischen und therapeutischen Problemstellungen. Sie lassen dem Arzt einen Entscheidungsspielraum und „Handlungskorridore", von denen in begründeten Einzelfällen auch abgewichen werden kann.

Im Internet können zahlreiche Richtlinien abgerufen werden. Die Quelle lautet: http://www.bundesaerztekammer.de/30/Richtlinien/90Verbindlich.html.

Die KBV veröffentlicht derzeit ca. 20 Richtlinien des Bundesausschusses der Ärzte und Krankenkassen sowie eine eigene Richtlinie zum Verfahren der Qualitätssicherung.

Leitlinien der Fachgesellschaften können über die Arbeitsgemeinschaft der Wissenschaftlichen Medizinischen Fachgesellschaften (AWMF) unter http://www.awmf-leitlinien.de abgerufen werden. Die Arbeitsgemeinschaft besteht derzeit aus 134 wissenschaftlichen Fachgesellschaften.

Alle genannten Verlautbarungen haben eine große praktische Bedeutung. Sie haben jedoch keinen Rechtssatzcharakter im Sinne von Rechtsquellen. Sie können Standards der ärztlichen Behandlung neu entwickeln und vorhandene Standards verbessern. Sie bilden die fachgerechte Sorgfalt, mit welcher der Arzt vorzugehen hat, weiter fort.

3.3 Delegation ärztlicher Aufgaben

3.3.1 Pflicht zur persönlichen Leistungserbringung

Nach dem Arztvertrag ist der Gynäkologe nach § 613 Satz BGB verpflichtet, die Behandlung als Dienstleistung persönlich zu erbringen. Die **persönliche Leistungserbringung** ist zugleich ein wesentliches Merkmal für die Berechnung des **Honoraranspruches**. Diese Pflicht zur persönlichen Leistungserbringung enthält das grundsätzliche Verbot der Übertragung von ärztlichen Maßnahmen auf Dritte. Hilfspersonen dürfen nur eingeschaltet werden, soweit es sich um vorbereitende, unterstützende, ergänzende oder allenfalls mitwirkende Tätigkeiten zur eigentlichen ärztlichen

Leistung handelt. Gemäß § 15 I Satz 2 SGB V i.V.m. § 15 BMV-Ä wird zur ärztlichen Behandlung auch die Tätigkeit anderer Personen gerechnet, die vom Gynäkologen angeordnet und von ihm zu verantworten sind. Dies bedeutet, dass der Gynäkologe nicht jede Maßnahme, die im Zusammenhang mit der Behandlung erfolgt, auch eigenhändig ausführen muss. Der Kernbereich des ärztlichen Handelns muss dem Gynäkologen vorbehalten sein.

Dies gilt auch für den im Krankenhaus tätigen Arzt, wenn dieser eine eigene Sprechstundenpraxis betreibt. Für den stationären Leistungsbereich gilt § 7 BPflV, wonach **Wahlleistungen** der persönlichen Leistungserbringung unterliegen.

Die Zuziehung von nachgeordneten Gynäkologen ist zulässig. Der leitende Gynäkologe erbringt seine Leistung persönlich, wenn er die **grundlegenden Entscheidungen** über die Diagnose und Therapie selbst trifft und die Behandlung entweder selbst durchführt oder zumindest überwacht und entsprechende Weisungen erteilt.

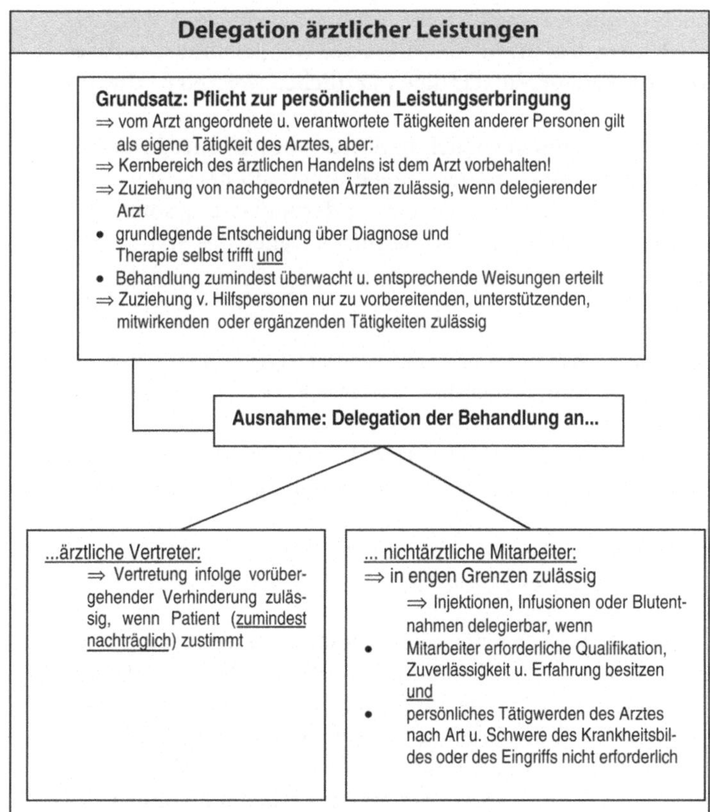

Übersicht 3.2: Delegation ärztlicher Leistungen

3.3.2 Behandlungsübertragung an ärztliche Vertreter

Hiervon zu unterscheiden ist die Frage der Übertragung der Behandlung an einen Vertreter. Hier wird regelmäßig auf den Einzelfall abzustellen sein.

Eine **persönliche Leistung** im Sinne der vertraglichen Vereinbarung wird man jedoch dann nicht annehmen können, wenn für den abwesenden leitenden Gynäkologen nachgeordnete Gynäkologen in vollem Umfang die Entscheidung über eine Behandlung treffen und diese durchführen. Eine Vertretung infolge vorübergehender Verhinderung (Krankheit, Urlaub, Kongressteilnahme, dienstliche Gründe) ist dann zulässig, wenn die Patientin zustimmt. Deren Zustimmung kann im Rahmen der Behandlung auch noch nachträglich eingeholt werden. Regelmäßig wird jedoch bereits im Behandlungsvertrag eine entsprechende Regelung sich finden. Derartige Klauseln müssen hinreichend bestimmt und dürfen für die Patientin nicht überraschend sein.

Bestimmte wahlärztliche Leistungen sind von der Liquidationsberechtigung ausgeschlossen, wenn sie nicht vom Wahlarzt persönlich oder dessen vor Abschluss des Wahlleistungsvertrages der Patientin genannten ständigen ärztlichen Vertreter erbracht werden.

Dabei gehören zum unverzichtbaren Kernbestand der Krankenhausbehandlung die Grundleistungen innerhalb der ersten Tage nach der Aufnahme und letzten Tag vor der Entlassung sowie einzelne Leistungen während der gesamten Dauer des stationären Aufenthaltes.

> **Beispiele:**
> - allgemeine Aufnahme- und Entlassungsuntersuchung innerhalb von 24 Stunden nach der Aufnahme und innerhalb von 24 Stunden vor der Entlassung,
> - Visiten während der gesamten Dauer der stationären Behandlung,
> - allgemeine Leistungen wie Blutentnahme aus der Vene bzw. Kapillarblutentnahme, schwierige Injektionen und Infusionen während der gesamten Dauer des Krankenhausaufenthaltes.
> (Laufs/Uhlenbruck § 91, Rdn. 19 a).

Diese Leistungen dürfen nur der **liquidationsberechtigte Krankenhausarzt** oder der selbständig Handelnde aber mit diesem kommunizierende, ständige ärztliche Vertreter als eigene Leistung abrechnen. Nur ein einzelner Gynäkologe kann ständiger ärztlicher Vertreter für bestimmte Leistungen sein. Falls mehrere Vertreter benannt sind, muss die Patientin erkennen können, für welches Teilgebiet oder welchen Schwerpunkt der einzelne Gynäkologe diese Behandlung übernimmt.

3.3.3 Leistungsübertragung an nichtärztliches Personal

Die Pflicht zur persönlichen Leistungserbringung des Arztes schließt nicht aus, dass er bei Patientinnen die Ausführung bestimmter Leistungen an Dritte delegiert, die unter seiner Aufsicht und Weisung stehen und für die Erbringung der Hilfeleistung qualifiziert sind. Hierbei ist zu unterscheiden zwischen

- nicht delegationsfähigen, vom Arzt persönlich zu erbringenden Leistungen,
- im Einzelfall delegationsfähigen Leistungen sowie
- grundsätzlich delegationsfähigen Leistungen.

Nicht delegationsfähige Leistungen
<ul><li>alle operativen Eingriffe,</li><li>Untersuchung und Beratung der Patientin,</li><li>invasive diagnostische Eingriffe,</li><li>Entscheidung über sämtliche therapeutische Maßnahmen.</li></ul>

Übersicht 3.3: Nicht delegationsfähige Leistungen

Die Beratung und Untersuchung der Patientin kann nicht an Assistenzpersonal delegiert werden. Der Arzt hat alle Entscheidungen über die diagnostische oder therapeutische Maßnahmen selbst zu treffen. Nicht delegationsfähig sind die Bedienung des Laser- oder Hochfrequenzgerätes oder etwa das blinde Schieben des Koloskops.

Im Einzelfall dürfen Injektionen, Infusionen und Blutentnahmen an nichtärztliche Mitarbeiter übertragen werden. Diese müssen die erforderliche Qualifikation, Zuverlässigkeit und Erfahrung mitbringen. Weitere Voraussetzung ist, dass ein persönliches Tätigwerden des Gynäkologen nicht nach Art und Schwere des Krankheitsbildes oder des Eingriffs erforderlich ist. Eine intravenöse Injektion von Röntgenkontrastmitteln darf wegen der Gefahr allergischer Reaktionen nur vom Arzt vorgenommen werden. Entsprechendes gilt für die Übertragung von Blut und Blutbestandteilen. Intramuskuläre Injektionen dürfen durch vollausgebildete und geprüfte Krankenschwestern übertragen werden, wenn der leitende Arzt sich vergewissert, dass diese ihren Aufgaben gewachsen sind. Ferner ist für eine Kontrolle durch den anwesenden Arzt Sorge zu tragen (BGH NJW 1959, 2302).

Im Einzelfall delegationsfähige Leistungen

- Durchführung subkutaner und intramuskulärer Injektionen,
- Injektionen, Infusionen und Blutentnahmen,
  soweit der Mitarbeiter in der Punktions- und Injektionstechnik besonders ausgebildet ist und sofern sich der Arzt von dem Können und der Erfahrung des Mitarbeiters selbst überzeugt hat, der Arzt bei Komplikationen selbst erreichbar ist und wenn nicht die Art des Eingriffes sein persönliches Handeln erfordert,
- technische Erstellung eines Röntgenbildes, wobei der Arzt für Rückfragen kurzfristig erreichbar sein muss und die Beurteilung selbst vorzunehmen hat,
- Erstellung EKG und EEG, wobei der Arzt im zeitlichen Zusammenhang die Beurteilung vorzunehmen hat,
- Belastungs-EKG in Anwesenheit des Arztes,
- Anlegen eines Langzeit-EKG's und Langzeit-Blutdruckmessungsgerätes,
- Laborleistungen,
- einfache Verbände.

Übersicht 3.4: Im Einzelfall delegationsfähige Leistungen

Delegationsfähige Leistungen

- Laborleistungen,
- physikalisch-medizinische Leistungen,
- Ton- und Sprachaudiometrie sowie vergleichbare Messverfahren,
- Dauerkatheterwechsel,
- Wechsel einfacher Verbände,
- radiologische Leistungen,
- Aufbereiten der Endoskope und des endoskopischen Zusatzinstrumentariums,
- Lagerung der Patientin.

Übersicht 3.5: Delegationsfähige Leistungen

In begründeten Einzelfällen kann die Übernahme dieser Tätigkeiten jedoch abgelehnt werden. Dies ist etwa dann der Fall, wenn ein besonders gefährliches Medikament oder ein neues, auf dem Markt befindliches Medikament eingesetzt werden soll. Entsprechendes gilt, wenn der Zustand der Patientin kritisch ist.

4 Die Dokumentation in der Gynäkologie

Keiner großen Beliebtheit erfreut sich die Pflicht zur Dokumentation. Es steht jedoch außer Frage, dass auch Gynäkologen zur Dokumentation ihrer Tätigkeit verpflichtet sind (BGH NJW 1978, 337; BGHZ 85, 327).

Als vertragliche Nebenpflicht aus dem Arztvertrag bzw. Krankenhausaufnahmevertrag wird eine ausführliche, sorgfältige und vollständige Dokumentation der ärztlichen Behandlung einschließlich der pflegerischen Maßnahmen geschuldet. Die Dokumentationspflicht ist auch Standespflicht, wie sich aus § 10 I MBO-Ä ergibt.

> **§ 10 MBO-Ä [Dokumentationspflicht]**
>
> (1) Der Arzt hat über die in Ausübung seines Berufes gemachten Feststellungen und getroffenen Maßnahmen die erforderlichen Aufzeichnungen zu machen. Diese sind nicht nur gedächtnisstützend für den Arzt, sie dienen auch dem Interesse des Patienten an einer ordnungsgemäßen Dokumentation.
>
> (2) Der Arzt hat den Patienten auf dessen Verlangen grundsätzlich in die ihn betreffenden Krankenunterlagen Einsicht zu gewähren; ausgenommen sind diejenigen Teile, welche subjektive Eindrücke oder Wahrnehmungen des Arztes enthalten. Auf Verlangen sind dem Patienten Kopien der Unterlagen gegen Erstattung der Kosten herauszugeben.

Sie findet sich auch in zahlreichen Kammergesetzen der Länder und ist damit gesetzliche Pflicht. Ferner findet sich die Aufzeichnungspflicht im Bundesmantelvertrag.

4.1 Art und Umfang der Dokumentation

4.1.1 Der Zweck

Die Dokumentation erfüllt gleich mehrere Aufgaben. So ist sie ein Arbeitsmittel für die behandelnde Ärzte und das nichtärztliche Personal. Sie dient der schnellen Information etwa anlässlich eines Schichtwechsels.

Gleichzeitig dient die Dokumentation dem Nachvollzug der durchgeführten Maßnahmen sowohl gegenüber der Patientin als auch der Abrechnung der ärztlichen Behandlung und der Betreuung sowie Verpflegung der Patientin.

Ferner kommt der Dokumentation erhebliche Beweisfunktion zu. Es handelt sich um eine Art Beweissicherung, da die Rechtssprechung an fehlende oder unvollständige Dokumentationen erhebliche Beweisnachteile für den Arzt oder das Krankenhaus geknüpft hat. Wohl deshalb sieht der Bundesgerichtshof die Dokumentation als selbstverständliche therapeutische Pflicht an (BGH NJW 1988, 762).

Gleichzeitig wird eine ordnungsgemäße Weiter- oder Mitbehandlung durch einen weiteren Arzt gewährleistet.

4.1.2 Der Umfang

Da die Dokumentation den Krankheitsverlauf und die durchgeführten Behandlungsmaßnahmen nachvollziehbar machen soll, sind die wichtigsten diagnostischen und therapeutischen Maßnahmen zu dokumentieren:

- Anamnese,
- Diagnoseuntersuchung,
- Funktionsbefunde,
- Medikation,
- Hinweis auf Inanspruchnahme eines Spezialisten,
- Verweigerung und Beschwerden der Patientin,
- ärztliche Hinweise und Anweisungen an die Funktions- und Behandlungspflege,
- Abweichung von der Standardbehandlung
  (Laufs/Uhlenbruck § 59, Rdn. 9).

Darüber hinaus sind die wichtigsten Verlaufsdaten niederzuschreiben:

- Aufklärung,
- Operationsbericht,
- Narkoseprotokoll,
- Apparateeinsatz,
- Lagerung der Patientin bei Operationen,
- Anfängerkontrolle,
- Zustandsbeschreibung der Patientin bei Verlassen des Aufwachraumes,
- Hinweise auf Gefahrenlagen und Vorbeugung,
- Intensivpflege,
- Fixierung von Patientinnen,
- Verlassen des Krankenhauses gegen ärztlichen Rat,
- disziplinarische Entlassung der Patientin
  (Laufs/Uhlenbruck § 51, Rdn. 9).

Ebenso sind unerwartete Zwischenfälle, der Wechsel eines Operateurs während der Operation und Sicherungsvorkehrungen gegen eine Selbstschädigung der Patientin zu dokumentieren (BGH NJW 1994, 799).

4.1.3 Die Art und Weise

Für die Art und Weise der Dokumentation bestehen keine verbindlichen Regelungen. Es besteht die Möglichkeit der schriftlichen Niederlegung wie die der Datenverarbeitung. Es ist zulässig, Aufzeichnungen in Stichworten vorzunehmen, wobei jedoch ein Missverständnis beim nachbehandelnden Arzt vermieden werden muss. Routinekontrollen ohne Befund müssen nicht gesondert dokumentiert werden (BGH NJW 1993, 2375).

Auf jeden Fall ist die Dokumentation zu Beweiszwecken schriftlich vorzunehmen, wobei ein Kugelschreiber benutzt werden sollte. Eine Aufzeichnung mit Bleistift kann zu Beweisschwierigkeiten führen, da leicht der Vorwurf erhoben werden kann, dass nachträglich durch Radierung Änderungen vorgenommen worden sind.

Die Eintragungen sind mit Datum und Handzeichen zu versehen. Korrekturen sollten zu Beweiszwecken nur in der Form durchgeführt werden, dass der bisherige Text durchgestrichen und durch einen neuen ersetzt und mit Datum versehen wird.

Dokumentation mit Kugelschreiber
Korrekturen durch Durchstreichen, ggfs. Datumszusatz und Unterschrift

PRAXISTIPP ! Tipp-Ex ist für die Karteiführung nicht zu empfehlen.

Werden Anordnungen telefonisch gegeben, sind sie durch den anordnenden Gynäkologen später abzuzeichnen. Nachträge sind möglich. Sie sind jedoch mit dem entsprechenden aktuellen Datum zu versehen. Nachträgliche Änderungen ohne entsprechende Kennzeichnung stellen eine **Urkundenfälschung** dar (OLG Koblenz MedR 1995, 29).

Die Qualität einer Dokumentation sinkt nicht bei schwerer Lesbarkeit oder Unübersichtlichkeit. Es besteht auch kein Anspruch der Patientin darauf, eine Leseabschrift der Krankenunterlagen zu erhalten.

Die Dokumentation ist **zeitnah** zu erstellen. Insbesondere bei gefährlichen und komplizierten Eingriffen oder Behandlungen ist die Dokumentation umgehend zu erstellen, um beweismäßige Nachteile zu vermeiden. In allen Fällen ist eine nachträgliche Dokumentation zulässig und als solche kenntlich zu machen.

4.2 Einsichtsrecht der Patientin

Der Dokumentationspflicht entsprechend besteht für die Patientin ein Einsichtsrecht in ihre Krankenunterlagen.

Hier wird nach dem sog. außerprozessualen, vorprozessualen und prozessualen Stand differenziert. Dies bedeutet, dass zu unterscheiden ist, ob eine Patientin Einsicht in ihre Unterlagen unabhängig von einem Gerichtsverfahren, vor oder während eines solchen gerichtlichen Verfahrens fordert.

4.2.1 Außerprozessuales Einsichtsrecht

Nach der Rechtssprechung hat die Patientin gegenüber dem Arzt und Krankenhaus zwar grundsätzlich auch außerhalb eines Rechtsstreits Anspruch auf Einsicht in die sie betreffenden Krankenunterlagen, soweit es sich um Aufzeichnungen über objektive, physische Befunde und Berichte über Behandlungsmaßnahmen handelt. In diesen Fällen braucht die Patientin ein besonderes schutzwürdiges Interesse für die Einsicht in die Krankenunterlagen nicht darzulegen (BGH NJW 1983, 328 ff.). Für alle weitergehenden Eintragungen ist jedoch ein besonderes Interesse der Patientin darzulegen (BGH NJW 1985, 674).

Die gesetzlich versicherte Patientin kann nach § 305 I S. 1 SGB V Auskunft nur über die von ihr im letzten Geschäftsjahr in Anspruch genommenen Leistungen und die erstatteten Kosten verlangen.

Benötigt eine Patientin etwa Kenntnisse aus der Krankenakte zwecks Geltendmachung eigener rechtlicher Interessen, gibt ihr § 25 I SGB X ein Recht zur Akteneinsicht. Dieses ist etwa der Fall, wenn eine Patientin beim Sozialgericht einen höheren Grad der Minderung ihrer Erwerbsfähigkeit anstrebt. Dabei besteht nach § 25 II SGB X die Möglichkeit, der Patientin den Inhalt der Akten durch ein Arzt vermitteln zu lassen. Dieses soll geschehen, wenn zu befürchten ist, dass die Akteneinsicht der Patientin einen unverhältnismäßigen Nachteil, insbesondere an der Gesundheit, zufügen würde.

4.2.2 Einsichtsrecht im strafrechtlichen Bereich

Sollte eine Patientin gegen ihren Arzt ein Strafverfahren anstrengen, kann sie über ihren sie vertretenden Rechtsanwalt Akteneinsicht bekommen.

Das **Einsichtsrecht** ist hier auf naturwissenschaftlich konkretisierbare Befunde und die Aufzeichnung über Behandlungsmaßnahmen **beschränkt.** Hierzu gehören Angaben über die Medikation und Berichte über Therapiemaßnahmen, Fieberkurven, EKG, Ultraschallbefunde, Röntgenaufnahmen und Laborergebnisse. Fiktive Wertungen des Arztes, die dieser schriftlich niedergelegt hat, sind ebenso wenig vorzulegen wie vorläufige Verdachtsdiagnosen, die später wieder aufgegeben wurden.

4.2.3 Einsichtsrecht zur Prozessvorbereitung

Das vorprozessuale Einsichtsrecht, d. h. das Einsichtsrecht vor einem zu erwartenden gerichtlichen Verfahren, dient der Vorbereitung eines Haftungsprozesses. Hier besteht regelmäßig ein rechtliches Interesse zur Einsichtnahme.

Dabei hat die Patientin auch das Recht, die Herausgabe der Krankenunterlagen an den nachbehandelnden Arzt zu verlangen. Hierzu gehören auch die Original-Röntgenaufnahmen. Beschränkungen bestehen allenfalls aus therapeutischen Aspekten, etwa wenn der Behandlungserfolg nicht gefährdet werden soll.

4.2.4 Prozessuales Einsichtsrecht

Das prozessuale Einsichtsrecht der Patientin, d. h. ihr Einsichtsrecht während eines laufenden gerichtlichen Verfahrens, besteht darin, dass die **Krankenunterlagen vollständig** dem Gericht im Original vorgelegt werden. Die insoweit beigezogene Original-Krankenakte ist Teil der Prozessakte und damit jederzeit einsehbar. Eine Versagung der Akteneinsicht aus therapeutischen Gründen kommt hier nicht in Betracht.

Allen Arten der Einsichtnahme ist gemein, dass gegen Unkostenerstattung Fotokopien überlassen werden, soweit die Anspruchsvoraussetzungen vorliegen.

Es besteht kein Anspruch darauf, die Akten zwecks Ablichtung ausgehändigt zu bekommen. Die Patientin hat aber einen Anspruch darauf zu erfahren, wer sie behandelt hat. Dies gilt auch für das nichtärztliche Personal, dessen sich der behandelnde Arzt bedient.

Prozessual vollständiges Einsichtsrecht
Kostenerstattung für Fotokopien

4.2.5 Sonderfall: Einsichtsrecht der Erben einer Patientin

Nach dem Tod der Patientin geht das Einsichtsrecht auf die Erben über, wenn diese aus angeblicher Fehlbehandlung Ansprüche herleiten wollen. Dabei darf die Einsichtnahme durch die Erben nicht dem ausdrücklich geäußerten oder mutmaßlichen Willen der verstorbenen Patientin widersprechen (BGH NJW 1983, 2627 ff.).

4.3   Fristen zur Aufbewahrung

Ärztliche Aufzeichnungen sind **10 Jahre** nach Abschluss der Behandlung aufzubewahren. Diese Frist gilt auch für den Fall der Aufgabe einer Praxis (§ 10 III MBO-Ä). Es gibt jedoch verschiedene **längere Mindestaufbewahrungsfristen**, die gesetzlich vorgeschrieben sind.

So ist der Betreiber einer Röntgeneinrichtung verpflichtet, Aufzeichnungen über die Behandlung 30 Jahre nach der letzten Behandlung aufzubewahren (§ 28 IV RöV). Aufzeichnungen über Röntgenuntersuchungen fallen jedoch unter die 10-Jahres-Frist.

Nach der Strahlenschutzverordnung ist eine Aufbewahrungsfrist für Aufzeichnungen über die Behandlung mit radioaktiven Stoffen oder ionisierenden Strahlen von 30 Jahren vorgesehen. Die Dokumentation über die Untersuchungen mittels dieser Stoffe braucht nur 10 Jahre verwahrt zu werden (§ 43 III StrlSchV).

Jede Anwendung von Blutprodukten sowie gentechnisch hergestellten Plasmaproteinen zur Behandlung von Haemostasestörungen sind zu dokumentieren und mindestens 15 Jahre aufzubewahren (§ 14 III TFG).

Aufbewahrungsfristen	
Art	**Dauer**
• Arbeitsunfähigkeitsbescheinigungen	1 Jahr
• Abrechnung mit KV	2 Jahre
• Berichtsvordrucke bei Früherkennungsuntersuchungen	5 Jahre
• Ärztliche Aufzeichnungen	10 Jahre
• Röntgenuntersuchung	10 Jahre
• Untersuchung mit radioaktiven oder ionisierenden Strahlen	10 Jahre
• Anwendung von gentechnisch erstellten Plasmaproteinen	15 Jahre
• Anwendung von Blutprodukten	15 Jahre
• Behandlung mit radioaktiven oder ionisierenden Strahlen	30 Jahre
• Röntgenbehandlung	30 Jahre

Übersicht 4.1: Aufbewahrungsfristen

Bei **Abrechnungen** mit der Kassenärztlichen Vereinigung mittels EDV ist eine Sicherungsdiskette anzufertigen und zwei Jahre aufzubewahren (§ 35 VI BMV-Ä).

Durchschriften der Berichtsvordrucke bei **Früherkennungsuntersuchungen** sind fünf Jahre aufzubewahren. Dieses ergibt sich aus den Richtlinien des Bundesausschusses der Ärzte und Krankenkassen zur Gesundheitsuntersuchung und Früherkennung.

Beim Facharzt verbleibende Durchschriften von **Arbeitsunfähigkeitsbescheinigungen** sind ein Jahr lang aufzubewahren (§ 57 II BMV).

Unabhängig davon erscheint es ratsam, zur Sicherung der Beweisführung die Befunde insgesamt **30 Jahre** lang aufzubewahren. Hierzu gehören sowohl Bilder der Computer- sowie der Kernspintomographie, Ultraschallaufnahmen und Röntgenbilder. Andernfalls muss man damit rechnen, Beweisnachteile zu erleiden, wenn sich in einem etwaigen Regressfall die Dokumente nicht mehr auffinden lassen.

Die Krankenakten kritischer **Geburtsvorgänge** sollten ebenfalls 30 Jahre lang aufbewahrt werden, Die Praxis zeigt, dass Eltern eines mit einer Behinderung zur Welt gekommenen Kindes oft erst Jahre später mit der Begründung klagen, dass die Behinderung etwa auf eine unzureichende Sauerstoffversorgung des Kindes bei der Geburt zurück zuführen sein könnte. In diesen Fällen werden oft Klagen innerhalb der dreißigjährigen Verjährungszeit erhoben. Sind dann die Krankenakten nicht mehr vorhanden, ergeben sich nicht unerhebliche Beweisprobleme.

> Im Zweifelsfall Befunde lieber länger aufbewahren Konflikt zum Datenschutzgesetz

> Wird nach der 10-jährigen Aufbewahrungspflicht geklagt, ergeben sich für den Arzt Nachteile , wenn die Dokumentation zur Beweisführung fehlt.

4.4 Folgen fehlender oder fehlerhafter Dokumentation

4.4.1 Änderungen in der Beweislast

Eine fehlende oder lückenhafte Dokumentation führt nicht zu einer Haftung des Gynäkologen oder des Krankenhauses, da dies keine eigene Anspruchsgrundlage darstellt. Allerdings hat es Einfluss auf die **Beweissituation**. Ist die gebotene ärztliche Dokumentation lückenhaft oder unzulänglich, führt dies zu Beweiserleichterungen für die klagende Patientin, die ihrerseits den behaupteten Behandlungsfehler zu beweisen hat.

Fehlt ein Vermerk in der Krankenakte, wird davon ausgegangen, dass die aufzeichnungspflichtige Maßnahme unterblieben ist. Hier haben Gynäkologe oder Krankenhaus die Beweislast dafür, dass die Maßnahme tatsächlich durchgeführt wurde.

Der **Dokumentationsmangel** kann sogar für den Nachweis des Ursachenzusammenhangs für den eingetretenen Schaden Bedeutung gewinnen, wenn der wegen des Fehlens der gebotenen Auf-

> Dokumentations- und Aufklärungsmangel sind die wesentlichen Dreh- und Angelpunkte in einem Haftpflichtverfahren.

zeichnung indizierte Behandlungsfehler als grob zu bewerten ist und deshalb der Patientin **Erleichterungen für den Kausalitätsnachweis** zuzubilligen sind. Dies ist jedoch die Ausnahme. Regelmäßig ist davon auszugehen, dass sich bei fehlerhafter Dokumentation die Beweislast der Patientin ermäßigt. Sie bleibt danach verpflichtet, darzulegen und zu beweisen, dass ein vom Arzt zu vertretender Fehler als Ursache des eingetretenen Schadens ernstlich in Betracht kommt (BGH NJW 1983, 332).

Da eine fehlende oder lückenhafte Dokumentation prozessrechtliche Nachteile mit sich bringt, ist auf eine sorgfältige und umfassende Dokumentation zu achten.

4.4.2 Aufzeichnungen der Krankenpflege

Im pflegerischen Bereich empfiehlt es sich, auf vorhandene Standards zu verweisen, um den Dokumentationsaufwand zu reduzieren. Von einer Dokumentation der angeordneten Pflegemaßnahme kann abgesehen werden, wenn etwa im Krankenhaus eine allgemeine schriftliche Anweisung besteht, aus welcher deutlich hervorgeht, welche einzelnen prophylaktischen Maßnahmen z.B. in den Fällen eines Dekubitus-Risikos unbedingt durchzuführen sind.

WICHTIG ! **Fehlt ein derartiger Standard, der auf jeder Station schriftlich vorhanden sein muss, so sind die durchgeführten Maßnahmen ausführlich in der Pflegedokumentation zu beschreiben (BGH NJW 1986, 2365).**

Entsprechendes gilt für Aufzeichnungen der Krankenpflege, wenn diese nicht den gewöhnlichen Dienst betreffen, sondern wegen eines aus dem Krankheitszustandes der Patientin folgenden besonderen Pflegebedürfnisses Gegenstand ärztlicher Beurteilung und Anordnung werden und gleichwohl fehlen oder lückenhaft sind. Eine **Beweislastumkehr** zugunsten der Patientin kommt in Betracht, wenn Krankenunterlagen gezielt nachträglich manipuliert werden (OLG Frankfurt VersR 1992, 578).

5 Die Schweigepflicht in der Gynäkologie

Für jeden Gynäkologen ist die Einhaltung der Schweigepflicht selbstverständlich. Ihre Bedeutung und Tragweite ist jedoch vielfach nicht bekannt. Dabei hat sie eine sehr lange Tradition. Im Eid des **Hippokrates** heißt es: „Was immer ich sehe und höre bei der Behandlung oder außerhalb der Behandlung im Leben der Menschen, so werde ich von dem, was niemals nach draußen ausgeplaudert werden soll, schweigen, in dem ich alles Derartige als solches betrachte, das nicht ausgesprochen werden darf." Hierin wird der Ursprung der ärztlichen Schweigepflicht gesehen (Deutsch/Spickhoff VIII 8, Rdn. 471; Laufs/Uhlenbruck § 69, Rdn. 1 ff.).

Der Unterschied zum zuvor behandelten Datenschutz besteht darin, dass dieser im Wesentlichen dem öffentlichen Interesse dient. Der Datenschutz schafft zwar auch für die einzelne Patientin einen Vertrauensschutz. Die ärztliche Schweigepflicht geht jedoch weiter. Sie entspricht einem Anspruch der Patientin, dass von ihrer Erkrankung und Behandlung nichts ohne ihre Zustimmung bekannt wird.

5.1 Allgemeine Grundlagen

§ 203 StGB Verletzung von Privatgeheimnissen

(1) Wer unbefugt ein fremdes Geheimnis, namentlich ein zum persönlichen Lebensbereich gehörendes Geheimnis ... offenbart, das ihm als

  1. Arzt, Zahnarzt, Tierarzt, Apotheker oder Angehöriger eines anderen Heilberufes, der für die Berufsausübung oder die Führung der Berufsbezeichnung eine staatlich geregelte Ausbildung erfordert ...

anvertraut worden oder sonst bekannt geworden ist, wird mit Freiheitsstrafe bis zu einem Jahr oder mit Geldstrafe bestraft.

§ 204 StGB Verwertung fremder Geheimnisse

(1) Wer unbefugt ein fremdes Geheimnis, namentlich ein Betriebs- oder Geschäftsgeheimnis, zu dessen Geheimhaltung er nach § 203 verpflichtet ist, verwertet, wird mit Freiheitsstrafe bis zu zwei Jahren oder mit Geldstrafe bestraft.

Daneben bestimmt § 9 Abs. I Satz 1 der **Berufsordnung**:

„Der Arzt hat über das, was ihm in seiner Eigenschaft als Arzt anvertraut oder bekannt geworden ist, zu schweigen."

Das Bundesverfassungsgericht hat bereits 1972 in einer grundlegenden Entscheidung (BVerfGE 32, 373 ff.) festgestellt: „Wer sich in ärztliche Behandlung begibt, muss und darf erwarten, dass alles, was der Arzt im Rahmen seiner Berufsausübung erfährt, geheim bleibt und nicht zur Kenntnis Unbefugter gelangt. Nur so kann zwischen Arzt und Patientin jenes Vertrauen entstehen, das zu den Grundvoraussetzungen ärztlichen Wirkens zählt".

Seine Grundlage findet diese Entscheidung in der verfassungsrechtlich geschützten Würde des Menschen (Art. 1 Abs. 1 GG) und Recht auf freie Entfaltung der Persönlichkeit (Art. 2 Abs. 1 GG).

Die Schweigepflicht endet nicht mit der Beendigung der Beruftätigkeit. Sie gilt vielmehr bis zum Tod des zum Schweigen Verpflichteten. Dies gilt sowohl für den Arzt als auch für seine Mitarbeiter.

Von der Schweigepflicht zu unterscheiden ist das Zeugnisverweigerungsrecht nach den Prozessordnungen (§ 53 StPO, § 383 ZPO). Das **Zeugnisverweigerungsrecht** hat eine unterschiedliche persönliche Reichweite im Verhältnis zur Schweigepflicht. Die Schweigepflicht gilt gegenüber jedermann, während das Zeugnisverweigerungsrecht nur in einer konkreten Situation eines gerichtlichen Verfahrens von Bedeutung ist. Das Zeugnisverweigerungsrecht bezieht sich auch auf bekannt gewordene Tatsachen, gleich ob sie ein Geheimnis beinhalten oder nicht.

Hiervon zu unterscheiden ist das Auskunftsverweigerungsrecht des Arztes dann, wenn gegen ihn selbst etwa strafrechtlich ermittelt wird. Hier steht ihm persönlich ein Schweigerecht zu, da er nicht verpflichtet ist, sich in einem solchen Verfahren selbst zu belasten.

5.2 Umfang der Schweigepflicht

Die Regelungen der §§ 203 und 204 StGB bestimmen, wann eine Verletzung der Schweigepflicht strafbar ist. Im Folgenden sollen daher die Tatbestandsmerkmale, also die Voraussetzungen einer Strafbarkeit näher erläutert werden.

5.2.1 §§ 203, 204 StGB: Tatbestandsmerkmale

Auszugehen ist von dem „Geheimnis". Schweigepflicht besteht lediglich bei einem anvertrauten Geheimnis, wobei nur der Geheimnisbruch strafbar ist. Ein Geheimnis ist eine Tatsache, die nur einem bestimmten, abgrenzbaren Personenkreis bekannt ist und an deren Geheimhaltung die Patientin ein sachlich begründetes und schutzwürdiges Interesse hat.

Dieser Begriff ist weit auszulegen, da er verfassungsrechtlich geschützt und Herzstück der ärztlichen Berufsethik ist.

WICHTIG ! **Die Geheimhaltungspflicht bezieht sich auch auf die Identität der Patientin und die Tatsache ihrer Behandlung.**

Dieses hat besondere Bedeutung bei prominenten Patientinnen. Hier muss gewährleistet sein, dass weder der Arzt noch Mitarbeiter über die Tatsache der Behandlung nach außen berichten. Insbesondere dem nichtärztlichen Personal wird man einzuschärfen haben, dass der Besuch einer noch so prominenten Patientin nicht nach außen dringen darf.

Das Geheimnis muss dem Arzt anvertraut worden sein. Es muss ein innerer Zusammenhang mit der ärztlichen Berufstätigkeit bestehen.

WICHTIG ! **Das Geheimnis muss dem Arzt im Rahmen seiner beruflichen Tätigkeit und nicht etwa als Privatmann anvertraut worden sein.**

Anvertraut ist ein Geheimnis dem Arzt, wenn es ihm in innerem Zusammenhang mit der Ausübung seines Berufes mündlich, schriftlich oder auf sonstige Weise (etwa Vorzeigen einer Verletzung) unter Umständen mitgeteilt wird, aus denen sich die Anforderung des Geheimhaltens ergibt.

Dies gilt auch, wenn ein Arzt etwa durch eine Versicherung den Auftrag erhält, als Sachverständiger tätig zu werden. Dies geschieht häufig, wenn gegenüber einer Versicherung der Patientin Auskunft erteilt werden soll. Der Arzt hat dabei darauf zu achten, dass er lediglich das Ergebnis seiner Untersuchung im Rahmen seiner Beauftragung mitteilt. Andernfalls verletzt er seine Verschwiegenheitsverpflichtung. Weitergehende Angaben sind daher nur mit dem ausdrücklichen Einverständnis der Patientin möglich.

Die eigentliche, unter Strafe gestellte, Tathandlung besteht im **Offenbaren und Verwerten** des fremden Geheimnisses.

Offenbart wird fremdes Geheimnis, wenn es an einen Dritten weitergegeben wird, dem diese Tatsache noch nicht oder nicht sicher bekannt ist. Verwertet wird es, wenn der in dem Geheimnis verkörperte Wert zum eigenen wirtschaftlichen Nutzen und zum Zweck der Gewinnerzielung etwa an Presseorgane weitergegeben wird.

Ein Geheimnisbruch kann auch durch eine **Unterlassung** geschehen, wenn etwa der Arzt Patientenunterlagen unverschlossen liegen lässt und deshalb die Einsichtnahme durch unbefugte Dritte möglich oder gar erleichtert wird. Ferner müssen **Vorkehrungen** gegen einen Einbruch geschaffen werden. Der Schrank, in dem sich die Patientenunterlagen befinden, sollte abends immer abgeschlossen werden.

Der Geheimnisschutz besteht auch in vollem Umfang nach dem Tode der Patientin, wie sich aus § 9 MuBO-Ä ergibt.

Ein Gynäkologe macht sich nur strafbar, wenn er unbefugt Patientengeheimnisse weitergibt. Er handelt nicht unbefugt, wenn die Preisgabe des Geheimnisses gerechtfertigt ist.

Eine solche **Rechtfertigung** kommt aus Offenbarungspflichten oder allgemeinen Rechtfertigungsgründen in Betracht.

5.2.2 Keine rechtswidrige Offenbarung

Die Rechtswidrigkeit einer Offenbarung eines ärztlichen Geheimnisses entfällt, wenn:

- eine Einwilligung des Patienten vorliegt,
- von einer mutmaßlichen Einwilligung der Patientin ausgegangen werden kann,
- eine gesetzliche Offenbarungspflicht besteht,
- der rechtfertigende Notstand im Sinne des § 34 StGB greift,
- eine besondere Offenbarungspflicht des Amtsarztes besteht.

5.2.3 Gesetzliche Meldepflichten

Es bestehen gesetzliche Melde- bzw. Offenbarungspflichten etwa nach dem Infektionsschutzgesetz (siehe Anlage), teils namentlich, teils anonym, bei Arzneimittelnebenwirkungen, Berufskrankheiten etc.

Meldepflichtige Krankheiten nach § 6 IfSG
Folgende Krankheiten sind gegenüber dem zuständigen Gesundheitsamt namentlich meldepflichtig (s. Anhang S. 86)

Meldepflichtige Nachweise von Krankheitserregern § 7 IfSG
Namentlich meldepflichtig sind bei folgenden Krankheitserregern der direkte oder indirekte Nachweis, soweit die Nachweise auf eine akute Infektion hinweisen (s. Anhang S. 87)

In § 8 IfSG ist geregelt, welche Daten bei der namentlichen Meldung mitgeteilt werden müssen.

Nicht namentliche Meldepflicht
Nicht namentlich ist bei folgenden Krankheitserregern der direkte oder indirekte Nachweis zu melden.

Meldepflichtig sind dabei konnatale Infektionen mit Rubellavirus sowie Toxoplasma gondi. Dies gilt auch dann, wenn es in Folge dieser Infektion zum Schwangerschaftsabbruch kommt.

In § 10 IfSG ist geregelt, welche Daten bei nicht namentlicher Meldung mitgeteilt werden müssen. Bei nosokomialen Infektionen und Resistenzen sind die Leiter von Krankenhäusern und Einrichtungen für ambulantes Operieren verpflichtet, die vom Robert-Koch-Institut festgelegten nosokomialen Infektionen und das Auftreten von Krankheitserregern mit speziellen Resistenzen und Multiresistenzen fortlaufend in einer gesonderten Niederschrift aufzuzeichnen und zu bewerten. Bislang wurden folgende nosokomiale Infektionen festgelegt (s. Anhang S. 89).

Das Auftreten folgender Krankheitserreger mit speziellen Resistenzen und Multiresistenzen ist laufend zu erfassen (s. Anhang S. 89)

Die Veröffentlichungen des Robert-Koch-Instituts sind im Gesundheitsblatt, Heft 11/2000, nachzulesen oder im Internet unter www.rki.de (Krankenhaushygiene) abzurufen. Die Aufzeichnungen müssen 10 Jahre aufbewahrt werden. Dem zuständigen Gesundheitsamt ist auf Verlangen Einsicht in die Aufzeichnungen zu gewähren.

Ein Verstoß gegen die Aufzeichnungspflicht stellt eine Ordnungswidrigkeit dar, die mit einer Geldbuße bis zu 2.500 € geahndet werden kann. Bei besonderen Voraussetzungen ist sogar von einer Straftat auszugehen, wobei der Strafrahmen eine Freiheitsstrafe von bis zu fünf Jahren oder eine Geldstrafe vorsieht.

Das Robert-Koch-Institut in Berlin bietet Telefonnummern und E-Mail-Adressen für Informationen zum IfSG an. Die Telefone sind in der normalen Büroarbeitszeit besetzt und können dazu genutzt werden, aktuelle Fragen zum IfSG an kompetente Mitarbeiter des RKI zu richten.

- Zentrale Telefonnummer für inhaltliche Fragen zum IfSG: 01888.75436, E-Mail: ifsg@rki.de,
- Telefonnummer für technische Fragen bei der elektronischen Datenvermittlung gemäß IfSG: 01888.754-7878, E-Mail: survnet@rki.de,
- Telefonnummer für die Bestellung von Meldeformularen nach § 7 III IfSG: 01888.754-3424, E-Mail: ifsg-labinfo@rki.de.

Außerhalb der regulären Dienstzeiten sind in dringenden Notfällen Gesprächspartner über die Telefonzentrale des RKI (Telefon: 01888.754.0) zu erreichen.

Die Deutsche Krankenhaus Verlagsgesellschaft hat als Umsetzungshilfe für die Anforderungen des § 23 I IfSG einen Standardmeldebogen zur Qualitätssicherung / Risk-Management bei nosokomialen Infektionen (SMB-02-1) entwickelt.

Er kann kostenlos angefordert werden bei der DKVG, Fax 0211/45473-61.

Meldepflichtige Erkrankungen s. Anhang oder über das Robert-Koch-Institut zu erfragen

Aus der Pflicht des Arztes, als Zeuge in einem gerichtlichen Verfahren auszusagen, folgt keine Offenbarungspflicht.

Er hat insoweit ein **Zeugnisverweigerungsrecht**. Er muss von seiner Schweigepflicht durch die Patientin entbunden werden. Auch in diesem Fall liegt es im pflichtgemäßen Ermessen des Arztes, ob er sich nach Abwägung widerstreitender Interessen zur Aussage entschließt. Das Gericht darf hierbei den als Zeugen geladenen Arzt nicht beeinflussen.

Offenbarungsbefugnis: Krebsregistergesetz

Eine besondere **Offenbarungsbefugnis** enthält § 3 Abs. 2 Bundeskrebsregistergesetz. Zur Krebsbekämpfung wird die fortlaufende und einheitliche Erhebung personenbezogener Daten über das Auftreten bösartiger Neubildungen einschließlich ihrer Frühstadien sowie die Verarbeitung und Nutzung dieser Daten verlangt.

Ein Arzt handelt ebenfalls rechtmäßig, wenn **Rechtfertigungsgründe** vorliegen, die ein Offenbaren des Arztgeheimnisses rechtfertigen.

Zunächst kommt die Einwilligung der Patientin in Betracht. Diese kann den Arzt von der Schweigepflicht entbinden.

Voraussetzung ist, dass die Patientin einwilligungsfähig ist, die Einwilligung nicht auf Drohung, Zwang oder Täuschung beruht und die Willensäußerung nach außen hin dokumentiert wird.

Die mutmaßliche Einwilligung rechtfertigt dann ein Offenbaren des Arztgeheimnisses, wenn sich die Patientin selbst nicht mehr äußern kann, aber aufgrund von Umständen darauf geschlossen werden kann, dass sie mit der Offenbarung des Arztgeheimnisses einverstanden wäre.

Hierzu gehören das Handeln im **Interesse der Patientin**, um deren Gesundheit zu fördern oder ihr Leben zu retten sowie das Handeln im stillschweigenden Einvernehmen mit der Patientin, wenn ein Geheimhaltungsinteresse nicht erkennbar ist. Sind keine Anhaltspunkte ersichtlich, dass die Patientin der Weitergabe ihrer Daten widersprochen hätte, kann von einer mutmaßlichen Einwilligung ausgegangen werden. Nur ein erkennbar entgegenstehender Wille der Patientin ist zu beachten.

Rechtfertigender Notstand zur Offenbarung z.B. bei Verkehrsgefährdung und uneinsichtigem Verhalten

Große Bedeutung hat in diesem Zusammenhang der **rechtfertigende Notstand** (§ 34 StGB). Es wird eine Befugnis zur Offenbarung angenommen, wenn eine gegenwärtige, d.h. eine unmittelbar erkennbare Gefahr für ein wesentlich überwiegendes Rechtsgut besteht und diese Situation nicht anders als durch Verletzung der ärztlichen Schweigepflicht abgewendet werden kann. Hierzu gehört etwa die Information der zuständigen Verwaltungsbehörde über Patientinnen, die entgegen ärztlichem Rat unter **verkehrsmedizinischen Gesichtspunkten** widerrechtlich Auto fahren (BGH NJW 1968, 2288).

Besondere Probleme ergeben sich auch bei mit HIV infizierten Patientinnen. Es fragt sich, ob der Arzt etwa den Lebensgefährten informieren darf. Die ärztliche Schweigepflicht steht hier der **Gesundheit des Lebenspartners** gegenüber. Die schweren gesundheitlichen Folgen der Übertragung des HIV-Virus und die damit verbundene Ansteckungsgefahr überwiegen das Geheimhaltungsinteresse der Patientin.

WICHTIG! **Die ärztliche Schweigepflicht verbietet nicht die Aufklärung über eine Aids-Erkrankung des Lebenspartners und die damit verbundene Ansteckungsgefahr, wenn die Patientin erkennbar uneinsichtig ist und die Bekanntgabe verbietet (OLG Frankfurt NJW 2000, 875).**

Schon das Reichsgericht hatte für den Fall einer drohenden Ansteckung mit einer übertragbaren schweren Erkrankung das Recht des Arztes, die Angehörigen der Patientin hiervon zu benachrichtigen, bejaht (RGSt 38, 664).

Der Reichsgerichtsentscheidung entsprechend sind die Mitarbeiter im Labor zu informieren und zur Vorsicht zu mahnen, wenn sie mit infektiösem Blut zu tun bekommen. Auch hier ist davon auszugehen, dass das Geheimhaltungsinteresse der Patientin zurückzustehen hat.

So wird man auch das Reinigungspersonal zu erhöhter Vorsicht anhalten und entsprechend informieren müssen, wenn sie mit infektiösen Ausscheidungen o.ä. einer Patientin in Berührung kommen könnten.

Die Wahrnehmung eigener **berechtigter Interessen** des Arztes lässt Angaben über die Krankheit und die Behandlung der Patientin zu. Dieses gilt etwa, wenn der Arzt sich gegenüber ihm erhobenen Vorwürfen eines Behandlungsfehlers oder unrichtiger Honorarabrechnungen wehren muss.

PRAXISTIPP! Dabei ist jedoch Vorsicht geboten, wenn der Arzt einem von ihm beauftragten Privatgutachter die vollständigen Krankenunterlagen mit dem vollen Namen der Patientin zur Erstattung eines Gutachtens übermitteln will. Im Zweifelsfall ist es besser die personenbezogenen Daten bzw. den Namen unkenntlich zu machen.

5.2.4 Rechtsfolgen bei Verstoß gegen §§ 203, 204 StGB

Die strafrechtlichen Folgen einer Verletzung der ärztlichen Schweigepflicht ergeben sich aus den Gesetzen (§§ 203, 204 StGB). Vorgesehen ist eine Freiheitsstrafe bis zu einem Jahr oder eine Geldstrafe.

Offenbarungspflichten bestehen bei Gefährdung der Allgemeinheit oder auch der Gesundheit des Lebenspartners.

5.3 Die Schweigepflicht in einzelnen Tätigkeitsbereichen

5.3.1 Schweigepflicht des Amtsarztes

Der Amtsarzt unterliegt ebenfalls der Verschwiegenheitsverpflichtung.

Tritt er für eine Behörde oder Verwaltungsstelle als Gutachter auf, etwa im Rahmen eines verkehrsmedizinischen Gutachtens oder bei der Frage der Dienstfähigkeit einer Beamtin, ergibt sich seine Offenbarungsbefugnis aus der Natur des Verfahrens. Das Ergebnis von Untersuchungen hat der Amtsarzt der anfragenden oder ihn beauftragenden Behörde mitzuteilen.

Dient die Untersuchung jedoch der Erlangung eines bestimmten Rechtes, hat die das Recht anstrebende Patientin die Entscheidungsbefugnis darüber, ob das Ergebnis der Untersuchung unter Verzicht auf die angestrebte Position verweigert wird. In diesem Fall darf der Arzt gegen den Willen der Untersuchten das Ergebnis nicht bekannt geben.

5.3.2 Schweigepflicht des Betriebsarztes

Ein Betriebsarzt ist ebenfalls an die ärztliche Schweigepflicht gebunden (§ 8 Abs. I Satz 3 ASiG).

Wenn eine Arbeitnehmerin sich bei vorgeschriebenen arbeitsmedizinischen Einstellungskontrollen oder Voruntersuchungen untersuchen lässt, erklärt sie regelmäßig ihr stillschweigendes Einverständnis zur **Weitergabe des Gesamtergebnisses** an den Arbeitgeber. Nicht weitergegeben werden dürfen die festgestellten Befunde. Der Betriebsarzt darf also nur mitteilen, ob aufgrund der Untersuchung gesundheitliche Bedenken bestehen oder nicht. Werden freiwillige Vorsorgeuntersuchungen durch den Betriebsarzt durchgeführt, unterliegt dies in vollem Umfang der ärztlichen Schweigepflicht.

5.3.3 Sachverständigentätigkeit

Wird ein Gynäkologe als Sachverständiger vom Gericht beauftragt, ist er aussageberechtigt, soweit der **Auftrag** dies deckt. Alle anderen Daten unterliegen der Schweigepflicht.

Sollte der Arzt anlässlich der Untersuchung und Behandlung weitere Umstände erfahren, die nicht Gegenstand der Befragung als Sachverständiger sind, hat er sich hierüber auszuschweigen. Sind dem Sachverständigen aus einer früheren Behandlung Dinge bekannt, darf er diese nur dann gutachtlich verwerten, wenn die Patientin hiermit einverstanden ist.

5.3.4 Medizinische Forschung

Im Bereich der medizinischen **Forschung** dürfen Patientendaten nur mit Zustimmung übermittelt werden. Unproblematisch ist die Übermittlung **anonymisierter Patientendaten.**

So ist zum Beispiel bei Vorträgen darauf zu achten, nicht gegen die Schweigepflicht zu verstoßen. Auf jeden Fall muss die Identität der Patientin verborgen bleiben. Dem entsprechend muss die Krankengeschichte dargestellt werden. Auch bei Bildern ist darauf zu achten, dass eine Identifizierung der Patientin ausgeschlossen ist.

5.4 Wahrung der Schweigepflicht im Alltag

Die von den Ärzten ebenso wie von nichtärztlichem Personal strikt einzuhaltende Schweigepflicht zeigt ihre Tücken im täglichen Ablauf.

So ist in einer Klinik ebenso wie im ambulanten Bereich darauf zu achten, dass Telefongespräche mit Patientinnen durch eine andere Patientin oder Dritte nicht mitgehört werden können, sofern es um medizinische Sachverhalte und **personenbezogene Daten** geht. Um dies zu vermeiden, sind entsprechende organisatorische Maßnahmen zu ergreifen. Ebenso ist zu verhindern, dass Patientenunterlagen für Unbefugte einsichtig herumliegen. Bildschirme der PCs sind so auszurichten, dass Unbefugte sie nicht einsehen können.

Arbeitsbereiche sollten unter dem Gesichtspunkt der Einhaltung der Schweigepflicht kritisch gesichtet werden

Untersuchungen dürfen im Einzelfall in Gegenwart anderer Patientinnen durchgeführt werden. Allerdings sind deren **Ergebnisse** der Patientin vertraulich mitzuteilen. Dieses gilt, sofern nicht ein entgegenstehender Wille der Patientin bekannt ist, auch für das einfache Messen des Blutdruckes.

Daher ist es zulässig, Listen von Patientinnen an der stationsinternen Informationstafel für einzelne Untersuchungen anzubringen, wenn sich hieraus lediglich der Name der Patientin ergibt. Umgekehrt ist sicherzustellen, dass nicht etwa Therapiehefte von Patientinnen, die Diagnosen oder andere Daten enthalten, etwa vor Gymnastiksälen offen ausliegen. Es muss auch gewährleistet sein, dass die in den Visitenwägen befindlichen Krankenakten vor Zugriffen oder Einblicken unbefugter Dritter geschützt sind. Gegebenenfalls müssen sie abschließbar sein, insbesondere dürfen sie nicht unbeaufsichtigt in Fluren oder Gängen bzw. für Dritte zugänglich stehen.

Gelegentlich lässt sich beobachten, dass in frei zugänglichen Räumen **Patientenunterlagen** offen herumliegen und von Jedermann eingesehen werden können. Besucher werden oft in Besprechungszimmer geführt, um dort auf den Gesprächspartner zu warten. Herumliegende Unterlagen könnten dann ohne weiteres eingesehen werden. Es ist im Klinikalltag darauf zu achten, dass Räume, in denen sich Patientenunterlagen befinden, nicht frei zugänglich sind. Ferner ist darauf zu achten, dass Besucher sich nicht unbeaufsichtigt in derartigen Räumen aufhalten. Daher sind Räume, in denen sich Patientenunterlagen befinden, verschlossen zu halten.

5.5 Spezielle Situationen

5.5.1 Informationsaustausch zwischen mehreren behandelnden Ärzten

Unter den Ärzten einer Einrichtung gilt die Schweigepflicht ebenfalls. Ausnahmen hiervon bestehen, wenn die Patientin durch ein Ärzteteam in einer stationären oder ambulanten Klinikeinrichtung behandelt wird. Zumindest von einem **stillschweigenden Einverständnis** der Patientin zur wechselseitigen Information der hier tätigen Ärzte kann ausgegangen werden. Dies wird auch bei einer Praxisgemeinschaft anzunehmen sein. Ein weitergehender Datenaustausch bedarf der Zustimmung der Patientin.

Im Rahmen einer Behandlung ist die Übersendung des **Entlassungsberichtes** an zuweisende Kliniken oder nachbetreuende Ärzte nicht in jedem Fall erlaubt. Wenn die Patientin ausdrücklich etwas anderes bestimmt hat, wonach ihre Daten weitergegeben werden dürfen, ist die Übersendung der Entlassungsbriefe an die Hausärzte bzw. an die zuweisende Klinik allerdings ohne Weiteres zulässig.

Eine **Versendung medizinischer Unterlagen per Fax** ist nur dann zulässig, wenn ausdrücklich gewährleistet ist, dass unbefugte Dritte keinen Zugang haben und keine Kenntnis der gefaxten Unterlagen bekommen können. Etwas anderes gilt nur, wenn ein Notfall diese Art der Übersendung erforderlich macht.

Bei **Anfragen gesetzlicher Krankenkassen**, von Rentenversicherungsträgern, Berufsgenossenschaften, Integrationsämtern, Arbeitsämtern, Sozialhilfe-Träger, Auskunfts- und Beratungsstellen der Rentenversicherungsträger, privaten Krankenkassen, Arbeitgebern, Hausarztanfragen ist differenziert zu verfahren. Auskunftspflichten und Auskunftsrechte gegenüber Sozialleistungsträgern ergeben sich nach § 100 SGB IX.

5.5.2 Datenweitergabe an Sozialleistungsträger und Versicherungen

Bei der Auskunftspflicht und bzw. dem Auskunftsrecht gegenüber Sozialleistungsträgern nach § 100 SGB X werden allerdings dennoch **Einzelfalleinverständnisse** der Patientin benötigt, wenn der komplette Entlassungsbericht verlangt wird. Pauschale Einverständniserklärungen für die Beantwortung von Anfragen oder schriftliche Bestätigung der Sozialleistungsträger, dass eine Einverständniserklärung der Patientin vorliege, genügen nicht.

Bei der Behandlung von Patientinnen, die in der gesetzlichen Krankenversicherung versichert sind, ist davon auszugehen, dass diese mit der Weitergabe derjenigen Tatsachen, die für die Leistungspflicht der Krankenkasse erforderlich sind, einverstanden sind. Diese Informationen müssen sich jedoch auf das für diesen Zweck unbedingt Notwendige beschränken. Die Weiterleitung vollständiger ärztlicher Aufzeichnungen oder des kompletten Entlassungsberichtes ist nicht zulässig.

Bei **Anfragen von privaten Krankenkassen** und anderen nicht gesetzlichen Krankenkassen, somit auch gegenüber Betriebskrankenkassen, und Anfragen von Arbeitgebern sind jedoch immer aktuelle Einzelfalleinverständniserklärungen einzuholen. Für den Gynäkologen ist Vorsicht geboten, wenn private Krankenversicherungen, private Unfallversicherungen und Lebensversicherungen ihn anschreiben und um Auskünfte bitten.

Zwar mag die Patientin bei Abschluss einer Versicherung eine generelle Entbindung aller behandelnden Ärzte von der Schweigepflicht gegenüber der Versicherungsgesellschaft erteilt haben. Teilweise wird eine derart weitreichende Ermächtigung als unwirksam angesehen. Die Patientin kann ferner ihre Ermächtigung zwischenzeitlich widerrufen haben.

- Gesetzliche Krankenkassen
- Private Krankenkassen
- Rentenversicherung
- Berufsgenossenschaft
- Integrationsämter
- Sozialhilfeträger
- Auskunftsstellen
- Arbeitgeber
- Private Kranken-, Unfall- und Lebensversicherungen

> **PRAXISTIPP !** Es sollte in jedem Fall geprüft werden, ob bei einer konkreten Anfrage auch tatsächlich die Entbindung von der Schweigepflicht vorliegt (aktuelle Entbindung von der Schweigepflicht für den Einzelfall).

Dies gilt besonders bei **Anfragen von Lebensversicherungen**, die sich nach dem Tod einer Versicherten auf deren pauschale Einverständniserklärung bei Abschluss der Versicherung berufen. Die Rechtswirksamkeit solcher Entbindungserklärungen ist schon deshalb fragwürdig, weil der Patientin bzw. Antragstellerin zum Zeitpunkt der Abgabe der pauschalen Entbindungserklärung weder Geheimnisse, zu deren Preisgabe die Ärzte ermächtigt werden sollen, noch der Kreis der Ärzte oder sonstiger Stellen, die zur Auskunft ermächtigt werden, bekannt sind.

Die Entbindung von der ärztlichen Schweigepflicht, die auch nach dem Tod der Patientin fortbesteht, geht auch nicht auf die Erben über. Diese können deshalb den Arzt auch nicht von der Schweigepflicht entbinden. Dieses bedeutet allerdings nicht, dass

Postmortale Auskunft den Erben gegenüber Ermessensentscheidung des Arztes der Arzt den **Erben** oder Angehörigen die Einsicht in Unterlagen immer versagen muss, falls eine positive Willensäußerung der Verstorbenen nicht feststeht. Eine Offenbarung kann dann gerechtfertigt sein, wenn von einem vermuteten Einverständnis der verstorbenen Patientin ausgegangen werden kann. Hierzu ist zu prüfen, ob Anhaltspunkte dafür bestehen, dass die Verstorbene die ganze oder teilweise Offenlegung der Unterlagen gegenüber ihren Hinterbliebenen bzw. Erben unter Berücksichtigung ihres Anliegens mutmaßlich gebilligt haben würde. Letztlich entscheidet der Arzt in der Frage des Einsichtsrechts gewissermaßen in letzter Instanz (BGH VI ZR 259/81).

5.5.3 Datenweitergabe an Behörden

Gegenüber Behörden, Polizei und Staatsanwaltschaft besteht für einen Gynäkologen **keine besondere Mitteilungspflicht**. Hier gilt die allgemeine ärztliche Schweigepflicht. Dieses gilt auch gegenüber Finanzbehörden, die oft über einen für die Besteuerung erheblichen Sachverhalt Auskünfte erbeten. Will ein Finanzamt die ärztliche Liquidation und ihre ordnungsgemäße Verbuchung und Versteuerung überprüfen, muss die jeweilige Diagnose abgedeckt werden.

Streitig ist, ob gegenüber **Berufsgenossenschaften** überhaupt eine Schweigepflicht des Gynäkologen besteht. Hier sollte er jedoch Vorsicht walten lassen. Ist die Patientin mit einer Untersuchung einverstanden, um berufsgenossenschaftliche Leistungen in Anspruch nehmen zu können, kann von einer Entbindung der Schweigepflicht ausgegangen werden. Dies gilt jedoch nicht, wenn die Patientin ausdrücklich die Auskunftserteilung verbietet.

5.5.4 Datenweitergabe an den Arbeitgeber der Patientin

Auch dem Arbeitgeber einer Patientin gegenüber besteht die ärztliche Schweigepflicht. Ein Arbeitgeber kann allenfalls bei lang andauernder Erkrankung der Arbeitnehmerin oder bei wiederholter Krankmeldung in verhältnismäßig kurzer Zeit über die Arbeitnehmerin ein ärztliches Attest fordern. Der Arbeitgeber darf nicht etwa von der Arbeitnehmerin eine generelle Entbindung von der ärztlichen Schweigepflicht verlangen.

WICHTIG! **Die Krankenkasse hat keinen weitergehenden Auskunftsanspruch gegen den Gynäkologen oder das Krankenhaus (BSG PflegeR 2003, 65 ff.). Dies gilt auch dann, wenn eine ausdrückliche Einverständniserklärung der Patientin vorliegt.**

Etwas anderes sieht § 100 Abs. I Satz 1 SGB X auch nicht vor. Danach ist der Arzt nur in diesem Rahmen zur Auskunft verpflichtet.

5.5.5 Schweigepflicht gegenüber Familienangehörigen

Schweigepflicht besteht ebenfalls gegenüber Familienangehörigen der Patientin. Diese dürfen nur bei Einverständnis der Patientin informiert werden. **Liquidationen** mit entsprechender Diagnose sind daher nur an die Patientin selbst und nicht an den hauptversicherten Ehegatten zu übersenden.

Schweigepflicht besteht selbstverständlich auch gegenüber Anrufen von Hausärzten, externen Klinikärzten, Angehörigen, Mitarbeiter von Krankenkassen, medizinischen Diensten der Krankenkassen, Mitarbeitern der zuständigen Rentenversicherungträger oder anderer Sozialleistungsträger.

5.5.6 Schweigepflicht bei der Behandlung Minderjähriger

Bei der Behandlung Minderjähriger stehen sich oft widerstreitende Interessen gegenüber. Einerseits will vielfach das heranwachsende Kind nicht, dass die Eltern informiert werden. Andererseits wollen die sorgeberechtigten Eltern über den gesundheitlichen Zustand des Kindes informiert werden.

Eine Mitteilung an die Eltern ist dann erforderlich, wenn die notwendige Behandlung nur mit Zustimmung der Eltern erfolgen kann, wie etwa bei einem therapeutischen Eingriff.

> **PRAXISTIPP !** Als Faustregel kann gelten, dass bei Minderjährigen über 14 Jahren deren Geheimhaltungsinteresse respektiert werden muss.

Dabei ist auf die Verständigkeit und Einsichtsfähigkeit der Minderjährigen im konkreten Fall abzustellen.

Mit Zustimmung der Eltern darf der Gynäkologe ein Präparat ohne weiteres verschreiben. Es stellt sich jedoch die Frage, ob er gegenüber den Eltern offen auftreten darf und über die Umstände berichten kann. Eine **Offenbarungspflicht** wird angenommen, wenn die Eltern in Unkenntnis des wahren Sachverhaltes ernste Gefährdungen des Kindes nicht erkennen.

In der Altersgruppe der 14- bis 16jährigen Patientinnen darf der Arzt bei genügender Urteilskraft und Einsichtsfähigkeit der Patientin ohne deren Zustimmung den Eltern gegenüber nichts sagen. Bei den 16- bis 18jährigen Patientinnen kommt nur im Ausnahmefall eine Unterrichtung der Eltern in Betracht, wenn etwa die Unterrichtung ein erforderliches und angemessenes Mittel zur Rettung der Patientin ist.

Bei 14 bis 16-jährigen Schweigepflicht gegenüber den Eltern bei Einsichtsfähigkeit der Jugendlichen

Bei 16 bis 18-jährigen Schweigepflicht gegenüber den Eltern im Allgemeinen anzunehmen

5.5.7 Datenweitergabe an die Haftpflichtversicherung des Arztes

Ohne Zustimmung der Patientin darf die eigene Haftpflichtversicherung über Daten der Patientin informiert werden, wenn diese den Gynäkologen im Wege des Haftungsrechts in Anspruch nimmt.

Hier geht es um die Wahrnehmung eigener berechtigter Interessen. Nach dem Versicherungsvertrag besteht eine Obliegenheit, die Versicherung binnen acht Tagen über die Inanspruchnahme durch eine unzufriedenen Patientin zu informieren (§ 11 AHB). Dazu gehört auch die Sachverhaltsdarstellung. Einer Entbindung von der ärztlichen Schweigepflicht bedarf es hier nicht.

5.5.8 Datenweitergabe an Verrechnungsstellen

Bei der Abrechnung ärztlicher Leistungen über privatärztliche oder gewerbliche Verrechnungsstellen bedarf die Weitergabe der Daten einer Patientin ihrer **Einwilligung.**

Die Abrechnungsstelle sollte konkret benannt werden

Dabei hat die Patientin ausdrücklich zuzustimmen, wobei die Organisation, die die Forderung einzieht, **konkret zu bezeichnen** ist (BGH NJW 1993, 2371).

Die Unterzeichnung eines allgemeinen Formulars, wonach die Patientin sich mit der Weitergabe ihrer Unterlagen an eine mit der Liquidation beauftragte Verrechnungsstelle einverstanden erklärt, wird als unwirksam angesehen (OLG Köln ArztR 1996, 175).

5.5.9 Beschlagnahme von Krankenunterlagen

Die Beschlagnahme der Krankenunterlagen einer **beschuldigten Versicherten** bei dem sie betreuenden Gynäkologen ist unzulässig. Eine solche Beschlagnahme etwa durch die Staatsanwaltschaft oder Polizei stellt eine Verletzung des der Patientin zustehenden Grundrechtes auf Achtung ihres privaten Bereiches dar.

Beschlagnahmeverbot im Strafverfahren gegen die Patientin

In einem Ermittlungsverfahren gegen eine Patientin unterliegen schriftliche Mitteilungen zwischen der beschuldigten Patientin und dem Arzt ebenso wenig der Beschlagnahme wie Aufzeichnungen, die vom Gynäkologen über seine Patientin gemacht wurden und dem Zeugnisverweigerungsrecht unterliegen.

Entsprechendes gilt für ärztliche Untersuchungsbefunde, auf die sich das Zeugnisverweigerungsrecht des Gynäkologen erstreckt. Nur diejenigen Gegenstände sind beschlagnahmefrei, die sich in seinem Gewahrsam befinden, d.h., diese dürfen beschlagnahmt werden.

Befinden sich die Unterlagen etwa bei einem Inkassounternehmen, können sie beschlagnahmt werden, da dieses Unternehmen nicht der Schweigepflicht unterliegt.

Dieses Beschlagnahmeverbot gilt jedoch nur in einem Strafverfahren gegen die Patientin selbst. In einem **gegen den Gynäkologen eingeleiteten Verfahren** etwa wegen Körperverletzung oder fahrlässiger Tötung ist eine Beschlagnahme von Krankenakten zulässig. Voraussetzung für eine solche Beschlagnahme ist ein entsprechender Beschluss des örtlich zuständigen Amtsgerichts. Bei Gefahr im Verzug kann die Staatsanwaltschaft selbst mit Hilfe der Polizei die Akten beschlagnahmen und sich dies anschließend durch das Amtsgericht bestätigen lassen. Gefahr im Verzug ist in diesem Zusammenhang äußerst selten. Sie wird etwa dann zu bejahen sein, wenn konkrete Anhaltspunkte bestehen, dass Krankenakten manipuliert werden.

Beschlagnahmeverbot im Verfahren gegen die Patientin, nicht aber im Verfahren gegen den Arzt

Die Einleitung eines strafrechtlichen Ermittlungsverfahrens und die damit verbundenen Belastungen sind für jeden äußerst unangenehm. Dies gilt insbesondere für den Fall, dass der betroffene Arzt über die Tatsache, dass gegen ihn strafrechtlich ermittelt wird, durch einen „Besuch" der Staatsanwaltschaft und Polizei anlässlich einer Hausdurchsuchung informiert wird.

Für einen solchen Fall sollte anhand der Checkliste 5.1 vorgegangen werden.

CHECKLISTE

Verhaltenstipps bei Hausdurchsuchungen durch die Polizei oder Staatsanwaltschaft

- **Nicht in Panik geraten und überlegt handeln!**
- Möglichst umgehende **Hinzuziehung eines Rechtsanwaltes,** da man sich tunlichst nicht selbst verteidigen sollte.
- Vor der Einschaltung eines Rechtsanwaltes gilt das Gebot des Schweigens. Außer persönlichen Angaben sollten **keine Erklärungen abgegeben** werden. Ein Beschuldigter hat das Recht, zur Sache nichts zu sagen. Hieraus können für den beschuldigten Gynäkologen keine Nachteile gefolgert werden.
- **Vorladungen zu polizeilichen Vernehmungen sollten nicht** ohne vorherige Beauftragung und Befragung eines Rechtsanwaltes **befolgt werden.** Es besteht keine Verpflichtung, bei der Polizei zu erscheinen.
  Ratsam ist es, den vorgesehenen Vernehmungstermin mit dieser Begründung abzusagen.
- Bei einer Durchsuchung der Praxisräume sich den **richterlichen Durchsuchungsbeschluss zeigen lassen.**
- Eine zu große **Kooperation** mit den Ermittlern ist **nicht** von Vorteil.
- Nach Beendigung der Durchsuchung ist dem beschuldigten Gynäkologen ein Verzeichnis über die **beschlagnahmten Gegenstände auszuhändigen.**
- Nach **Akteneinsicht,** die nur durch einen Rechtsanwalt vorgenommen werden kann, ist mit diesem die Sache zu erörtern und zu prüfen, ob und wie gegenüber der Staatsanwaltschaft schriftsätzlich vorgetragen wird. Dies ist eine Frage des Einzelfalles.

Die Behandlungsunterlagen einer verstorbenen Patientin sind beim **Verdacht eines Behandlungsfehlers** ebenfalls beschlagnahmefähig. In solchen Fällen ist es angeraten, rechtzeitig Kopien einer Krankenakte zu fertigen, damit der Gynäkologe hierauf in einem späteren Verfahren auch zurückgreifen kann.

5.6   Rechtsfolgen bei Verletzung der Schweigepflicht

Zivilrechtlich ist mit Schadenersatz und Schmerzensgeld zu rechnen. Die Verletzung der ärztlichen Schweigepflicht stellt eine Persönlichkeitsverletzung dar. Ferner werden vertragliche Pflichten verletzt, die ebenfalls zum Schadenersatz führen. Zu den Schäden, die der Arzt der Patientin zu ersetzen hat, können Einkommenseinbußen, Verlust des Arbeitsplatzes oder der Wohnung gehören. Die Kosten einer Scheidung und deren Folgelasten sind zu ersetzen, wenn durch die ärztliche Indiskretion die Ehe der Patientin zerbricht.

Anlagen:
Meldepflichtige Krankheiten nach § 6 IfSG

1.
Der Krankheitsverdacht, die Erkrankung sowie der Tod an
a. Botulismus,
b. Cholera,
c. Diphtherie,
d. humaner spongioformer Enzephalopathie, außer familiär-hereditärer Formen,
e. akuter Virushepatitis,
f. enteropathischem hämolytisch-urämischem Syndrom (HUS),
g. virusbedingtem hämorrhagischen Fieber,
h. Masern,
i. Meningokokken-Meningitis oder Sepsis,
j. Milzbrand,
k. Polio-Myelitis (als Verdacht gilt jede akute schlaffe Lähmung, außer sie ist traumatisch bedingt),
l. Pest,
m. Tollwut,
n. Typhus abdominalis/Paratyphus, sowie die Erkrankung und der Tod an einer behandlungsbedürftigen Tuberkulose, auch wenn kein bakteriologischer Nachweis vorliegt.

2.

Der Verdacht auf und die Erkrankung an einer mikrobiell bedingten Lebensmittelvergiftung oder an einer akuten infektiösen Gastroenteritis liegt nahe, wenn

a. eine Person betroffen ist, die beim Herstellen, Behandeln oder Inverkehrbringen von Lebensmitteln beschäftigt ist, falls sie dabei mit diesen in Berührung kommt, oder

b. Personen betroffen sind, die in Küchen von Gaststätten oder sonstigen Einrichtungen mit oder zur Gemeinschaftsverpflegung tätig sind;

c. zwei oder mehr gleichartige Erkrankungen auftreten, bei denen ein epidemischer Zusammenhang wahrscheinlich ist oder vermutet wird.

3.

Der Verdacht einer über das übliche Ausmaß einer Impfreaktion hinausgehenden gesundheitlichen Schädigung.

4.

Die Verletzung eines Menschen durch ein tollwutkrankes, -verdächtiges oder -ansteckungsverdächtiges Tier sowie die Berührung eines solchen Tieres oder Tierkörpers.

5.

Soweit nicht nach den Nummern 1 bis 4 meldepflichtig, das Auftreten

a. einer bedrohlichen Krankheit oder

b. von zwei oder mehr gleichartigen Erkrankungen, bei denen ein epidemischer Zusammenhang wahrscheinlich ist oder vermutet wird,

c. wenn dies auf eine schwerwiegende Gefahr für die Allgemeinheit hinweist und Krankheitserreger als Ursache in Betracht kommen, die nicht unter die nachstehend meldepflichtigen Krankheitserreger fallen.

Meldepflichtige Nachweise von Krankheitserregern nach § 7 I IfSG

1. Adenoviren; Meldepflicht nur für den direkten Nachweis im Konjunktivalabstrich,
2. Bacillus anthracis,
3. Borrelia recurrentis,
4. Brucella sp.,
5. Campylobacter sp., darmpathogen,
6. Chlamydia psittaci,

7. Clostridium botulinum oder Toxinnachweis,
8. Corynebacterium diphtheriae, Toxin bildend,
9. Coxiella burnetii,
10. Cryptosporidium parvum,
11. Ebolavirus,
12. a) Escherichia coli, enterohämorrhagische Stämme (EHEC),
    b) Escherichia coli, sonstige darmpathogene Stämme,
13. Francisella tularensis,
14. FSME-Virus,
15. Gelbfiebervirus,
16. Giardia lamblia,
17. Haemophilus influenzae; Meldepflicht nur für den direkten Nachweis aus Liquor oder Blut,
18. Hantaviren,
19. Hepatitis-A-Virus,
20. Hepatitis-B-Virus,
21. Hepatitis-C-Virus; Meldepflicht für alle Nachweise, soweit nicht bekannt ist, dass eine chronische Infektion vorliegt,
22. Hepatitis-D-Virus,
23. Hepatitis-E-Virus,
24. Influenzaviren; Meldepflicht nur für den direkten Nachweis,
25. Lassavirus,
26. Legionella sp.,
27. Leptospira interrogans,
28. Listeria monocytogenes; Meldepflicht nur für den direkten Nachweis aus Blut, Liquor oder anderen normalerweise sterilen Substraten sowie aus Abstrichen von Neugeborenen,
29. Marburgvirus,
30. Masernvirus,
31. Mycobacterium leprae,
32. Mycobacterium tuberculosis/africanum, Mycobacterium bovis; Meldepflicht für den direkten Erregernachweis sowie nachfolgend für das Ergebnis der Resistenzbestimmung; vorab auch für den Nachweis säurefester Stäbchen im Sputum,
33. Neisseria meningitidis; Meldepflicht nur für den direkten Nachweis aus Liquor, Blut, hämorrhagischen Hautinfiltraten oder anderen normalerweise sterilen Substraten,
34. Norwalk-ähnliches Virus; Meldepflicht nur für den direkten Nachweis aus Stuhl,
35. Poliovirus,
36. Rabiesvirus,

37. Rickettsia prowazekii,
38. Rotavirus,
39. Salmonella Paratyphi; Meldepflicht für alle direkten Nachweise,
40. Salmonella Typhi; Meldepflicht für alle direkten Nachweie,
41. Salmonella, sonstige,
42. Shigella sp.,
43. Trichinella spiralis,
44. Vibrio cholerae O 1 und O 139,
45. Yersinia enterocolitica, darmpathogen,
46. Yersinia pestis,
47. andere Erreger hämorrhagischer Fieber.

Nicht namentliche Meldepflicht nach § 7 III IfSG

1. Treponema pallidum,
2. HIV,
3. Echinococcus sp.,
4. Plasmodium sp.,
5. Rubellavirus; Meldepflicht nur bei konnatalen Infektionen,
6. Toxoplasma gondii; Meldepflicht nur bei konnatalen Infektionen.

Meldepflicht nosokomialer Infektionen

- postoperative Wundinfektionen (der häufigsten, mit einem nosokomialen Infektionsrisiko belasteten Operation),
- katheterassoziierte Septikämien,
- beatmungsassoziierte Pneumonien,
- katheterassoziierte Harnwegsinfektionen.

Meldepflicht bei Resistenzen

	Erregerspezies	Zu erfassen ist die Resistenz (auch Einzel-R) gegen folgende Substanzen, sofern im Rahmen der klinisch-mikrobiologischen Diagnostik getestet
1	S. aureus	Vancomycin, Oxacillin, Gentamicin, Gr. IV (z.B. Moxifloxacin), Teicoplanin, Quinupri-stin/Dalfopristin
2	S. pneumoniae	Vancomycin, Penicillin (Oxacillin 1 μg), Cefotaxim, Erythromycin, Chinolon Gr. IV (z.B. Moxifloxacin)

3	E. faecalis	Vancomycin, Gentamicin („high level": Gentamicin 500 mg/l; Streptomycin 1.000 mg/l (Mikrodil.) bzw. 2.000 mg/l (Agardilu-tion), Teicoplanin)
4	E. coli	Imipenem/Meropenem, Chinolon Gr. II. (z.B. Klebsiella spp. Ciprofloxacin), Ami-kacin, Ceftazidim, Piperacillin/Tazobactam, Cefotaxim oder analoge Testsubstanz
5	Enterobacter	Imipenem/Meropenem, Chinolon Gr. II. (z.B. cloacae Ciprofloxacin), Amikacin Citrobacter spp. Serratia marcescens
6	P. aeruginosa	Imipenem/Meropenem, Chinolon Gr. II. (z.B. A. baumannii Ciprofloxacin), Ami-kacin, Ceftazidim, Piperacillin/Tazobactam, Cotrimoxazol
7	S. maltophilia	Chinolon Gr. II (z.B. Ciprofloxacin), Amikacin, Ceftazidim, Piperacillin/Tazobac-tam, Cotrimoxazol
8	Candida spp.	Fluconazol

6   Der Datenschutz in der Gynäkologie

In allen Einrichtungen des Gesundheitswesens werden täglich Informationen über Patienten und Patientinnen dokumentiert. Solche personenbezogenen Gesundheitsdaten fallen in großer Anzahl an. Millionen von Datensätzen werden in den verschiedensten Einrichtungen erfasst und verarbeitet. Ihre Verwendung ist nicht nur für die Behandlung der einzelnen Patientin und die Abrechnung der Leistung notwendig. Die Daten können vielmehr bei systematischer und methodisch kontrollierter Auswertung dazu dienen, Gesundheitsrisiken zu erkennen, die Folgen von Risiken und Krankheiten sicherer abzuschätzen, den Nutzen verschiedener Therapien zu vergleichen oder Vorsorgungsziele zu bewerten. Dabei gerät der Datenschutz immer mehr in den Mittelpunkt. Grundlage ist das Bundesdatenschutzgesetz.

WICHTIG ! **Dem Schutz der Sozialdaten ist von jeder medizinischen Einrichtung ein hoher Stellenwert beizumessen, vergleichbar der ärztlichen Schweigepflicht. Das Sozialgeheimnis stellt für das Sozialrecht die verwaltungsrechtliche Parallele zur ärztlichen Schweigepflicht dar.**

Dieses gilt für Behörden und sonstige öffentliche Stellen des Bundes sowie für den nichtöffentlichen Bereich. Es findet ferner Anwendung auf alle privaten und freien gemeinnützigen Krankenanstalten, und Kliniken, betriebsärztliche Dienste in privaten Unternehmen, überbetriebliche arbeitsmedizinische Dienste in privater Trägerschaft, und alle Arztpraxen.

Der Anwendungsbereich der **Landesdatenschutzgesetze** bezieht sich auf Behörden und sonstige öffentliche Stellen des Landes, der Gemeinden und Gemeindeverbände und der sonstigen der Landesaufsicht unterstehenden juristischen Personen des öffentlichen Rechts. Es findet ferner Anwendung auf Ärztekammern, kassenärztliche Vereinigungen, Kliniken in öffentlich-rechtlicher Trägerschaft, Krankenhäuser der Gemeinden und die meisten Tumorzentren.

Die inhaltliche Regelung des Bundes- und der Landesgesetze ist im Wesentlichen identisch. Daher wird hier auf das Bundesdatenschutzgesetz (BDSG) abgestellt.

6.1 Personenbezogene Gesundheitsdaten

6.1.1 Begriff

Bei der Behandlung in Kliniken oder Praxen fallen zu jeder Patientin vielfältige personenbezogene Daten an. Darunter sind Einzelangaben über persönliche oder sachliche Verhältnisse einer bestimmten oder bestimmbaren natürlichen Person zu verstehen. Sie werden als Sozialdaten bezeichnet (§ 67 Abs. 1 SGB X).

WICHTIG! **Auf den Empfindlichkeitsgrad der Daten kommt es nicht an. Damit sind z.B. Name, Anschrift und Versicherungsnummer einer Versicherten genauso geschützt wie ihre medizinischen Daten.**

Geschützt werden nur **personenbezogene Daten**. Unter personenbezogenen Daten sind Daten zu verstehen, die Rückschlüsse auf eine bestimmte Person erlauben.

Nach § 3 BDSG sind personenbezogene Daten Einzelangaben über persönliche oder sachliche Verhältnisse einer bestimmten oder bestimmbaren natürlichen Person. Angaben die derart anonymisiert sind, dass sich ein Bezug zu einer konkreten Person nicht mehr herstellen lässt, sind keine personenbezogenen Daten. Der Gynäkologe darf nach § 39 BDSG nur diejenigen Daten erheben, deren Kenntnis zur Erfüllung der jeweiligen ärztlichen Aufgabe unbedingt notwendig und erforderlich ist. Die Patientin ist entsprechend zu informieren.

Schutzwürdig sind alle Daten, die auf eine bestimmte oder bestimmbare Person schließen lassen. Gemeint sind damit sowohl Daten von Patientinnen als auch Daten von Mitarbeitern. Für Daten von Patientinnen gilt zudem die ärztliche Schweigepflicht (vgl. § 203 StGB).

Zuwiderhandlungen können strafrechtliche oder arbeitsrechtliche Konsequenzen nach sich ziehen.

6.1.2 Rechte der Patientin

Die Patientin hat gegenüber den datenspeichernden öffentlichen oder privaten Stellen einen **Auskunftsanspruch**. Um die Patientin durch die Bekanntgabe gespeicherter kritischer Diagnosen und Befunde nicht ernstlich zu gefährden und hierdurch zu schädigen, steht es im Ermessen des Gynäkologen, in welchem Umfang er der Patientin letztlich Auskunft erteilt.

Wenn die Patientin zum Abschluss eines Versicherungsvertrages eine **ärztliche Begutachtung** benötigt, ist vom Einverständnis in die Weitergabe des Ergebnisses an die Versicherung auszugehen.

Vielfach fragen Patientinnen insbesondere bei stationärer Behandlung nach Namen und Anschriften von Mitpatienten, um diese als Zeugen in einem etwaigen Verfahren auf Schadensersatz und Schmerzensgeld benennen zu können. Es ist dem Gynäkologen und auch dem Krankenhaus untersagt, diese Informationen weiterzugeben.

Jeder hat einen grundgesetzlich garantierten Anspruch darauf, dass seine Persönlichkeitsrechte durch den Umgang mit den ihn betreffenden Daten nicht beeinträchtigt werden. Das vom Bundesverfassungsgericht zum Volkszählungsgesetz festgestellte Recht auf informationelle Selbstbestimmung gewährleistet den Schutz des Einzelnen vor unbegrenzter Erhebung, Verarbeitung und Nutzung seiner personenbezogenen Daten (BVerfG NJW 1984, 419 ff.).

Das Recht auf **informationelle Selbstbestimmung** ist nicht auf bestimmte Daten beschränkt. Durch den Verwendungszusammenhang können für sich gesehen belanglose Daten einen neuen, sensitiven Stellenwert erhalten. Datenschutz besteht deshalb unabhängig davon,

- welche personenbezogenen Daten betroffen sind,
- ob die Verarbeitung manuell oder automatisiert erfolgt,
- ob die Daten in Dateiform oder auf andere Weise gespeichert werden.

6.1.3 Weiterleitung von Daten

WICHTIG! **Die Einwilligung in die Weiterleitung von Daten kann nur schriftlich und nicht mündlich oder konkludent, d. h. durch schlüssiges Verhalten, erfolgen.**

Bei der Übermittlung von Daten unterscheidet man nach dem Übermittlungsempfänger. **An öffentliche Stellen** dürfen personenbezogene Daten nach § 15 BDSG übermittelt werden, wenn sie zur Erfüllung der in der Zuständigkeit der übermittelnden Stelle oder des Empfängers liegenden Aufgaben erforderlich sind sowie die Nutzung nach den einschlägigen Bestimmungen zulässig ist. Personenbezogene Daten dürfen **an nichtöffentliche Stellen** übermittelt werden, wenn es zur Erfüllung der in der Zuständigkeit der übermittelnden Stelle liegenden Aufgaben erforderlich ist und die Nutzungsvoraussetzungen vorliegen bzw. der Empfänger ein berechtigtes Interesse an der Kenntnis der zu übermittelnden Daten glaubhaft darlegt und die Betroffene kein schutzwürdiges Interesse am Ausschluss der Übermittlung hat. Dieses ist in § 16 BDSG geregelt. Dieses ist etwa bei der Weitergabe der Ergebnisse der arbeitsmedizinischen Untersuchung an den Arbeitgeber der Fall. Dabei ist jedoch nicht die Weitergabe einzelner medizinischer Untersuchungsbefunde gerechtfertigt, da hier die den Betriebsarzt betreffende Verschwiegenheitspflicht grundsätzlich vorgeht.

6.1.4   Zulässigkeit der Datenerhebung und ihrer Verwertung

Nach § 67a ff. SGB X dürfen personenbezogene Daten grundsätzlich nur dann erhoben, verarbeitet und genutzt werden, wenn
- dies gesetzlich zugelassen ist oder, falls keine Rechtsvorschrift anwendbar ist,
- die Betroffene nach entsprechender Information eingewilligt hat.

Die Zulässigkeit der Erhebung, Verarbeitung und Nutzung von Sozialdaten orientiert sich am **Grundsatz der Erforderlichkeit.** Das bedeutet, dass Daten von Patientinnen nur dann erhoben, verarbeitet oder genutzt werden dürfen, wenn sie zur Durchführung der medizinischen Behandlung und zur Abrechnung erforderlich sind.

Personenbezogene Daten dürfen nur zu dem Zweck verarbeitet oder genutzt werden, für den sie erhoben wurden. Ist keine Erhebung vorausgegangen, z. B. bei Mitteilung von Daten durch die Sozialleistungsträger an die Klinik, dürfen die Daten ebenfalls nur **zweckgebunden** verarbeitet oder genutzt werden. Patientendaten sind zu löschen, wenn sie nicht mehr benötigt werden und keine Aufbewahrungsvorschriften der Löschung entgegenstehen.

Soweit die Aufbewahrung bestimmter Daten nicht durch gesetzliche oder standesrechtliche Vorschriften geregelt ist, liegt es in der Verantwortung der Klinik, den Zeitpunkt für eine Löschung dieser Daten nach Maßgabe der jeweiligen Erforderlichkeit schriftlich festzulegen.

An die Stelle der Löschung personenbezogener Patientendaten kann nach Ablauf der Aufbewahrungsfristen die **Anonymisierung** treten, wenn Daten von allgemeiner Bedeutung, wie z. B. Verweildauer, Alter, Geschlecht, für statistische Erhebungen und Auswertungen benötigt werden. Anonymisieren bedeutet, Sozialdaten so zu verändern, dass der Personenbezug nahezu unmöglich ist, d.h. nur noch mit unverhältnismäßig großem Zeit- und Kostenaufwand hergestellt werden kann (vgl. § 67 Abs. 8 SGB X).

Die Verarbeitung personenbezogener Daten in der medizinischen Forschung unterliegt vorrangig dem Gebot der ärztlichen Schweigepflicht. Dem Forschungsinteresse wird grundsätzlich kein Vorrang vor der Schweigepflicht eingeräumt (BVerfG NJW 1981, 1995).

WICHTIG! Die Verarbeitung und Übermittlung personenbezogener Daten zum Zwecke der medizinischen Forschung darf nur nach ausdrücklicher Einwilligung der Betroffenen oder ggf. deren Sorgeberechtigten erfolgen.

Bei der Verarbeitung personenbezogener Daten in der medizinischen Forschung muss sichergestellt sein, dass das Patien-

---

Personenbezogene Daten dürfen nur bei Erforderlichkeit gesammelt werden und nur zweckgebunden verwendet werden.

Löschungspflicht im Gegensatz zur Aufbewahrungs- und Dokumentationspflicht

tengeheimnis gewahrt bleibt. Personenbezogene Daten sollen nur dann und in dem Umfang für Forschungszwecke verarbeitet werden, wenn und soweit es zur Erreichung des Forschungsziels unabdingbar notwendig ist. Sobald der Zweck es erlaubt, sind die Daten zu anonymisieren, ggf. dezentral, oder so zu verändern, dass die Merkmale, welche die Zuordnung zu einer bestimmten oder bestimmbaren natürlichen Person ermöglichen, gesondert gespeichert werden. Ärzte dürfen die Patientendaten, die innerhalb ihrer Fachabteilung oder Hochschulen, innerhalb ihrer Klinik oder sonstigen medizinischen Einrichtung gespeichert sind, für eigene wissenschaftliche **Forschungsvorhaben** verarbeiten. Personenbezogene Daten dürfen nur aufgrund gezielter wissenschaftlicher Fragestellungen verarbeitet werden. Regelmäßig sind die personenbezogenen Daten nach Abschluss des Vorhabens zu löschen.

Daten aus der eigenen medizinischen Einrichtung dürfen für Forschungsvorhaben verwertet werden, aber nur mit ausdrücklichem Einverständnis oder nach Anonymisierung weitergegeben werden

6.1.5 Maßnahmen zur Gewährleistung des Datenschutzes

Auch in Kliniken und Praxen ist durch geeignete Maßnahmen zu gewährleisten, dass die Rechte der Patientinnen beachtet werden. Dies gilt sowohl für den innerbetrieblichen Bereich, als auch für Kontakte mit Personen oder Stellen außerhalb. Bei Bedarf sind unter Berücksichtigung der organisatorischen, technischen oder baulichen Gegebenheiten ergänzende **schriftliche Anweisungen** zu erteilen. Jeder Mitarbeiter ist aber für die Einhaltung des Datenschutzes in seinem Arbeitsbereich selbst verantwortlich.

Die Klinikleitung kann für einzelne Bereiche Mitarbeiter bestimmen, die sich dort vorrangig um den Datenschutz zu kümmern haben. Grundsätzlich sind alle personenbezogenen Daten unverzüglich zu löschen. Hierzu gehört auch die Vernichtung von Unterlagen, wenn deren weitere Verwendung nicht mehr zur ursprünglichen Aufgabenerfüllung benötigt wird (Erforderlichkeitsprinzip) und keine Aufbewahrungsvorschriften der Löschung entgegenstehen.

Bei Arbeiten am PC ist die **Zugriffsberechtigung** der Mitarbeiter je nach Aufgabengebiet festzulegen und strikt einzuhalten. Nur diejenigen Mitarbeiter dürfen Zugriff auf Daten erhalten, die mit der Erledigung der jeweiligen Aufgaben betraut sind. Der Zugriff ist auf das erforderliche Maß an Daten zu beschränken.

Diensträume und Aktenschränke, in denen sich Patienten- oder Mitarbeiterakten befinden, sind verschlossen zu halten, wenn sich im Raum kein verantwortlicher Mitarbeiter aufhält.

> **PRAXISTIPP !**   In Diensträumen ist darauf zu achten, dass bei Anwesenheit von Patientinnen
> - der Bildschirm so gestellt ist, dass darauf befindliche Daten nicht eingesehen werden können,
> - keine Druckstücke in den Druckerfächern enthalten sind,
> - auf den Schreibtischen befindliche Akten oder Unterlagen anderer Patientinnen nicht eingesehen werden können,
> - Aktenschränke geschlossen sind.

Telefax-Geräte sind in Räumen unterzubringen, die ausreichend gesichert sind. Während der Dienstzeiten sollten Fax-Sendungen nicht unbeobachtet ankommen und von Unbefugten entnommen oder eingesehen werden können. Nach Dienstschluss sind die Räume, in denen sich Telefax-Geräte befinden, abzuschließen. Die Schlüsselbefugnis ist auf wenige Mitarbeiter zu beschränken.

Eingehende Privatpost der Patientinnen ist unverzüglich auf die hierfür vorgesehenen Brieffächer zu verteilen. Sofern die Patientin die Klinik bereits verlassen hat, ist die Post an ihre Heimatanschrift nachzusenden. Sollte dies nicht möglich sein, ist sie an den Absender zurückzusenden.

Bei Aufbewahrung der kompletten Unterlagen im Verwaltungsbereich, z. B. der Patientenaufnahme, ist für einen sicheren Verschluss des medizinischen Teils bis zur Übernahme durch die Station in einem Umschlag zu sorgen.

Nicht abschließbare Visitenwagen mit Krankenunterlagen dürfen nicht unbeaufsichtigt auf den Gängen stehen.

Therapiepläne mit ärztlichen Verordnungen sind in die Behandlungsräume mitzunehmen. Sie dürfen vom Therapeuten nicht im Wartebereich zurückgelassen werden.

Auch im täglichen Umgang mit Patientenunterlagen, z. B. bei Visiten, ist strengstens darauf zu achten, dass ein Zugriff durch Unbefugte nicht möglich ist. Für Transporte durch den Botendienst sind verschließbare Behälter zu verwenden.

Gegen die Einrichtung **interner Verteilstellen** bestehen keine Bedenken. Dabei muss aber sichergestellt sein, dass nur Berechtigte wie oben dargestellt Zutritt haben. Mitteilungen und Unterlagen an oder über Patientinnen sind ausschließlich in verschlossenen Briefumschlägen zu versenden. Die Verwendung von Postkarten wie auch der kostengünstige Versand von Unterlagen als Drucksache in offenen Briefumschlägen ist unzulässig. Grundsätzlich dürfen medizinische Unterlagen nicht zusammen mit Abrechnungsbelegen und Belegen für die Finanzbuchhaltung verwahrt werden. Soweit für die Abrechnung von Kosten im Einzelfall medizinische Daten benötigt werden, sind diese auf das unbedingt erforderliche Maß zu beschränken.

Mit Hilfe von EDV-Anlagen erstellte **Klebeetiketten** können von den Kliniken und Praxen für den internen und externen Gebrauch genutzt werden. Bei der Wahl der Etiketten ist darauf zu achten, dass nicht mehr Daten angegeben sein sollten, als für den Verwendungszweck unbedingt erforderlich sind.

Papierabfälle mit personenbezogenen Daten müssen in datenschutzrechtlich unbedenklicher Weise entsorgt werden. Für derartige Abfälle sind in den Räumen besonders gekennzeichnete Behältnisse aufzustellen, die regelmäßig geleert werden. Die Abfälle sind in einer Schredderanlage zu zerkleinern. Das gilt entsprechend, soweit im Schriftverkehr für Durchschläge noch Kohlepapier verwendet wird. Diktatbänder sind vergleichsweise zu entsorgen.

Von **Telefonaten** in Patientenangelegenheiten ist im Beisein unbefugter Personen abzusehen.

Unterlagen mit personenbezogenen Daten von Patientinnen oder Mitarbeitern sind grundsätzlich nicht per Telefax weiterzugeben. Dies gilt insbesondere für medizinische Daten.

Sofern in Notfällen auf eine Übermittlung medizinischer Unterlagen per Telefax nicht verzichtet werden kann, ist sicherzustellen, dass beim Empfänger unbefugte Personen keine Möglichkeit haben, Einblick in die medizinischen Unterlagen zu nehmen. Hierfür wird empfohlen, sich vor Absendung des Telefax mit der empfangenden Stelle in Verbindung zu setzen, die sicherzustellen hat, dass ein zuständiger Mitarbeiter das Telefax sofort entgegen nimmt. Vor der Absendung sollte mit der anfordernden Stelle verabredet werden, dass der Empfang des Telefax umgehend telefonisch bestätigt wird. Sollen Telefaxgeräte aussortiert, weitergegeben oder verkauft werden, ist dafür Sorge zu tragen, dass die darauf befindlichen Daten zuvor gelöscht werden.

Befundübermittlung per Telefax problematisch: wer hat Zugang zum Fax-Empfangsgerät?

WICHTIG ! **Von der Übermittlung personenbezogener, insbesondere medizinischer Daten per E-Mail ist grundsätzlich abzusehen.**

Unter der Apparat-Nummer der Patientin darf die Klinik zu Beweiszwecken für die Richtigkeit der berechneten Entgelte die Gebühreneinheiten, das Datum und die Zielnummern, gekürzt um die letzten drei Ziffern, für höchstens sechs Monate speichern (§ 7 Abs. 3 der Telekommunikations-Datenschutzverordnung -TDSV - vom 18.12.2000).

Die Aussortierung und Vernichtung der Unterlagen unter Beachtung der **archivrechtlichen Vorgaben** einschließlich einer ausreichenden Dokumentation sind regelmäßig zu überwachen. Die für die Aufbewahrung von Patientenunterlagen vorgesehenen Räume sind stets geschlossen zu halten und ausschließlich für Archivzwecke zu nutzen. Die Aus- und Rückgabe der Schlüssel ist zu kontrollieren. Dieses gilt auch für Karteikästen, welche die personenbezogenen Daten der Patientinnen enthalten.

Für medizinische Unterlagen gelten folgende **Mindestaufbewahrungsfristen:**

- 10 Jahre für ärztliche Aufzeichnungen (§ 10 Abs. 3 Muster-Berufsordnung für die deutschen Ärztinnen und Ärzte -MBO),
- 10 Jahre für Röntgenaufnahmen und sonstige Aufzeichnungen über Röntgenuntersuchungen (§ 28 Abs. 4 Nr. 2 RöV).

Für alle sonstigen Unterlagen oder Listen mit personenbezogenen Daten, die sowohl in der Verwaltung als auch im medizinischen Bereich anfallen und nicht zu archivieren sind (z. B. Telefonabrechnungen für Patientinnen, Gepäcktransportlisten, Einsatzpläne des medizinischen Personals u.a.), ist von der Klinikleitung zu klären, wann diese Unterlagen zur Aufgabenerfüllung nicht mehr benötigt werden. Der Zeitpunkt der Löschung bzw. Vernichtung ist schriftlich festzulegen. Die Aufbewahrungsfristen sind nach Möglichkeit kurz zu bemessen.

6.2 Datenaustausch im Abrechnungsverkehr

Die Krankenkassen erhalten im Zuge des bisherigen Abrechnungsverkehrs mit den Leistungserbringern unzählige Unterlagen. Dabei handelt es sich um Krankenscheine, Überweisungsscheine, Arzneiverordnungsblätter, Krankenhausrechnungen, Heil- und Hilfsmittelabrechnungen.

Nur mit Hilfe der automatischen Datenverarbeitung ist die Erfassung und Auswertung dieser großen Datenmenge zu bewerkstelligen. Dabei spielt der Datenschutz eine besondere Rolle. Der Gesetzgeber hat dem Rechnung getragen (§ 35 SGB I, §§ 67 ff., SGB X, §§ 282-305 SGB V).

6.2.1 Datenerhebung und -erfassung durch Krankenkassen

Personenbezogene und personenbeziehbare Daten dürfen die Krankenkassen nur unter bestimmten **Voraussetzungen** erheben und erfassen, soweit diese erforderlich sind für

- die Feststellung des Versicherungsverhältnisses und der Mitgliedschaft,
- die Ausstellung des Kranken- oder Berechtigungsscheines oder der Krankenversichertenkarte,
- die Feststellung der Beitragspflicht und der Beiträge,

- die Prüfung der Leistungspflicht, die Gewährung von Leistungen an Versicherte,
- die Unterstützung der Versicherten bei Behandlungsfehlern,
- die Beteiligung des medizinischen Dienstes,
- die Abrechnung mit den Leistungserbringern,
- die Überwachung der Wirtschaftlichkeit der Leistungserbringung,
- die Abrechnung mit anderen Leistungsträgern.

Dies entspricht der Regelung des § 284 SGB V.

6.2.2 Datenerhebung und -erfassung durch kassenärztliche Vereinigungen

Die kassenärztlichen Vereinigungen dürfen über die persönlichen und sachlichen Verhältnisse der Ärzte Einzelangaben nur erheben und erfassen, soweit dies erforderlich ist (§§ 285 I SGB V) für:
- Führung des Arztregisters, Sicherstellung und Vergütung der vertragsärztlichen Versorgung einschließlich der Abrechnungsüberprüfung,
- Vergütung der ambulanten Krankenhausleistungen,
- Vergütung der belegärztlichen Leistungen,
- Durchführung von Wirtschaftlichkeitsprüfungen,
- Durchführung von Qualitätsprüfungen.

6.2.3 Pflichten der Kassen- und Vertragsärzte

Kassen- und Vertragsärzte sind dokumentationspflichtig. Diese **Dokumentationspflicht** besteht gemäß § 294 SGB V darin, dass sie die für die Erfüllung der Aufgaben den Krankenkassen in der kassenärztlichen Vereinigungen notwendigen Angaben, die aus der Erbringung, der Verordnung sowie der Abgabe von Versicherungsleistungen entstehen, aufzeichnen müssen und diese Daten den Krankenkassen und kassenärztlichen Vereinigungen oder der von diesen bezeichneten Datenzentralen mitteilen müssen.

Ärzte haben in den Abrechnungsunterlagen die von ihnen erbrachten Leistungen einschließlich des Behandlungstages und der Diagnose unter Verwendung des Diagnoseschlüssels aufzuzeichnen. Auf den Vordrucken für die vertragsärztliche Versorgung und in den Abrechnungsunterlagen sind die Arztnummer sowie die Krankenversichertennummer der Patientin anzugeben. Arbeitsunfähigkeitsbescheinigungen, die die Krankenkassen erhalten, müssen die Diagnose enthalten.

Krankenkassen haben kein Einsichtsrecht in die Behandlungsunterlagen

Dabei ist zu beachten, dass Krankenkassen keine Einsicht in die Behandlungsunterlagen nehmen dürfen, um etwa die Richtigkeit von Rechnungen zu kontrollieren (Urteil BSG vom 23.07.2002).

6.2.4 Umfang der Datenübermittlung durch kassenärztliche Vereinigungen und Krankenhäuser

Die Kassenärztlichen Vereinigungen übermitteln für die artbezogene **Prüfung nach Durchschnittswerten** den Krankenkassen quartalsweise folgende Daten:

- Arztnummer und Kassennummer,
- Anzahl der abgerechneten Behandlungsfälle, getrennt nach Mitgliedern, Rentnern sowie deren Angehörigen,
- Anzahl der Überweisungsfälle sowie Anzahl der Notarzt- und Vertreterfälle,
- durchschnittliche Anzahl der Fälle der vergleichbaren Fachgruppe,
- Häufigkeit der abgerechneten Gebührenpositionen unter Angabe des entsprechenden Fachgruppendurchschnitts.

Zur Datenübermittlung sind die Krankenhäuser verpflichtet (§ 111 SGB V, § 108 SGB V). Es sind folgende Angaben zu machen:

- Krankenversichertennummer,
- Tag und Grund der Aufnahme sowie die Aufnahmediagnose,
- bei ärztlicher Verordnung von Krankenhausbehandlung die Arztnummer des einweisenden Arztes,
- Tag und Grund der Entlassung oder Verlegung sowie die Entlassungsdiagnose,
- die nach der Bundespflegesatzverordnung berechneten Entgelte.

Für die anzugebenden Diagnosen ist ein Diagnoseschlüssel zu verwenden.

6.2.5 Pflicht zur Datenlöschung

Die Krankenkassen müssen die Daten über Leistungsvoraussetzungen spätestens nach zehn Jahren löschen. Die Daten für die Erprobung von Beitragsrückzahlungen und die Daten der kassenärztlichen Vereinigungen zur Errechnung der Gesamtvergütung sind spätestens nach zwei Jahren zu löschen.

6.3 Auskunftspflichten

Die soziale Sicherung ist geprägt von einer Offenbarungspflicht desjenigen, der Leistungen der sozialen Sicherungssysteme in Anspruch nimmt. Hiermit einher geht deshalb eine gesetzliche Auskunftspflicht des Arztes oder des Angehörigen eines anderen Heilberufes gegenüber den Trägern der Sozialversicherungssysteme.

In den gesetzlich vorgesehenen Offenbarungspflichten wie etwa § 33 I S. 1 BDSG oder § 3 ASiG ist eine zusätzliche Einwilligung der Patientin nicht erforderlich.

In allen Fällen, in denen eine Offenbarungspflicht nicht gesetzlich vorgesehen ist, wobei Gesetz im formellen Sinn gemeint ist, weshalb Verordnungen oder Satzungen ausscheiden, ist die schriftliche Einwilligungserklärung der Patientin für jeden Einzelfall erforderlich (BSG MedR 1986, 221).

6.4 Praxisübernahme

Bis 1991 konnte man davon ausgehen, dass eine Patientin in die Weitergabe ihrer Daten an einen Praxisübernehmer einwilligt. In einer grundlegenden Entscheidung hat der Bundesgerichtshof hier eine Kehrtwendung vorgenommen (BGH NJW 1991, 2955).

6.4.1 Veräußerung von Patientendaten

Eine Bestimmung in einem Vertrag über die Veräußerung einer Arztpraxis, die den Veräußerer auch ohne Einwilligung der betroffenen Patientinnen verpflichtet, die Patienten- und Beratungskartei zu übergeben, verletzt das Selbstbestimmungsrecht der Patientinnen und die ärztliche Schweigepflicht; sie ist wegen Verstoßes gegen ein gesetzliches Verbot nichtig. Deshalb ist die **Zustimmung der Patientin** zur Weitergabe ihrer Daten im Rahmen eines Praxisverkaufs in eindeutiger und unmissverständlicher Weise einzuholen. Allein zu Beweiszwecken empfiehlt sich hier die Schriftform. Eine **stillschweigende Zustimmung** der Patientin ist dann anzunehmen, wenn sie sich dem Übernehmer der Praxis zur ärztlichen Behandlung anvertraut.

Wurde die Patientenkartei mittels EDV archiviert, muss der alte Datenbestand gesperrt und mit einem Passwort versehen werden. Das Passwort für den Zugriff darf vom Übernehmer nur unter den gleichen Bedingungen wie bei einer Patientenkartei verwendet werden. Die Software muss geeignete Einrichtungen enthalten, damit Zeit und Gegenstand des Zugriffs dokumentiert werden können.

Wenn ein Gynäkologe seine Praxis aufgibt, ohne sie einem Nachfolger zu übertragen, ist er für die ordnungsgemäße Verwahrung der Krankenunterlagen verantwortlich.

> Bei einer Praxisübernahme darf nicht grundsätzlich vom Einverständnis der Patientin zur Übergabe der Kartei ausgegangen werden

6.4.2 Veräußerung von Honorarforderungen

Entsprechendes gilt beim Factoring. Hier verkauft der Gynäkologe seine der Patientin gegenüber bestehende Honorarforderung an einen Dritten. Dieser zieht die Forderung im eigenen Namen und auf eigenes Risiko ein. Dazu ist es wiederum erforderlich, dem Erwerber der Forderung die Patientenunterlagen samt Spezifizierungen und Diagnosen zu überlassen. Dies ist jedoch ohne ausdrückliche Einwilligung der Patientin unzulässig (BGH MedR 1992, 330).

6.5   Rechtsfolgen bei Verstößen

6.5.1   Sanktionen nach dem Bundesdatenschutzgesetz

Die strafrechtlichen Sanktionen ergeben sich aus dem Bundesdatenschutzgesetz selbst.   Wer danach unbefugt vom Gesetz geschützte personenbezogene Daten, die nicht offenkundig sind, speichert, verändert oder übermittelt, wird mit Freiheitsstrafe bis zu einem Jahr oder Geldstrafe bestraft. Eine Ordnungswidrigkeit begeht, wer vorsätzlich oder fahrlässig gegen enummerativ, d. h. abschließend, aufgeführte Pflichten des Gesetzes wie etwa die Meldepflicht verstößt. Es kann ein Bußgeld bis zu 25.000 € festgesetzt werden.

6.5.2   Sanktionen nach dem SGB X

Datenschutzverletzungen können für den Betroffenen nachhaltige Folgen im privaten und beruflichen Bereich verursachen. Bei Datenschutzverletzungen kann das Handeln des Verursachers als Ordnungswidrigkeit oder bei Vorsatz sogar als Straftat gewertet werden (§§ 85, 85a SGB X); Schadensersatzforderungen sind nicht auszuschließen.

6.5.3   Zivilrechtliche Folgen

Die zivilrechtlichen Folgen wie Schadensersatz und Schmerzensgeld entsprechen den Folgen, wie sie eine Verletzung der ärztlichen Schweigepflicht auslöst. Insoweit sind auf die vorstehenden Ausführungen zu 5.6 zu verweisen.

7 Die unzufriedene Patientin

7.1 Der Behandlungsfehler

Auch bei größter Sorgfalt und Umsicht kann dem Gynäkologen wie jedem anderen Menschen auch, ein Fehler unterlaufen. Wenn die Patientin hier deshalb Ansprüche anmeldet, ist es für den Gynäkologen wichtig, die dann anstehenden Voraussetzungen und Abläufe zu kennen. Nur so kann er richtig reagieren und vermeidet im Vorfeld Fehler, die nicht selten irreparabel sind.

7.1.1 Haftungsgrundlagen und -voraussetzungen

Die Patientin kann Ansprüche gegenüber dem Gynäkologen und Krankenhausträger aus dem **Arztvertrag** und aus dem Recht der unerlaubten Handlungen geltend machen. Mittlerweile führen beide Ansprüche dazu, dass Schadensersatz und Schmerzensgeld gezahlt werden müssen.

Voraussetzung für einen derartigen Anspruch ist ein **Verschulden** auf Seiten des Gynäkologen. Es gilt das Verschuldensprinzip. Es muss eine objektive Sorgfaltspflichtverletzung und eine hierdurch verursachte Schädigung an Körper und Gesundheit der

---

Rechtsfolgen ärztlicher Fehler

Zivilrechtliche Haftung	Strafrechtliche Verfolgung	Berufsrechtliche Folgen
⇒ auf Schadensersatz u. Schmerzensgeld	⇒ z.B. wegen fahrlässiger Körperverletzung, fahrlässiger Tötung, Abrechnungsbetrug	
⇒ Voraussetzungen: • Behandlungsfehler (= obj. Sorgfaltspflichtverletzung) • dadurch verursachte Schädigung • Verschulden des Arztes	⇒ Staatsanwaltschaft ermittelt, wenn tatsächliche Anhaltspunkte f. Straftat vorliegen ⇒ Amtsgericht kann Durchsuchung der Praxis u. Beschlagnahme v. Krankenunterlagen anordnen	
⇒ Haftung auch für Fehlverhalten v. Hilfspersonen!	⇒ frühzeitig Rechtsanwalt beauftragen!	

Übersicht 7.1: Rechtsfolgen ärztlicher Fehler

Patientin vorliegen. Dabei müssen Gynäkologe und Krankenhaus für das Verhalten von Hilfspersonen einstehen. Dies wird ihnen zugerechnet.

7.1.2 Grober Behandlungsfehler

Die einen Schadensersatz- und Schmerzensgeldanspruch verfolgende Patientin trifft die Beweislast dafür, dass die ärztliche Behandlung fehlerhaft war und dadurch ein Schaden entstanden ist. Wenn ein **grober Behandlungsfehler** festgestellt wird, führt dieses zu Beweiserleichterungen für den Ursächlichkeitsnachweis bis zur Kausalitätsvermutung. Diese Umkehr der Beweislast hat hohe praktische Relevanz.

Ein grober Behandlungsfehler liegt bei einem Fehlverhalten vor, das nicht aus subjektiven, in der Person des handelnden Gynäkologen liegenden Gründen, sondern aus objektiver ärztlicher Sicht nicht mehr verständlich erscheint, weil ein solcher Fehler dem behandelnden Gynäkologen schlechterdings nicht unterlaufen darf (BGH NJW 1967, 1508).

Ein subjektiver, in der Person des handelnden Gynäkologen liegender Grund ist dann gegeben, wenn dieser in Folge unerkannter Erkrankungen nicht in der Lage ist, den begonnenen Eingriff sachgerecht zu Ende zu führen.

Es kommt daher darauf an, ob das ärztliche Verhalten eindeutig gegen gesicherte und bewährte medizinische Erkenntnisse und Erfahrungen verstößt. Eine grobe Fahrlässigkeit wird nicht vorausgesetzt. Diese wird angenommen, wenn ganz naheliegende Überlegungen nicht angestellt werden und das nicht beachtet wird, was im gegebenen Fall jedem einleuchten musste (BGH NJW 1992, 3236). Die Feststellung, ob ein grober Behandlungsfehler vorliegt, ist eine **juristische Entscheidung**. Der in einem Rechtsstreit regelmäßig hinzugezogene medizinische Sachverständige braucht eine derartige Qualifizierung nicht vorzunehmen. Die juristische Wertung hat **nicht der Sachverständige**, sondern das Gericht vorzunehmen (BGH NJW 2000, 2737).

Praktisch ist es jedoch so, dass der Sachverständige diese Frage in seinem Gutachten entscheidet. Die tatrichterliche Feststellung eines groben Behandlungsfehlers bedarf einer **ausreichenden Grundlage** in den medizinischen Darlegungen des Sachverständigen (BGH MedR 2003, 169 ff.).

Aus dessen fachlichen Ausführungen muss sich ein schlechterdings unverständliches Fehlverhalten des Gynäkologen ergeben (BGH NJW 2001, 2792/2794).

Ob ein grober Behandlungsfehler vorliegt oder nicht, richtet sich nach den tatsächlichen Umständen des Einzelfalles. Die Gesamtwürdigung der Umstände muss ergeben, dass nicht schon ein Versagen vorliegt, das bei einem hinreichend befähigten und allgemein verantwortungsbewussten Gynäkologen zwar als schuldhaftes Verhalten einzuordnen wäre, aber eben doch passieren kann. Vielmehr muss ein **Fehlverhalten** vorliegen, das zwar nicht notwendig aus subjektiven, in der Person des Gynäkologen liegenden Gründen, aber aus objektiver ärztlicher Sicht bei Anlegung des für einen Gynäkologen geltenden Ausbildungs- und Wissensmaßstabes nicht mehr verständlich und verantwortbar erscheint.

Hiervon ist auszugehen, wenn auf eindeutige Befunde nicht reagiert wird. Werden grundlos Standardmethoden zur Bekämpfung möglicher, bekannter Risiken nicht angewandt oder fehlen besondere Umstände, die den Vorwurf des Behandlungsfehlers mildern können, ist von einem groben Behandlungsfehler auszugehen.

> **Beispiel:**
> Treten nach eine Kaiserschnittoperation Sepsissymptome auf, hat der Gynäkologe dem mit den dabei üblichen Befunderhebungen nachzugehen. Er darf durch ungezielte Medikation das Krankheitsbild nicht verschleiern (BGH NJW 1988, 1513).

Ein grober Behandlungsfehler liegt ferner vor, wenn vorhandene medizinische Geräte für die Therapie nicht eingesetzt werden. Entsprechendes gilt für die **Nichteinhaltung aseptischer Vorkehrungen**. Elementare Behandlungsregeln werden verletzt, wenn der Gynäkologe vor einer Injektion seine Hände nicht ausreichend desinfiziert. Es stellt ebenfalls einen groben Behandlungsfehler dar, wenn eine medikamentöse Therapie nicht beendet wird, obwohl vom Hersteller bezeichnete **Nebenwirkungen** auftreten, die der behandelnde Gynäkologe hätte erkennen können und müssen.

Tritt bei einer Patientin nach der Operation eine Atemstörung auf, so ist der Vorwurf eines groben Behandlungsfehlers begründet, wenn der zuständige Anästhesist die Patientin verlässt, bevor die Atemstörung behoben oder die Verantwortung von einem ebenso kompetenten Gynäkologen übernommen worden ist.

Ein **Diagnoseirrtum** im Sinne einer Fehlinterpretation erhobener Befunde ist dann ein grober Behandlungsfehler, wenn es sich um ein fundamentales Missverständnis handelt. Entsprechendes gilt, wenn der Gynäkologe in erheblichem Ausmaß Diagnose- und Kontrollbefunde zum Behandlungsgeschehen nicht erhebt oder einfache und selbstverständlich gebotene differential-diagnostische Überlegungen und Untersuchungen unterlässt.

> **Beispiele:**
> Erleidet eine Patientin einen Kreislaufkollaps, ist den Ursachen der Verschlechterung des Gesundheitszustandes durch entsprechende Erhebung

> von Kontrollbefunden wie Bestimmung des Blutdrucks, des Venendrucks, der Elektrolyte nachzugehen. Unterbleibt dies, ist von einem groben Behandlungsfehler auszugehen (BGH NJW 1983, 333 f.).
>
> Dies ist auch der Fall, wenn trotz Verdachts auf vorzeitigen Blasensprung kein Lackmustest und keine Spekulumuntersuchung vorgenommen werden (OLG Stuttgart VersR 2000, 362).
>
> Unterbleibt vor dem Einlegen eines Cerclagepessars ein Scheidenabstrich sowie die Untersuchung auf Keime, liegt ein Behandlungsfehler vor (OLG Braunschweig VersR 2000, 454).

Die Beweiserleichterungen greifen, wenn der Behandlungsfehler generell geeignet war, einen Gesundheitsschaden herbeizuführen, wie er tatsächlich bei der Patientin eingetreten ist (BGH NJW 1986, 1540).

Die Rechtsprechung kommt insoweit der grundsätzlich beweisbelasteten Patientin entgegen. Danach ist nach der jeweiligen Sachlage zu prüfen, ob der Patientin die Beweislast für einen schadensursächlichen Fehler nicht oder nicht voll zugemutet werden soll. Für die Frage, ob und inwieweit etwa ein grober Behandlungsfehler eine Beweiserleichterung rechtfertigt, ist die Intensität der Möglichkeit zu prüfen, dass der Fehler zum Misserfolg beigetragen hat.

Beweiserleichterungen für die Patientin bei Verdacht auf Behandlungsfehler

Die Beweiserleichterungen kommen nicht in Betracht, wenn aufgrund besonderer Umstände des Einzelfalles der Kausalzusammenhang äußerst unwahrscheinlich ist. Ferner erfassen sie nicht die von der Patientin geltend gemachten **Vermögensnachteile**. Hier trifft die Patientin die volle Beweislast für den angeblich entstandenen Schaden wie Haushaltsführungskosten, Fahrtkosten etc..

Wenn eine Patientin bei einer Anfängeroperation Gesundheitsschäden erleidet, trifft die Beweislast dafür, dass dies nicht auf der mangelnden Qualifikation des Operateurs beruht, den Krankenhausträger und die für die Einteilung zur Operation verantwortlichen Ärzte (BGH NJW 1985, 2193).

7.2 Übernahmeverschulden

Wenn der Gynäkologe an die Grenzen seiner eigenen Möglichkeiten gelangt, muss er einen Konsiliarius beiziehen. Gegebenenfalls ist die Patientin an einen Spezialisten zu überweisen oder in ein Krankenhaus einzuweisen. Daher hat jeder Gynäkologe bei Übernahme einer Behandlung zu prüfen, ob er die notwendigen praktischen und theoretischen Fähigkeiten und Kenntnisse besitzt, die Behandlung oder den Eingriff entsprechend dem jeweiligen Standard durchzuführen. Begibt sich ein Gynäkologe auf ein für ihn **fremdes Fachgebiet**, muss er dessen Standard garantieren (BGH VersR 1982, 146). Bei der Schönheitschirurgie ist der Standard eines plastischen Chirurgen aufzuweisen. Ein Übernahmeverschulden kann auch dann vorliegen, wenn in der ärztlichen Praxis oder im Krankenhaus die sachlichen und räumlichen Verhältnisse nicht vorhanden sind, bestimmte Behandlungen oder Eingriffe durchzuführen. Dieses gilt bei unzulänglicher apparativer Ausstattung oder mangelnder Erfahrung ebenso wie bei fehlenden Spezialkenntnissen.

Ein **Übernahmeverschulden** liegt immer dann vor, wenn der Zustand des Gynäkologen den objektiven Standard medizinischer Versorgung nicht mehr gewährleistet. Krankheit, Sucht, Müdigkeit, Altersschwäche oder körperliche Gebrechen können dem Gynäkologen die notwendige Kompetenz fehlen lassen, so dass die Therapie nicht zuverlässig durchgeführt werden kann. Auch in diesen Fällen ist von einem Übernahmeverschulden auszugehen, wenn die Behandlung gleichwohl übernommen wird.

Sagt der **Chefarzt** eines Krankenhauses als Wahlleistung eine persönliche Behandlung der Patientin zu, obwohl er weiß, dass er zu dem Zeitpunkt der Vornahme verhindert ist, liegt ebenfalls ein Übernahmeverschulden vor.

7.3 Organisationsverschulden

7.3.1 Organisationspflichten

Immer größere Bedeutung gewinnen organisatorische Sorgfaltspflichten des Arztes und des Krankenhausträgers. Die Planung, Koordination und Kontrolle der klinischen Abläufe erfordern Umsicht und Einsatz.

Die Organisationspflichten sind nahezu unüberschaubar. Hier ist die persönliche Verantwortung der Betriebsführung eines Krankenhauses durch die **Betriebssicherheitsverordnung**, die am 03.10.2002 in Kraft trat, erheblich erweitert worden. Die Kenntnis, Erledigung und Dokumentation der umfangreichen zusätzlichen Pflichten und Aufgaben werden zu einer existenziellen Frage für die Betriebsleitung. Der verantwortliche Leiter eines Krankenhauses kann wegen nicht durchgeführter Prüfungen von Arbeitsmitteln persönlich belangt werden. Dabei wird er nicht exkulpiert, wenn er die regelmäßige Überprüfung der Arbeitsmittel delegiert hat. Er hat durch geeignete Organisation sicherzustellen und sich davon persönlich zu überzeugen, dass in seinem Zuständigkeitsbereich nicht gegen geltendes Recht verstoßen wird. In dieser Betriebssicherheitsverordnung sind **frühere Verordnungen aufgegangen:**

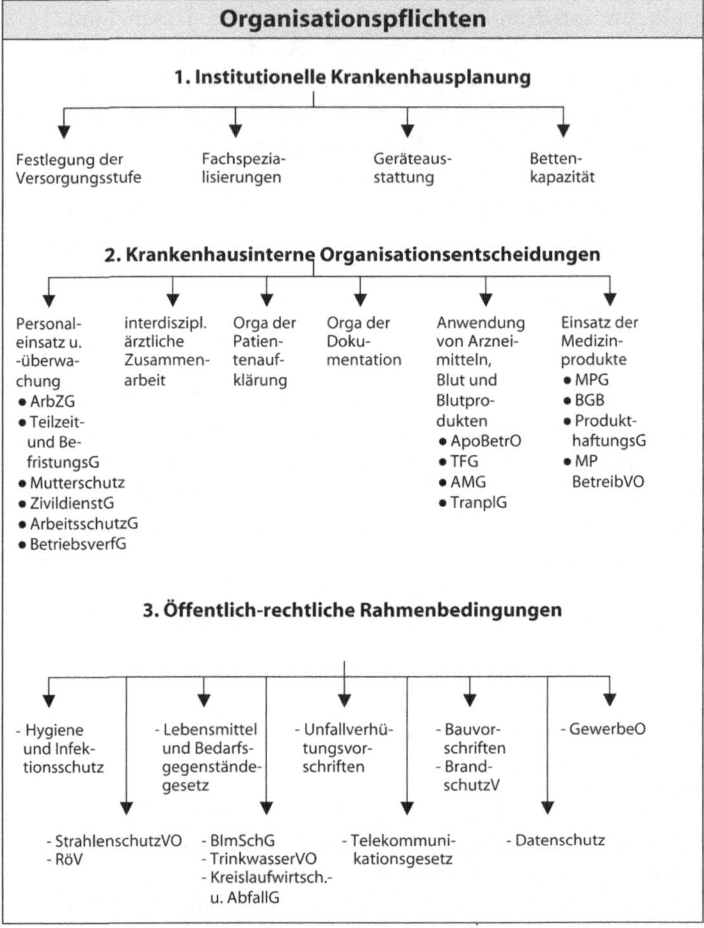

Übersicht 7.2: Organisationspflichten

- Acetylenverordnung,
- Aufzugsverordnung,
- Dampfkesselverordnung,
- Druckbehälterverordnung,
- Getränkeschankanlagenverordnung,
- Verordnung über brennbare Flüssigkeiten,
- Verordnung über elektrische Anlagen in explosionsgefährdeten Bereichen,
- Verordnung über Gashochdruckleitungen.

Daneben gelten **andere wichtige Bestimmungen** wie beispielsweise:

- Vorschriften zum Umwelt- und Gewässerschutz,
- Bestimmungen zum Arbeits- und Gesundheitsschutz,

- Regelungen zum Unfall-, Brand-, Katastrophen-, Infektionsschutzgesetz,
- Regelungen zum Strahlenschutz,
- Regelung zum Datenschutz,
- Medizinproduktgesetz,
- Arzneimittelgesetz,
- Regelungen zum Bio- und Gefahrstoffschutz.

Diese nur beispielhaft aufgezählten Organisationspflichten erheben (notwendigerweise) keinen Anspruch auf Vollständigkeit. Sie zeigen jedoch, dass hier eine nicht überschaubare Quelle sowohl für zivil- als auch strafrechtliche Inanspruchnahme der Verantwortlichen besteht.

Auch für den **Praxisablauf** eines niedergelassenen Gynäkologen gelten entsprechende Regelungen. Mangelnde Qualifikation und unzureichende Kommunikation sowie Koordination stellen Gefahren dar. Sie können einerseits für die Patientin schädlich sein und andererseits den Gynäkologen mit einer zivilrechtlichen Inanspruchnahme oder strafrechtlicher Ermittlung überziehen.

Von großer praktischer Bedeutung im Alltag sind die **Organisations-, Aufsichts- und Überwachungspflichten**, die wegen ihres Umfangs nur beispielhaft behandelt werden können:

- Einrichtungen und Apparate müssen in Ordnung und funktionstüchtig gehalten werden,
- Wege und Zugänge, Betten und Möbel, sanitäre Einrichtungen usw. sind regelmäßig zu überprüfen und wenn notwendig zu warten,
- Stühle, Tragen, Untersuchungsliegen sind regelmäßig auf ihre generellen mechanischen Eigenschaften (Kipp- und Rutschgefahr) zu überprüfen,
- regelmäßige Überprüfung der Apparate, mit denen die Patientin in Berührung kommt (Röntgen- und Narkosegeräte),
- Geräte dürfen nicht dem Zugriff ungefugter Personen unterliegen,
- Vermeidung von Transportschäden,
- verkehrssicherer Zugang zu Behandlungs- und Untersuchungsräumen.

7.3.2 Pflichtverletzung und Organisationsverschulden

Von einem haftungsbegründenden Organisationsverschulden ist auszugehen, wenn der zu fordernde Standard auch bei ärztlicher Unterversorgung nicht durch klare Anweisungen an die Gynäkologen gewährleistet ist (BGH NJW 1985, 2189).

Unterläuft einem **Assistenzarzt**, der noch nicht ausreichend qualifiziert und mit der selbständigen Durchführung einer Opera-

Die ärztliche Behandlung wird am Facharztstandard gemessen

tion beauftragt worden ist, ein Behandlungsfehler, löst dieser bei einer Gesundheitsschädigung der Patientin Schadensersatz- und Schmerzensgeldansprüche aus (BGH NJW 1998, 2736).

Es muss gewährleistet sein, dass für alle Abschnitte des diagnostischen und therapeutischen Verfahrens ein qualifizierter Gynäkologe zur Verfügung steht, der das Gebotene veranlassen und dessen Durchführung überwachen kann.

Ferner sind die Patientinnen vor einer **Selbstschädigung** zu schützen. Bei bestehendem konkreten Verdacht auf Suizidgefahr sind entsprechende Überwachungs- und Sicherungsmaßnahmen erforderlich (BGH NJW 1986, 775).

Wird eine Patientin bei einer ambulanten Behandlung so stark sediert, dass ihre Tauglichkeit für den Straßenverkehr für einen längeren Zeitraum erheblich eingeschränkt ist, begründet dies für den behandelnden Gynäkologen die Verpflichtung, durch geeignete Maßnahmen sicherzustellen, dass sich die Patientin nach der durchgeführten Behandlung nicht unbemerkt entfernt und einen Unfall verursacht (BGH NJW 2003, 2309).

Verstöße gegen die zum Schutz der Patientin bestehenden organisatorischen Pflichten sind Behandlungsfehler (BGH NJW 1994, 1594).

> **Beispiel:**
> Die Gebrauchsfähigkeit von Desinfektionsmitteln muss gewährleistet sein. Dass zur Krankenhausbehandlung bestimmte Chemikalien zufällig mit anderen, sie zersetzenden Stoffen vermischt werden, darf nicht vorkommen. Durch geeignete organisatorische Maßnahmen muss dem vorgebeugt werden (BGH NJW 1978, 1683). In diesem Fall war es bei einer Patientin, die mittels Sectio caesarea entbunden worden war, zu starken Rötungen und Blasenbildungen auf der Haut gekommen. Diese waren auf Verunreinigungen des zur Desinfektion verwanden Alkohols zurückzuführen.
>
> In diesem Fall war die Verunreinigung nur deshalb erfolgt, weil beim Umfüllen des aus der Klinikapotheke bezogenen Alkohols in die im Operationssaal verwendeten kleineren Gefäße, die durchweg nie gereinigt wurden, ein Gefäß gewählt wurde, in dem sich Reste einer anderen Chemikalie, vermutlich eines Oxidationsmittels wie Wasserstoffsuperoxid, befanden.
>
> Die Funktionstüchtigkeit der medizinischen Geräte und deren sachgerechte Handhabung muss gesichert sein. Durch geeignete Maßnahmen wie Unterweisungen ist die richtige Handhabung sicherzustellen.

Für die **Einhaltung der Aufklärungspflicht** muss durch Richtlinien, Anleitungen und Kontrollen gesorgt werden. Dabei sind die Richtlinien zur Aufklärung der Krankenhauspatientin über vorgesehene ärztliche Maßnahmen der deutschen Krankenhausgesellschaft hilfreich:

1. Der ärztliche Leiter ist dem Krankenhausträger gegenüber ver-

Richtlinien zur Aufklärung der deutschen Krankenhausgesellschaft

antwortlich, dass in Zusammenarbeit mit den leitenden Gynäkologen des Krankenhauses sichergestellt wird, dass alle im Krankenhaus tätigen Gynäkologen über die im Zusammenhang mit der Aufklärung auferlegten Pflichten bzgl. dieser Richtlinien unterrichtet sind.

Der ärztliche Leiter hat zusammen mit den leitenden Gynäkologen der Krankenhausabteilung (Chefärzte und Belegärzte) festzulegen, in welcher Abteilung die Aufklärung über Untersuchungs- und Behandlungsmaßnahmen durchzuführen ist, wenn sich eine Patientin gleichzeitig oder nacheinander in der Behandlung mehrerer Abteilungen befindet, sofern nicht ohnehin in jedem Fach eine Aufklärung erfolgen muss.

2. Jeder leitende Abteilungsarzt hat für seine Abteilung die ordnungsgemäße Durchführung der Aufklärung sicherzustellen, insbesondere festzulegen, welcher Gynäkologe die Aufklärung durchzuführen hat. Dabei ist darauf zu achten, dass auch vor einzelnen mit zusätzlichen Gefahren verbundenen Eingriffen eine Aufklärung zu erfolgen hat, wenn sie nicht bereits Gegenstand eines früheren Aufklärungsgesprächs gewesen sind; dies gilt auch für diagnostische Eingriffe.

3. Unabhängig von den Ziffern 2 und 3 hat sich jeder Gynäkologe, der nicht selbst aufklärt, davon zu überzeugen, dass eine ordnungsgemäße Aufklärung stattgefunden hat.

4. Der leitende Abteilungsarzt hat sicherzustellen, dass die Tatsache der Aufklärung und der wesentliche Inhalt des Aufklärungsgespräches ordnungsgemäß dokumentiert sind. Die Aufklärung muss in der Krankengeschichte vermerkt werden.

WICHTIG! Die Patientin soll in einer Einwilligungserklärung durch Unterschrift die erfolgte Aufklärung, einen eventuellen Aufklärungsverzicht und den wesentlichen Inhalt der Aufklärung bestätigen. In dem Nachweis sind zusammenfassend der Zeitpunkt und alle wesentlichen Punkte des Aufklärungsgesprächs zu verzeichnen.

7.4 Zivilrechtliche Haftung

7.4.1 Einzelne Haftungsfälle

Beispiele:

In einer apparativ nicht optimal ausgestatteten Klinik muss der Spezialist bei einer Risikopatientin die Ultraschalluntersuchungen in der Fehlbildungsdiagnostik selbst vornehmen. Es genügt nicht, wenn eine Assistenzärztin mit hinreichender Berufserfahrung die Untersuchungen durchführt (LG Köln MedR 1999, 323).

Delegation diagnostischer Maßnahmen

Das Gericht verlangte in dieser Entscheidung, dass der Abteilungsarzt entweder die Patientin selbst hätte untersuchen oder sie an ein besser ausgestattetes Zentrum überweisen müssen. Die Assistenzärztin, die selbstständig die Untersuchung durchführte, verfügte nach zweijähriger Tätigkeit zwar über einschlägige Erfahrungen. Deshalb wurde ihr auch nicht der Anfängerstatus zum Vorwurf gemacht. Das Gericht verlangte jedoch ausdrücklich, dass die Assistenzärztin diesen speziellen Problemfall nicht selbständig hätte untersuchen dürfen.

Nach einer Reoperation zur Beseitigung von Verwachsungen mit Appendektomie ist immer differenzialdiagnostisch an eine Ureterläsion zu denken und deshalb ein Pyelogramm sowie eine Ultraschalluntersuchung zu veranlassen (OLG Oldenburg VersR 1989, 481).

Diagnostik bei Komplikationen

Nach einem laparoskopischen Eingriff sind regelmäßig Blutdruck und Herzfrequenz einer Patientin zu kontrollieren, um eine eventuelle Gefäßverletzung frühzeitig diagnostizieren zu können. Dabei obliegt die postoperative Überwachung nach einer ambulanten Laparoskopie sowohl dem chirurgisch tätigen Gynäkologen als auch dem für die Narkose zuständigen Anästhesisten. Die Patientin erlitt nach einem erheblichen Blutverlust und darauf beruhenden Herzstillständen eine hypoxische Hirnschädigung, welche die feinmotorischen Fähigkeiten beeinträchtigte und darüber hinaus erhebliche kognitive Störungen verursachte. Es wurde ein Schmerzensgeld in Höhe von 100.000,00 DM zugesprochen (OLG Düsseldorf VersR 2002, 1151 ff.).

Wird eine Rektum-Scheiden-Fistel und eine Entzündung in der Scheide schuldhaft mangels gebotener Befunderhebung nicht erkannt, so dass sich die Sanierung der Vagina um zwei Monate verzögert, steht der Patientin ein Schmerzensgeld zu (OLG Stuttgart VersR 1990, 1400).

Sprechen klinische Verdachtsanzeichen für die Diagnose Karzinom, während die Mammographie diesen Verdacht nicht bestätigt, hat der Gynäkologe die Patientin auf die Möglichkeit einer Biopsie hinzuweisen (OLG München NJW 1995, 2 422).

Interpretation von Befunden und notwendige Konsequenzen

Ebenso haftet ein Gynäkologe nach positivem HIV-Screening-Test und positiver weiterer Untersuchung der selben Blutprobe, wenn er nach negativem zweiten Test die Patientin beruhigt, dass der erste positive Befund falsch gewesen sei (OLG Nürnberg VersR 1999, 1545).

Ein Gynäkologe, der keinen Scheidenabstrich und keine Untersuchung auf Keime vor Einlegen eines Cerclagepessars vornahm, wurde zu Schadensersatz und Schmerzensgeld verurteilt (OLG Braunschweig VersR 2000, 454).

Sterilisation

Unter den gängigen Sterilisationsmethoden darf der Gynäkologe nur diejenige auswählen, die er am Besten beherrscht (OLG Düsseldorf VersR 1992, 751).

Die laparoskopische Sterilisation mittels Elektrokoagulation und Eileiterdurchtrennung ist hinsichtlich des Versagerrisikos unsicherer als diejenige mittels Laparatomie. Es ist nicht fehlerhaft, wenn bei einer laparoskopischen Sterilisation keine Teile des Eileiters zu histologischen Zwecken entnommen werden und wenn eine Nachuntersuchung mittels Hysterosalpingographie oder laparoskopischer Kontrolle unterbleibt (OLG Frankfurt VersR 1989, 291).

Es ist nicht fehlerhaft, wenn nach einer Tubensterilisation durch laparoskopische Elektrokoagulation nicht im Wege einer Kontrastmittelkontrolle festgestellt wird, ob die Eileiter noch durchlässig sind (OLG Hamm VersR 1989, 1298).

Bei vorwerfbar misslungener Sterilisation kommen Ersatzansprüche für die Unterhaltsbelastung der Eltern in Betracht, wenn der Behandlungsvertrag auf diesen Vermögensschutz mit angelegt war (BGH NJW 2000, 1782). Entscheidend ist dabei, dass die Patientin deutlich zum Ausdruck bringt, sich vor den Unterhaltsaufwendungen, die durch die Geburt des Kindes entstehen, bewahren zu wollen.

Das Nichterkennen einer Schwangerschaft ist einem Gynäkologen nicht als Behandlungsfehler vorzuwerfen, wenn seine minderjährige Patientin ihn nur wegen anderer Beschwerden aufsucht und dabei weder von dem Ausbleiben der Regelblutung noch von der Aufnahme sexueller Aktivitäten berichtet (OLG Düsseldorf NJW 1995, 1620).

> Nicht erkannte Schwangerschaft

Zur vollständigen Krankenhausbehandlung wird gemäß § 115 a SGB V die **vor- und nachstationäre Behandlung** durch das Krankenhaus ebenso wie das ambulante Operieren im Krankenhaus zugelassen.

Sogenannte Institutsambulanzen sind in diesen Fällen allein einstandspflichtig. Wenn in diesem Rahmen Wahlleistungen vereinbart werden, entsteht in diesem Umfang die Haftungsmöglichkeit des liquidationsberechtigten Gynäkologen.

Der Kreis der möglicherweise in Anspruch zu nehmenden Beteiligten ist groß. Der **Behandlungsträger,** der die diagnostische oder therapeutische Aufgabe übernimmt, hat die vertragliche Einstandspflicht. Dies können der niedergelassene Gynäkologe, der Chefarzt für seine Privatpraxis und Krankenhausambulanz, der Krankenhausträger und der selbstliquidierende Krankenhausarzt für die stationäre sowie die vor- und nachstationäre Behandlung, der Krankenhausträger für das ambulante Operieren sein.

Nimmt der behandelnde Gynäkologe einen Konsiliarkollegen in Anspruch, hat er für diesen einzustehen. Wird die Patientin jedoch an das andere Fach überwiesen, besteht keine Haftung für dort verursachte Schäden. Wenn der behandelnde Gynäkologe im ausdrücklichen Einverständnis der Patientin einen Konsiliarkollegen hinzuzieht, entsteht ein weiterer Arztvertrag (BGH NJW 1999, 2731).

> Der Arzt haftet für seine Leistungen, aber auch für Konsiliarkollegen, solange kein neuer Arztvertrag entsteht.

Träger einer Universitätsklinik ist grundsätzlich die Universität und nicht das Land. Im Rahmen gespaltener Vertragsverhältnisse haftet der Krankenhausträger nicht für Fehler des selbstliquidierenden Gynäkologen, die diesem bei persönlich geschuldeter Behandlung unterlaufen (BGH NJW 2000, 2737).

Da der Krankenhausträger grundsätzlich die ärztliche und nichtärztliche Assistenz zu stellen hat, auf die der selbstliquidierende Gynäkologe zurückgreift, trifft den Krankenhausträger auch insoweit eine Haftpflicht. Den **Krankenhausträger** trifft eine Haftpflicht aufgrund eines totalen Krankenhausvertrages oder eines Krankenhausvertrages mit Arztzusatzvertrag auch für den Chefarzt als seinen Erfüllungsgehilfen (BGH NJW 1985, 2189). Der selbstliquidierende Chefarzt oder Klinikdirektor wird haftpflichtrechtlich für sich allein tätig (BGH NJW 1983, 1374).

Entsprechendes gilt für den **Belegarzt** (BGH MedR 1995, 366). Beide haben daher für die ihnen nachgeordneten Gynäkologen einzustehen, wenn sie sich deren Hilfe bedienen.

Wird die Kassenpatientin in die Krankenhausambulanz überwiesen, kann sie nur den beteiligten Chefarzt den Anspruch nehmen (BGH NJW 1989, 769). Entsprechendes gilt für die Privatpatientin (BGH NJW 1989, 769).

Der niedergelassene Gynäkologe haftet für seinen **Urlaubsvertreter** (BGH NJW 2000, 2737). Da der Behandlungsvertrag mit der Patientin nicht durch den Vertreter, sondern mit dem Praxisinhaber zustande kommt, haftet dieser vertraglich.

Der Vertreter haftet gegenüber der Patientin nur deliktisch. Da jedoch die haftungsrechtlichen Konsequenzen letztlich identisch sind, können sowohl der vertretende Praxisinhaber als auch der Vertreter auf Schadensersatz und Schmerzensgeld in Anspruch genommen werden.

7.4.2 Verjährung der Ansprüche

Für den Bereich der Arzthaftung spielt § 199 II BGB eine entscheidende Rolle. Danach verjähren Schadensersatzansprüche, unabhängig ob sie vertraglicher oder deliktsrechtlicher Natur sind, die auf der Verletzung des Lebens, des Körpers, der Gesundheit oder der Freiheit beruhen, ohne Rücksicht auf ihre Entstehung und die Kenntnis oder grob fahrlässige Unkenntnis **in 30 Jahren** von der pflichtwidrigen Handlung oder dem sonstigen, den Schaden auslösenden Ereignis an. Ansprüche wegen Verletzung des allgemeinen Persönlichkeitsrechts, die etwa bei Verletzung der Schweigepflicht oder unzulässiger Verwendung von Körpermaterialien in Betracht kommen können, verjähren nach § 199 III Nr. 1 BGB **in drei Jahren.**

Bei fehlgeschlagener Sterilisation und misslungenem Schwangerschaftsabbruch stellt sich das Problem des Umfangs des Scha-

densersatzes. In diesen Fällen haftet der Arzt für **Unterhalts-
und sonstige Belastungen,** die der Mutter und dem Vater aufgrund der Geburt entstehen (BGH NJW 1985, 2752). Der Schaden wird also darin gesehen, dass die Eltern zur Gewährung von Unterhalt verpflichtet sind und dadurch eine nicht unerhebliche Vermögenseinbuße erleiden. Der erste Senat des Bundesverfassungsgerichts hat diese Spruchpraxis des Bundesgerichtshofs bestätigt (BVerfG NJW 1998, 519). Der zweite Senat des Bundesverfassungsgerichts hat diese Rechtssprechung im Hinblick auf die Menschenwürde nicht bestätigt (BVerfG NJW 1993, 1751).

Beispiele:
Der Bundesgerichtshof hat in der Folgezeit an seiner Rechtssprechung festgehalten: es besteht ein Schadensersatzanspruch der Eltern aus schuldhafter Verletzung eines ärztlichen Behandlungsvertrages, der auf die pränatale Untersuchung in der Schwangerschaftsbetreuung zwecks Vermeidung der Geburt eines schwer vorgeschädigten Kindes gerichtet war (BGH NJW 2002, 886).

Allerdings hatte die Patientin, die wegen unvollständiger Beratung über die Gefahr der Trisomie Ersatz des Unterhaltsaufwandes für das von ihr geborene Kind mit Down Syndrom verlangte, zu beweisen, dass es ihr gelungen wäre, rechtzeitig für einen erlaubten Schwangerschaftsabbruch eine Fruchtwasseruntersuchung durchführen zu lassen (BGH MedR 1988, 26 ff.). Mit dem Wegfall der embryopatischen Indikation 1995 und damit der 24-Wochenfrist wird ein solcher Fall mittlerweile anders zu beurteilen sein.

Der Gynäkologe, der durch falsche oder lückenhafte Auskunft über das Erfordernis einer gebotenen Untersuchung zur Früherkennung pränataler Vorschäden des Kindes nicht aufklärt oder durch ein Fehlverhalten im Rahmen der Vornahme des Tests einen wegen der Vorschäden zugelassenen Schwangerschaftsabbruch vereitelt, haftet auf Schadensersatz (BGH NJW 1987, 2923). Auch hier besteht der Schadensersatzanspruch in Höhe der Unterhaltsbelastung. Der Gynäkologe hat den gesamten Unterhalt zu ersetzen (BGH VersR 1987, 414).

Ein Diagnosefehler liegt auch vor, wenn der die Schwangerschaft betreuende Arzt angezeigte diagnostische Maßnahmen wie etwa pränataldiagnostische Untersuchungen nicht durchführt.

Beispiele:

- Unterlassung einer Ultraschalluntersuchung während der Geburt trotz Abklärung einer Risikoschwangerschaft (BGH NJW 1991, 2350);
- keine vaginale Untersuchung trotz Anzeichen einer Frühgeburt (BGH NJW 1995, 778);
- Unterbleiben einer CTG-Aufzeichnung während der Geburt (OLG Oldenburg VersR 1991, 1177);

- Unterlassener Scheidenabstrich und fehlende Untersuchung auf Keime vor Einlegen eines Cerclagepessars (OLG Braunschweig VersR 2000, 454).

Eine Haftung greift auch dann, wenn der Gynäkologe bei Fehlschlag einer Empfängnisverhütungsmaßnahme es schuldhaft unterlässt, einem Schwangerschaft signalisierenden Anzeichen so rechtzeitig nachzugehen, dass noch ein Schwangerschaftsabbruch innerhalb der gesetzlichen Frist in Erwägung gezogen werden kann (LG Kiel VersR 1984, 451).

7.4.3 Haftung bei vermuteten Geburtsschäden

Besonders haftungsträchtig sind vermutete ärztliche Fehler bei der Geburt. Dies gilt insbesondere deshalb, als gesundheitliche Schäden vielfach erst nach längerer Zeit von den Geschädigten mit dem Geburtsvorgang in Verbindung gebracht werden. In diesen Fällen werden entgangene **Verdienstmöglichkeiten** sowie Schmerzensgeld geltend gemacht, was zu hohen Geldforderungen führt.

Beispiele:

So ist ein grober Behandlungsfehler angenommen worden, als bei Verdacht auf Beckenendlage der Gynäkologe vor der Entscheidung für eine vaginale Entbindung nicht durch Ultrasonographie das Vorliegen eines etwaigen Missverhältnisses zwischen Kopf und Rumpf des Kindes ausgeschlossen hatte (OLG Hamm VersR 1989, 255).

Ein schwerer Behandlungsfehler wurde angenommen, als ein Gynäkologe trotz Sauerstoffmangels eine Vakuumextraktion erst eine Stunde nach Erscheinen vornahm (OLG Oldenburg VersR 1993, 753).

Die Untersuchung einer Schwangeren mit Blutung und Unterbauchschmerzen muss spätestens 15 Minuten nach der Notfallaufnahme möglich sein. Ein Notfallkrankenhaus muss sicherstellen, dass eine erforderliche sofortige Schnittentbindung innerhalb von 20 bis 25 Minuten nach Indikationsstellung durchgeführt werden kann (OLG Braunschweig MedR 1998, 907).

Es ist nicht erforderlich, den Ehemann einer Schwangeren auf mögliche Infektionskrankheiten zu untersuchen, bevor ihm die Anwesenheit im Kreissaal gestattet wird (OLG Düsseldorf NJW 1998, 3420). Wird in einer geburtshilflichen Klinik der Patientin und ihren Angehörigen die Möglichkeit des sogenannten „Rooming-in" gegeben, besteht seitens des Krankenhausträgers nicht die Verpflichtung, ausdrücklich auf die mit einer Herpes-bedingten Encephalitis verbundenen Gefahren hinzuweisen.

Stirbt die Leibesfrucht im Mutterleib durch Unterlassen eines gebotenen ärztlichen Eingriffs ab, so stellt dies zugleich eine Gesundheitsverletzung der Mutter dar. Diese kann einen eigenen Schmerzensgeldanspruch verfolgen (OLG Koblenz NJW 1988, 2959).

Eine prophylaktische Cerclageoperation ist jedenfalls dann nicht geboten, wenn keine ernsthaften Anzeichen für eine drohende Frühgeburt bestehen (OLG Frankfurt VersR 1990, 854).

Eine Kaiserschnittentbindung ist nicht indiziert, wenn das Kind zwar groß ist, die Mutter aber schon ein großes Kind geboren hat und auch sonst keine Risikofaktoren bestehen (BGH VersR 1989, 519).

Entsprechendes gilt für eine fehlerhafte genetische Beratung, wodurch ein behindertes Kind zur Welt gebracht wird (BVerfG NJW 1998, 519).

Das Bundesverfassungsgericht hat in dieser Entscheidung deutlich gemacht, dass die genetische Beratung vor der Zeugung eines Kindes von der Rechtsordnung gebilligt wird und rechtmäßig ist. Wenn ein Arzt derartige Aufgaben übernimmt, hat er für schuldhaftes Fehlverhalten einzutreten.

Das bloße Abrutschen einer Saugglocke indiziert keinen Behandlungsfehler (OLG Braunschweig NJW-RR 2000, 238).

Das Oberlandesgericht Hamm hat einem fünfjährigen Jungen ein Schmerzensgeld in Höhe von 500.000,00 € zugesprochen. Das Kind ist seit der Geburt schwerstbehindert, nahezu blind und taub. Bei der Entbindung beging die behandelnde Gynäkologin einen groben Behandlungsfehler. Sie wandte den Kristellerschen Handgriff bei der Mutter an, obwohl die Geburt noch nicht ausreichend fortgeschritten war. Es kam zu einem Riss der Gebärmutter. Hierdurch erlitt das Kind einen Sauerstoffmangel, aus dem die Gehirnschädigung und die damit verbundenen schwersten Behinderungen resultieren (OLG Hamm, Urteil vom 21.05.2003, Az.: 3 U 122/02; OLG Hamm NJW-RR 2002, 1604).

7.5 Beweislast im Zivilprozess

7.5.1 Beweislastgrundsätze

Die Frage der Beweislast entscheidet, zu Lasten welcher Prozesspartei der Rechtsstreit ausgeht, wenn eine entscheidungserhebliche Tatsache unbewiesen bleibt. Da nur Tatsachen und keine Meinungen einem Beweis zugänglich sind, beziehen sich die Beweislastregeln auch nur auf Tatsachen. Der Frage der Beweislast kommt dann praktische Bedeutung zu, wenn trotz Ausschöpfung aller angebotenen und verfügbaren Beweismittel der Sachverhalt nicht aufgeklärt werden kann. Diese **fehlende Aufklärbarkeit** geht zu Lasten derjenigen Partei, welche die Beweislast trägt. Hierfür gilt die Grundregel, wonach jede Partei die Beweislast für das Vorliegen der tatsächlichen Voraussetzungen der ihr günstigen Rechtsnorm trägt.

Behauptet eine Patientin, dass ihr ein Schadensersatzanspruch wegen fehlerhafter Behandlung gegenüber dem Gynäkologen zusteht, hat sie diejenigen Tatsachen zur Überzeugung des Gerichts zu beweisen, die für die Entstehung des Anspruchs notwendig sind (BGH NJW 1980, 1333).

7.5.2 Besonderheiten im Arzthaftungsprozess

Unter dem Gesichtspunkt der „Waffengleichheit" im Prozess verlangt die Rechtssprechung, dass im Einzelfall geprüft wird, ob der Patientin die regelmäßige Beweislastverteilung noch zugemutet werden darf (BVerfG NJW 1979, 1925; BGH NJW 1971, 241).

> **Beispiele:**
> So hat der Gynäkologe nachzuweisen, dass er den vereinbarten Eingriff überhaupt ausgeführt hat (BGH NJW 1981, 2002).
>
> Wenn der Gynäkologe behauptet, die notwendige Behandlung sei wegen der Weigerung der Patientin trotz entsprechender Aufklärung unterblieben, so trägt er hierfür die Beweislast (OLG Schleswig VersR 2001, 1516).
>
> Wird auf Veranlassung eines Gynäkologen eine Untersuchung bei der Patientin durchgeführt und bestreitet er später, den Befundbericht erhalten zu haben, kann dies zu seiner Beweislast führen, wenn er der Patientin zuvor telefonisch mitgeteilt hat, dass der Befundbericht eingetroffen sei (OLG Jena VersR 2000, 636).

Zwar gilt der Grundsatz, dass die Patientin bei klageweiser Inanspruchnahme des Gynäkologen oder Krankenhausträgers wegen eines Diagnose- oder Behandlungsfehlers die Beweislast dafür trägt, dass der Gynäkologe schuldhaft handelte und durch diese Handlung der Schaden eingetreten ist.

Da die Patientin sich jedoch meist nicht in der Lage sieht, in dem für sie fremden Sachgebiet der medizinischen Wissenschaft den behaupteten Arztfehler anders darzulegen als durch den Rückschluss vom Misserfolg des Eingriffs, genügt es, wenn sie die aus der ärztlichen Behandlung hergeleitete Behauptung eines **konkreten Behandlungsfehlers** vorträgt. Es genügt daher, wenn die Patientin aus dem Misserfolg der Behandlung einen Behandlungsfehler behauptet.

Die Beweislast wird bei typischen Geschehensabläufen gemildert. Steht ein Tatbestand fest, der nach den Erfahrungen des Lebens auf eine bestimmte Ursache hinweist, spricht man vom **Beweis des ersten Anscheins.**

Danach hat die beweisbelastete Partei nur einen Umstand darzulegen, der nach der Lebenserfahrung auf das schadensursächliche Verschulden hindeutet. Der Gegner muss dann die ernsthafte Möglichkeit eines atypischen Geschehensablaufs darlegen, um diesem Beweis des ersten Anscheins entgegenzutreten (BGH VersR 1995, 723).

Beweiserleichterung für die Patientin aufgrund des Wissensgefälles Patientin-Arzt

Beispiele:

Erkranken mehrere Patientinnen eines dauernd Hepatitis-B-Erreger ausscheidenden Gynäkologen an dieser Infektion, so spricht der Beweis
des ersten Anscheins für eine Ansteckung durch den Arzt (OLG Köln
MedR 1986, 200).

Der Anscheinsbeweis findet häufig Anwendung bei Gesund-
heitsschäden nach Injektionen. Treten nach glutaealer Injektion eines
Antirheumatikums in den Gesäßmuskel sofort erhebliche Schmerzen und
Lähmungen auf, spricht der Anschein für eine falsche Spritztechnik (OLG
Hamm VersR 1998, 1243).

Diese Regelungen kommen auch zur Anwendung bei Verbrennungen
mit Hochfrequenzchirurgiegerät (OLG Saarbrücken VersR 1991, 1289).

So wurde ein Anscheinsbeweis für einen Fehler bei Rekanalisation der
Eileiter nach Sterilisation angenommen (OLG Düsseldorf VersR 1992, 751).

Beispiele:

Es gibt keinen Anscheinsbeweis für einen Fehler bei einer Schädigung des
Nervus femoralis anlässlich einer abdominalen Hysterektomie (BGH VersR
1993, 228).

Es wurde kein Schluss von Infektionen im Scheiden-Anal-Bereich auf
unsachgemäß durchgeführte Nahtversorgung nach Episiotomie angenommen (OLG Hamm VersR 2001, 247).

Der Anscheinsbeweis für die Fehlerhaftigkeit des Sterilisationsein-
griffs bei Schwangerschaft nach Tubensterilisation wurde abgelehnt (OLG
Düsseldorf VersR 2001, 1117).

Kommt es nach einer gynäkologischen Operation zu Komplikationen,
so können Beweiserleichterungen für die Patientin nicht allein daraus
hergeleitet werden, dass die operierenden Ärzte ihre Facharztausbildung
noch nicht abgeschlossen hatten und ein Facharzt zwar im OP-Bereich
anwesend war, bei dem Eingriff aber nicht ständig zugegen war (OLG
Oldenburg VersR 1994, 180).

Zwischen der Inkubatorbehandlung eines Neugeborenen und dessen
anschließender Erkrankung an retrolentaler Fibroplasie besteht kein zwingend oder mit hoher Wahrscheinlichkeit anzunehmender Kausalzusammenhang. Für einen solchen Zusammenhang spricht daher auch kein
Anscheinsbeweis (OLG Hamm VersR 1983, 885).

Traten in einer Arztpraxis nach Injektionen bei mehreren Patientinnen
Infektionen auf, so führt dieser Umstand nicht im Wege des Anscheinsbe-
weises zur Annahme eines ärztlichen Verschuldens (OLG München VersR
1986, 496).

Eine weitere Ausnahme von der grundsätzlichen Beweislastregel
gilt, wenn die Patientin Schäden auf einem Gebiet behauptet, dessen **Gefahren medizinisch voll beherrscht** werden können und
müssen. In diesem Fall hat der Gynäkologe sich ebenfalls von
einer Verschuldens- oder Fehlervermutung zu entlasten.

Es handelt sich hierbei im Wesentlichen um Gesundheitsschäden, die sich aus der Organisation und Koordination des medizinischen Geschehens und aus dem technisch-apparativen Betriebes ergeben.

> **Beispiele:**
>
> Bei einem Gesundheitsschaden, der durch unsterile Infusionsflüssigkeit entsteht, hat der Gynäkologe bzw. der Krankenhausträger zu beweisen, dass der Fehler nicht auf einem ihm zuzurechnenden Organisations- oder Personalverschulden beruht (BGH NJW 1982, 699).
>
> Entsprechendes gilt bei fehlerhafter Lagerung der Patientin. Die technisch richtige Lagerung der Patientin auf dem Operationstisch und die Beachtung der dabei zum Schutze der Patientin vor etwaigen Lagerungsschäden einzuhaltenden ärztlichen Regeln sind Maßnahmen, die dem Risikobereich des Krankenhauses und dem ärztlichen Bereich zuzuordnen sind. Sie sind vom Pflegepersonal und den verantwortlichen Gynäkologen voll beherrschbar (BGH MedR 1995, 365).
>
> Lässt ein Operateur einen Fremdkörper ohne Indikation zurück, da nicht alle möglichen und zumutbaren Sicherungsvorkehrungen gegen ein Fehlverhalten eingehalten wurden, gilt die geschilderte Regelung ebenfalls (BGH NJW 1981, 983).
>
> Der Krankenhausträger hat sich zu entlasten, dass ihn an der Nichtbeachtung der Hygieneerfordernisse kein Verschulden trifft (BGH MedR 1991, 140).
>
> Bekommt eine Patientin bei einer Bewegungs- und Transportmaßnahme der sie betreuenden Krankenschwester aus unerklärten Gründen das Übergewicht und stürzt, muss der Krankenhausträger nachweisen, dass der Vorfall nicht auf einem pflichtwidrigen Verhalten der Pflegekraft beruhte (BGH MedR 1991, 139).

Wird ein grober Behandlungsfehler festgestellt, führt dies zu **Beweiserleichterungen**, wenn der Behandlungsfehler wenigstens generell geeignet war, einen solchen Gesundheitsschaden herbeizuführen, wie er tatsächlich aufgetreten ist (BGH NJW 1986, 1540).

> **Beispiele:**
>
> Gesundheitsschäden, die anlässlich einer Anfängeroperation auftreten, führen zu einer Beweiserleichterung. Gynäkologe und Krankenhausträger haben zu beweisen, dass der Schaden nicht auf der mangelnden Qualifikation beruht (BGH NJW 1984, 655).
>
> Es stellt einen zur Beweiserleichterung führenden Behandlungsfehler dar, wenn der Gynäkologe im Geburtsbericht die Schulterentwicklung des Kindes nicht im Einzelnen darstellt, obwohl dies geburtstraumatisch eine Armplexusparese erlitten hat (OLG Köln VersR 1994, 1424).
>
> Wird bei von Beginn der Aufzeichnungen an schwerpathologischer Cardiotokogrammkurve, die einen schweren Sauerstoffmangel des Föten

aufzeigt, die Schnittentbindung grundlos nicht eingeleitet und mehr als 40 Minuten verzögert, so trägt der Gynäkologe die Beweislast dafür, dass der Hypoxieschaden des Kindes nicht auf dieser Verzögerung beruht (OLG Köln NJW-RR 1992, 474).

Verkennt ein in der Weiterbildung zum Gynäkologen stehender Assistenzarzt einen verdächtigen Blutdruckabfall nach einer Vakuumextraktion bei Schulterdystokie als Hinweis auf die Möglichkeit einer Uterusruptur und unterlässt er es, unverzüglich einen Facharzt hinzuzuziehen, so wird ein zur Beweiserleichterungen für die Klägerin führendes grob fehlerhaftes ärztliches Verhalten bejaht (OLG Düsseldorf NJW 1996, 1603).

Eine Videoaufnahme, die bei einem erneuten Sterilisationseingriff gemacht worden ist, kann den Nachweis einer früheren fehlerhaften Sterilisation führen (OLG Hamm NJW 1999, 1787).

Unzulänglichkeiten bei der **Dokumentation** führen ebenfalls zu Beweiserleichterungen. Ist etwa im Krankenblatt nichts über die ernste Gefahr eines Dekubitus vermerkt, wird hieraus ein Indiz dafür entnommen, dass die ernste Gefahr der Entstehung des Dekubitus nicht erkannt und die Durchführung vorbeugender Maßnahmen nicht in ausreichender Form angeordnet wurde und dass daher das Pflegepersonal nicht so intensiv auf die Prophylaxe geachtet hat (BGH NJW 1986, 2365).

Eine gezielte nachträgliche Manipulation der Krankenunterlagen führt zur **Beweislastumkehr** (OLG Frankfurt VersR 1992, 578). Gleichzeitig stellt dies auch den Straftatbestand einer Urkundenfälschung dar (OLG Koblenz MedR 1995, 29). Ist es andererseits medizinisch nicht üblich, Kontrolluntersuchungen zu dokumentieren, wenn sie ohne positiven Befund sind, kann hieraus nicht schon auf das Unterbliebensein der Untersuchung geschlossen werden (BGH NJW 1993, 2375).

Im Ergebnis ist jedoch festzuhalten, dass sich die Beweislast der klagenden Patientin ermäßigt, wenn der Gynäkologe seine Dokumentationspflicht verletzt.

Die Patientin bleibt dennoch verpflichtet, darzulegen und gegebenenfalls zu beweisen, dass ein vom Gynäkologen zu vertretender Fehler als Ursache des eingetretenen Schadens ernstlich in Betracht kommt (BGH NJW 1983, 332).

Unvollständige Dokumentation – Beweiserleichterung für die Klägerin
Nachträgliche Manipulation der Dokumentation – Beweislastumkehr

7.6 Zivilrechtlicher Verfahrensablauf

Klageverfahren		
Eingangsgericht:	<u>Amtsgericht</u> zuständig bei Klageforderung bis 5.000 €	<u>Landgericht</u> zuständig bei Klageforderung über 5.000 € oder Anspruch aus Amtshaftung
Beweisstation:	Gericht holt medizinisches Sachverständigengutachten ein, wenn auf die Klagebegründung erwidert worden ist.	
Termin zur mündlichen Verhandlung:	Nach Eingang des Gutachtens und Stellungnahme der Parteien hierzu.	
Beendigung der 1. Instanz:	Durch Vergleich oder Urteil, in dem die Klage abgewiesen oder ihr (teilweise) stattgegeben wird. In seltenen Fällen Klagerücknahme.	
Rechtsmittel der Berufung:	zum Landgericht Nur eingeschränkt neuer Tatsachenvortrag möglich.	zum Oberlandesgericht
Termin zur mündlichen Verhandlung:	Wenn auf die Berufungsbegründung erwidert wurde und ausnahmsweise ein neues Sachverständigengutachten eingeholt wurde. Sonst Anhörung des Sachverständigen im Termin.	
Beendigung der 2. Instanz:	wie 1. Instanz	
Rechtsmittel der Revision:	kein Rechtsmittel mehr möglich	Revision muss vom Beru fungsgericht zugelassen werden oder BGH lässt auf Nichtzulassungs- beschwerde zu, wenn grundsätzliche Bedeutung oder Rechtsfortbildung

Revisionsentscheidung:		- Urteil
		  - Abweisung
		  - Stattgeben
		  - Zurückverweisung
		- Revisionsrücknahme

Übersicht 7.3: Klageverfahren

Wird dem Arzt eine **Klageschrift** durch das Landgericht zugestellt, ist Eile geboten. Möglicherweise läuft die erste Frist zur Anzeige der Verteidigungsabsicht bereits nach zwei Wochen ab dem Zustellungsdatum ab. Vielfach ist es so, dass der Arzt oder das Krankenhaus Verbindung zu einem Versicherungsmakler hat, der dann seinerseits die eintrittspflichtige Haftpflichtversicherung informieren muss. Diese wiederum wird einen Rechtsanwalt beauftragen.

WICHTIG! Um keine Nachteile durch Fristablauf zu bekommen, muss sofort nach Zustellung der Klageschrift eine Ablichtung der Haftpflichtversicherung zugestellt werden.

7.6.1 Anspruchsschreiben der Patientin

CHECKLISTE	
Ereignis ➤	**Einzuleitende Schritte**
Eingang eines Anspruchs-schreibens	○ Verwaltung / Versicherung informieren ○ Krankenakte kopieren
Anrufung der Gutachter-Kommission oder der Schiedsstelle	○ Verwaltung / Versicherung informieren ○ gesetzte Frist notieren ○ Stellungnahme fristgerecht einreichen
Zustellung einer zivilrechtli-chen Klage durch Amts- oder Landgericht	○ sofort Versicherung wegen Fristen informieren ⇒ Versicherung beauftragt Rechtsanwalt

Eine unzufriedene und zumeist rechtsschutzversicherte Patientin wird sich zur Geltendmachung ihrer Ansprüche eines Rechtsanwaltes bedienen. Dieser wendet sich dann per Anschreiben an den betreffenden Gynäkologen oder den Krankenhausträger. Zunächst wird er **Einsicht** in die Krankenunterlagen verlangen.

Dies geschieht dadurch, dass dem Rechtsanwalt Kopien der Krankenakte gegen Übernahme der Kopierkosten zur Verfügung gestellt werden. Sehr oft zeigt sich in Haftpflichtverfahren, dass Patientinnen von nach- oder weiterbehandelnden Gynäkologen beraten und zum Teil angestachelt werden, Ansprüche anzumelden. Geht ein derartiges Anspruchsschreiben dem Gynäkologen oder Krankenhausträger zu, muss sofort die **Berufshaftpflichtversicherung benachrichtigt** werden, wenn nicht der Rechtsanwalt schon in seinem ersten Anschreiben nach Versicherung und Versicherungsnummer fragt. Diese sind ihm dann mitzuteilen. Den weiteren Schriftverkehr führt die Versicherung, wobei diese vom versicherten Gynäkologen und Krankenhausträger die notwendigen fachlichen Informationen erhält.

Keinesfalls darf der Gynäkologe gegenüber der Patientin ein **Anerkenntnis** der Gestalt abgeben, dass er Fehler eingesteht und seine Haftung bejaht. Dies könnte dazu führen, dass der Deckungsschutz der Haftpflichtversicherung entfällt.

Lehnt die Versicherung die von der Patientin geltend gemachten Ansprüche ab, hat diese die Möglichkeit, die örtlich zuständige Schlichtungsstelle oder Gutachterkommission anzurufen oder beim örtlich zuständigen Landgericht / Amtsgericht Klage einzureichen.

Ein Schuldanerkenntnis kann den Versicherungsschutz gefährden!

7.6.2 Außergerichtliche Einigung

Die von den Ärztekammern der Bundesrepublik geschaffenen sechs ärztlichen **Schlichtungsstellen** und drei ärztlichen **Gutachterkommissionen** sollen im Interesse von Arzt und Patientin wegen ihrer großen Sachkunde und Objektivität eine rasche außergerichtliche Einigung fördern. Der Patientin soll die Durchsetzung begründeter und dem Gynäkologen die Abwehr unbegründeter Schadensersatz- und Schmerzensgeldansprüche erleichtert werden. Dabei können die Schlichtungsstellen einen Schlichtungsvorschlag unterbreiten.

Die **Schlichtungsstellen** beruhen auf einem Vertrag zwischen dem HUK-Verband und der jeweiligen Ärztekammer, so dass nur die bei einem Verbandsmitglied haftpflichtversicherten Ärzte, die Mitglieder der jeweiligen Landesärztekammer sind, sich am Verfahren beteiligen können. Deshalb sind die Haftpflichtversicherer in einem Verfahren vor den Schlichtungsstellen nicht beteiligt.

Die **Gutachterkommissionen** geben eine medizinische Begutachtung mit der Feststellung ab, ob ein Behandlungsfehler vorliegt oder nicht. Die Gutachterkommission ist mit einem Vorsitzenden, der Volljurist mit langjähriger richterlicher Erfahrung sein muss, sowie zwei qualifizierten Ärzten als Beisitzer besetzt.

Ein weiterer Unterschied zwischen diesen Einrichtungen besteht in der personellen Reichweite.

Die Schlichtungsstelle hat maximal 4 Mitglieder. Der Vorsitzende ist Arzt. Er ist ebenso von der Ärztekammer berufen wie der Gutachter mit besonderer Erfahrung auf dem jeweils in Rede stehenden medizinischen Fachgebiet. Weitere Mitglieder sind die von dem betroffenen Arzt und dem Patienten jeweils benannten Vertrauenspersonen, die ebenfalls nur Arzt oder Volljurist sein können.

Von der Gutachterkommission werden wegen der Verbindung mit der jeweiligen Landesärztekammer sämtliche Ärzte erfasst.

Sachlich zuständig sind die genannten Einrichtungen für die Begutachtung bzw. Schlichtung von **Schadensersatz- und Schmerzensgeldansprüchen**, die von der Patientin mit dem Vorwurf fehlerhafter Behandlung begründet werden. Nicht hierhin gehören Honorarstreitigkeiten, rechtskräftig entschiedene oder bei einem Gericht anhängige Verfahren sowie Ansprüche, die sich auf einen Sachverhalt stützen, der länger als 5 Jahre zurückliegt.

Das **Verfahren** vor diesen Einrichtungen ist **freiwillig**. Widerspricht etwa der in Anspruch genommene Gynäkologe dem Verfahren, wird dieses nicht durchgeführt. Die Patientin muss sich dann an die staatlichen Gerichte wenden. Die Bescheide der Einrichtungen sind unverbindlich. Sie erfolgen in Form von Feststellungen oder Empfehlungen

Ist die Patientin mit dem Ergebnis der Begutachtung nicht einverstanden oder reguliert die Versicherung trotz einer für den Gynäkologen negativen Begutachtung den Schaden nicht, ist der Weg zu den ordentlichen Gerichten frei. Dort wird dann die gesamte Beweisaufnahme erneut und unter Hinzuziehung anderer Sachverständiger durchgeführt.

Das Verfahren bei den Schlichtungsstellen oder Gutachterkommissionen ist gebührenfrei, lediglich die außerverfahrensmäßigen Kosten wie die eines eingeschalteten Rechtsanwalts hat jede Partei selbst zu tragen. Ärzte lassen sich in der Regel nicht anwaltlich vertreten. Als Nachteil wird vielfach die ausschließliche Schriftlichkeit des Verfahrens angesehen.

7.6.3 Klage der Patientin

Vielfach wird von der Möglichkeit einer außergerichtlichen Einigung kein Gebrauch gemacht. In diesen Fällen wird das ordentliche staatliche Gericht angerufen. Ist die Forderung der Patientin höher als 5.000,00 €, ist das **Landgericht** zuständig. In vielen Gerichten sind Spezialkammern für Fälle des Arzthaftungsrechts eingerichtet. Vor dem Landgericht kann sich der Arzt nicht selbst vertreten. Die hinter ihm stehende Haftpflichtversicherung wird ihm einen Rechtsanwalt stellen, der dann die Vertretung des Arztes oder des Klinikträgers übernimmt.

Im Regelfall wird durch das Gericht zunächst das **schriftliche Verfahren** angeordnet, in dem die Parteien zunächst schriftlich ihre Positionen vortragen.

Sodann erlässt das Gericht in der Regel einen **Beweisbeschluss**, in dem ein Sachverständiger mit der Begutachtung des Falles beauftragt wird. Wenn dieser sein Gutachten erstellt hat, können beide Parteien hierzu schriftsätzlich vortragen und darüber hinaus beantragen, dass der Sachverständige sein Gutachten in der mündlichen Verhandlung persönlich erläutert (BGH NJW 1994, 2419). Das Gericht würde seine Aufklärungspflicht verletzen, wenn es Unklarheiten in einem Gutachten des gerichtlichen Sachverständigen oder Widersprüche zwischen diesem und einem vorliegenden Privatgutachten nicht durch mündliche Anhörung des gerichtlichen bestellten Gutachters auszuräumen sucht (BGH VersR 2001, 592).

Lassen sich die Widersprüche nicht ausräumen, ist ein **weiteres gerichtliches Gutachten** einzuholen.

Wird in einem Verfahren ein **Privatgutachten** vorgelegt, hat sich das Gericht hiermit ebenso sorgfältig auseinander zusetzen, als wenn es sich um ein vom Gericht eingeholtes Sachverständigengutachten handelt (BGH VersR 1996, 647).

Ist der Sachverhalt zur Gewissheit des Gerichts genügend aufgeklärt, wird, wenn die Parteien sich nicht vergleichen, ein Urteil erlassen. Gegen ein Urteil des Amtsgerichts kann **Berufung** zum örtlich zuständigen Landgericht und gegen ein Urteil des Landgerichts kann zum örtlich zuständigen Oberlandesgericht Berufung eingelegt werden.

7.7 Haftpflichtversicherung

7.7.1 Versicherungsumfang, Vertragspflichten der Versicherten

Die ärztliche Berufshaftpflichtversicherung gewährt dem Gynäkologen Versicherungsschutz für den Fall seiner **zivilrechtlichen Inanspruchnahme** wegen eines angeblichen Arztfehlers. Nach der § 21 MBO-Ä ist der Gynäkologe verpflichtet, sich hinreichend gegen Haftpflichtansprüche zu versichern.

Jedes Schadensereignis, das Haftpflichtansprüche gegen den Gynäkologen zur Folge haben könnte, ist dem Versicherer spätestens innerhalb einer Woche schriftlich anzuzeigen. Nach dem Versicherungsvertrag ist es dem Gynäkologen verwehrt, ohne vorherige Zustimmung des Versicherers einen Anspruch ganz, zum Teil oder vergleichsweise anzuerkennen. Der Gynäkologe ist nicht verpflichtet, einen ärztlichen Behandlungsfehler zu offenbaren. Davon zu unterscheiden ist die bloße Mitteilung eines Sachverhaltes gegenüber der Patientin oder ihren Angehörigen. Dies ist im Verhältnis zur Versicherung unschädlich

Sachliche Äußerung der Patientin gegenüber zulässig – Schuldeingeständnis nicht

7.7.2 Versicherungsschutz im Strafverfahren

Einige Haftpflichtversicherungen haben seit einiger Zeit die das Zivilrecht betreffende Arzthaftpflichtversicherung um eine Deckung der Kosten eines Strafverfahrens erweitert. Der Versicherungsschutz kann auf die Übernahme sämtlicher Gerichtskosten ausgedehnt werden, sofern ein Ereignis vorliegt, das einen unter den Versicherungsschutz fallenden Haftungsanspruch zur Folge haben kann. Der Arzt hat dann auch Anspruch auf Übernahme der Kosten des ihn im strafrechtlichen Verfahren verteidigenden Rechtsanwaltes.

7.7.3 Berufshaftpflicht beamteter und angestellter Ärzte

Die persönliche Berufshaftpflicht angestellter und beamteter Gynäkologen im Rahmen ihrer dienstlichen Tätigkeit ist regelmäßig durch Versicherungsverträge zwischen dem Klinikträger und dem Haftpflichtversicherer abgedeckt.

7.7.4 Versicherungsschutz bei Chefärzten

Im Rahmen ärztlicher Wahlleistungen im Krankhaus kommt eine Haftung des Chefarztes selbst in Betracht.

Überwiegend ist hier eine Regelung getroffen, wonach der Klinikträger den Chefärzten einen umfassenden Versicherungsschutz auch für die Versorgung der Wahlleistungspatienten gewährt. Soweit staatliche Klinikträger keine Haftpflichtversicherung zugunsten ihrer Chefärzte und ihrer sonstigen Mitarbeiter abschließen, müssen die Chefärzte damit rechnen, dass im Hinblick auf spezielle beamtenrechtliche Bestimmungen die Wahlleistungen nicht zu ihren Dienstaufgaben, sondern zur Nebentätigkeit gehören. In diesem Fall muss unbedingt eine private Haftpflichtversicherung abgeschlossen werden. Soweit Kliniken eine **Betriebshaftpflichtversicherung** abschließen, sind auch diejenigen Schäden mitversichert, die der nachgeordnete ärztliche Dienst in Ausübung der dienstlichen Verrichtung verursacht. Jeder Arzt sollte in seinen Anstellungsvertrag schauen und prüfen, ob er versichert ist oder nicht. Enthält der Vertrag keine Regelung, muss er sein Risiko grundsätzlich selbst versichern.

WICHTIG! Jedes Schadensereignis, das Haftpflichtansprüche gegen den Gynäkologen zur Folge haben könnte, ist dem Versicherer spätestens innerhalb einer Woche schriftlich anzuzeigen.

WICHTIG! Nach dem Versicherungsvertrag ist es dem Gynäkologen verwehrt, ohne vorherige Zustimmung des Versicherers einen Anspruch ganz oder zum Teil oder vergleichsweise anzuerkennen. Der Gynäkologen ist nicht verpflichtet, einen ärztlichen Behandlungsfehler zu offenbaren. Davon zu unterscheiden ist die bloße Mitteilung eines Sachverhaltes gegenüber dem Patienten oder seinen Angehörigen. Dies ist im Verhältnis zur Versicherung unschädlich.

8 Der Gynäkologe als Sachverständiger

Neben der Behandlung von Patientinnen besteht die ärztliche Tätigkeit auch in der Befunderhebung zum Beweis eines bestimmten, im Untersuchungszeitpunkt gegebenen Zustands. So bedienen sich Gerichte bei der zivilrechtlichen Auseinandersetzung zwischen Gynäkologen und Patientin eines Sachverständigen, um das fehlende Fachwissen des Gerichts zur Beurteilung der für die Entscheidung maßgebenden Beweisfragen zu ersetzen. Es geht dabei um die Beurteilung medizinischer Fragen.

Im Strafverfahren werden Mediziner als Sachverständige zur Sachverhaltsklärung eingesetzt. Im sozialgerichtlichen Verfahren beruht die Beurteilung etwa von Erwerbs- oder Berufsunfähigkeit auf Tatbeständen, deren Voraussetzungen nur mit Hilfe von medizinischen Sachverständigen erklärt werden können. Darüber hinaus sind Behörden und Versicherungen auf die Mitwirkung medizinischer Sachverständiger angewiesen, um entsprechende Entscheidungen treffen zu können.

8.1 Gerichtlicher Sachverständiger

In allen denkbaren Gerichtsverfahren werden Einzelpersonen mit der Erstellung von Gutachten beauftragt.

8.1.1 Die Auswahl

Da die Parteien eines zivilen Rechtsstreites sich selten auf einen Sachverständigen einigen können, muss das Gericht einen Mediziner bestimmen. Die Gerichte führen eigene Listen über Sachverständige, die im konkreten Einzelfall dann beauftragt werden. Dies ist insbesondere dann der Fall, wenn es sich um eine Fachkammer des Landgerichts oder einen Fachsenat beim Oberlandesgericht handelt. Andernfalls wendet sich das Gericht an die örtlich zuständige Ärztekammer oder an eine ärztliche Gesellschaft, um den Namen und die Anschrift eines Gutachters zu erfahren, der für das spezielle und zu beurteilende Gebiet über genügend Sachkunde verfügt.

Vielfach nehmen die Gerichte zu den auf diese Art empfohlenen Sachverständigen telefonischen Kontakt auf, um sich zu vergewissern, ob der empfohlene Sachverständige willens und in der Lage ist, den Auftrag zu übernehmen.

Im Regelfall werden die Parteien des Rechtsstreits dann über die Person des Sachverständigen informiert und können innerhalb einer bestimmten Frist Stellung nehmen, ob sie mit der Beauftragung dieses Sachverständigen einverstanden sind.

Ebenso teilt das Gericht gegebenenfalls den Parteien mit, welchen Zeitrahmen der in Aussicht genommene Sachverständige für sich beansprucht.

Wenn **kein Widerspruch** erfolgt, beauftragt das Gericht den Sachverständigen und übersendet ihm die Gerichtsakte sowie den Beweisbeschluss. Dieser enthält die konkret an den Sachverständigen gerichteten und von diesem zu beantwortenden Fragen.

8.1.2   Stellung des Sachverständigen im Verfahren

Jeder Sachverständige muss sich darüber im Klaren sein, dass er lediglich zur **Unterstützung des Gerichts** beauftragt wurde und keine eigenen Entscheidungen treffen darf.

Zwar mag in vielen Fällen aufgrund der schwierigen Fragen das Gericht auf den Sachverständigen angewiesen sein. Zu entscheiden hat jedoch das Gericht den Rechtsstreit. Daher ist es **verfahrensfehlerhaft,** wenn ein Gericht in seiner Entscheidung lediglich das Ergebnis eines Gutachtens übernimmt, ohne sich mit diesem auseinander zu setzen. So hat das Gericht in seiner Entscheidung auszuführen, ob es sich das Ergebnis des Gutachtens und aus welchen Gründen zu Eigen gemacht hat (BGH NJW 1995, 779).

Andererseits darf das Gericht von einem Sachverständigengutachten nur dann abweichen, wenn es seine hiervon divergierende Überzeugung begründet und dabei auch erkennen lässt, dass seine anderslautende Beurteilung nicht von einem Mangel an Sachkunde getrübt und beeinflusst ist (BGH NJW 1993, 1524; BGH VersR 1994, 480). Wenn das Gericht einem Gutachten nicht folgen will, hat es seine abweichende Meinung ausführlich zu begründen. Das Gericht muss darlegen, woher die eigene Sachkunde rührt.

Ist etwa ein Gutachten als unvollständig angesehen worden, muss der Sachverständige aufgefordert werden, zu konkreten Fragen eine **ergänzende Stellungnahme** abzugeben. Das Gericht ist ferner berechtigt, ein **zweites Gutachten** von Amts wegen einzuholen (BGH VersR 1996, 1257; BGH MedR 1997, 493).

Nach Erstellung des Gutachtens haben die Prozessparteien das Recht, zu diesem Gutachten Stellung zu nehmen und entweder dem Sachverständigen schriftsätzlich Fragen zu stellen, die dieser dann zu beantworten hat oder den Antrag zu stellen, dass der Sachverständige sein Gutachten mündlich zu erörtern hat. Der Sachverständige hat sich dann in einem anzuberaumenden Verhandlungstermin den Fragen der Beteiligten zu stellen. Dabei kommt es in der Praxis vor, dass sich im Gespräch mit dem Sachverständigen herausstellt, dass dieser von falschen Voraussetzungen ausgegangen ist, so dass es zu einer anderen Beurteilung kommen kann.

8.1.3 Ablehnung eines Sachverständigen

In allen Gerichtsverfahren sind **absolute Ablehnungsgründe** vorgesehen, nach denen ein Sachverständiger aus denselben Gründen wie ein Richter abgelehnt werden kann. Dies ist der Fall:

- in Angelegenheiten, in denen der Sachverständige selbst Partei ist oder bei denen er zu einer Partei im Verhältnis eines Mitberechtigten, Mitverpflichteten oder Regresspflichtigen steht (§ 41 Nr. 1 ZPO) oder im Strafverfahren durch die Straftat selbst verletzt ist (§ 22 Nr. 1 StPO);
- in Angelegenheiten seines Ehegatten, auch wenn die Ehe nicht mehr besteht (§ 41 Nr. 2 ZPO) oder im Strafverfahren, wenn er Ehegatte oder Vormund des Beschuldigten oder des Verletzten ist oder war (§ 22 Nr. 2 StPO);
- in Angelegenheiten einer Person, mit welcher der Sachverständige in gerader Linie verwandt oder verschwägert, in der Seitenlinie bis zum dritten Grad verwandt oder bis zum zweiten Grad verschwägert ist oder war (§ 41 Nr. 3 ZPO) oder im Strafverfahren bei Verwandt- und Schwägerschaft mit dem Beschuldigten oder dem Verletzten (§ 22 Nr. 3 StPO).

Praktisch häufiger ist die Frage der Besorgnis der **Befangenheit eines Sachverständigen.** Eine Ablehnung des Sachverständigen wegen Besorgnis der Befangenheit erfolgt, wenn ein Grund gegeben ist, der geeignet erscheint, Misstrauen gegen die Unparteilichkeit des Sachverständigen zu rechtfertigten. **Gründe hierfür** können sein:

- Verwandtschaftsverhältnis zu einer Partei,
- Freundschaften oder Bekanntschaften,
- berufliche Verbindungen zu beklagtem oder angeklagtem Arzt,
- wenn der Sachverständige einen der Verfahrensbeteiligten als Arzt behandelt,
- der Sachverständige hat zuvor schon ein Privatgutachten erstattet,
- unbedachte Sympathie- oder Antipathieäußerungen,
- Beleidigung der Patientin durch den Sachverständigen („Sie sind eine Hypochonderin"),
- einseitige Beschaffung von Untersuchungsmaterial von einer Partei, ohne die andere zu benachrichtigen oder das Gericht zu befragen.

Als **nicht ausreichend für eine mögliche Befangenheit** des Sachverständigen wird angesehen:

- der Sachverständige war bereits in der Vorinstanz als Sachverständiger tätig,
- Zivilprozess, wenn der Sachverständige im parallel verlaufenden Strafverfahren tätig war und jetzt im Zivilverfahren beauftragt wird,
- eine Partei wirft dem Sachverständigen mangelnde fachliche Qualifikation vor,
- Untersuchung der klagenden Patientin ohne Information des beklagten Arztes hierüber (OLG München Rechtspfleger 1980, 303),
- die übliche Gutachtertätigkeit eines Klinikarztes für Versicherungsträger im Rechtsstreit einer Versicherung, es sei denn, der Gynäkologe wäre vorprozessual in dieser konkreten Sache bereits tätig gewesen,
- ist ein Sachverständiger Mitglied eines Prüfungsausschusses und soll er sich zum Verhalten dieses Prüfungsausschusses äußern, so liegt kein Befangenheitsgrund vor,
- scharfe Reaktion des Gutachters auf Angriffe gegen seine Leistung (OLG Düsseldorf NJW-RR 1997, 1353),
- Vorwurf, der Sachverständige habe in Parallelverfahren fehlerhafte Gutachten erstellt (OLG München Rechtspfleger 1980, 303).

8.1.4   Pflicht zur Übernahme

Zwar besteht keine generelle Pflicht eines Gynäkologen zur Tätigkeit als Sachverständiger. Dieses ist jedoch dann auf jeden Fall anzunehmen, wenn ein Gericht oder die Staatsanwaltschaft ihn auffordert, ein Gutachten zu erstatten.

Grundsätzlich ist ein Arzt verpflichtet, in gerichtlichem Auftrag Gutachten zu erstellen –
Dieses wird gelegentlich umgangen, indem von vornherein auf eine lange Bearbeitungszeit hingewiesen wird.

Für den dann beauftragten Sachverständigen besteht grundsätzlich die Pflicht zur Erstattung des Gutachtens. Vielfach weisen die so ausgesuchten Sachverständigen darauf hin, dass infolge Arbeitsüberlastung mit einer erheblichen Bearbeitungsdauer gerechnet werden müsse. In diesem Fall wird dann meist von der Beauftragung dieses Sachverständigen abgesehen und ein anderer Sachverständiger beauftragt.

Wenn der als Gutachter vorgesehene Gynäkologe die Patientin bereits früher behandelt hat, steht dem Arzt ein **Verweigerungsrecht** aufgrund seiner ärztlichen Schweigepflicht zu. Hierauf kann er sich nur dann nicht berufen, wenn die Patientin ihn ausdrücklich von seiner Verschwiegenheitsverpflichtung befreit.

Dem Arzt steht ein Gutachtenverweigerungsrecht unter den gleichen Voraussetzungen zu, unter denen ein Zeuge seine Aussage verweigern darf. Dieses ist der Fall bei naher Verwandtschaft mit einer der Parteien oder bei Gefahr, sich selbst strafbar zu machen.

Verweigert ein vom Gericht bestellter Sachverständiger die Überstattung des Gutachtens **ohne Grund** oder teilt er seine Verhinderung dem Gericht nicht mit, stellt dies einen Pflichtenverstoß dar, der mit **Ordnungsstrafe** in Form eines Ordnungsgeldes geahndet wird. Entsprechendes gilt, wenn der Sachverständige sein Gutachten trotz Erinnerung des Gerichts mit erheblicher Verspätung abgibt.

8.1.5 Erstellung des Gutachtens

Jeder Sachverständige hat sein Gutachten unparteiisch und nach bestem Wissen und Gewissen zu erstellen. Er darf sich von keiner Seite beeinflussen lassen. Neben der notwendigen persönlichen Integrität und wirtschaftlichen Unabhängigkeit obliegt dem Sachverständigen absolute **Neutralität**. Er darf mit keiner der Prozessparteien allein oder unter Ausschluss der anderen Partei verhandeln.

Hierzu gehört auch, dass er rechtzeitig mitteilt, wenn er mit einer betroffenen Partei befreundet oder beruflich verbunden ist.

Der Sachverständige hat sich an den **vom Gericht gestellten Fragen** zu orientieren und diese exakt zu beantworten. Allerdings ist in der Praxis immer häufiger zu beobachten, dass zahlreiche Gerichte im Gutachtenauftrag (Beweisbeschluss) den Sachverständigen auffordern, auch zu solchen Umständen Stellung zu beziehen, nach denen zwar im Beweisbeschluss nicht gefragt ist, diese jedoch erkennbar für die Beurteilung des Falles von Bedeutung sind. Dies führt dann vielfach dazu, dass Sachverständige auf Fehler in der Aufklärung hinweisen, die zuvor vom Patienten nicht ansatzweise angesprochen worden waren.

Von besonderer Brisanz ist die Frage eines Gerichts nach dem Vorliegen eines **groben ärztlichen Behandlungsfehlers**. Hierzu hat der Bundesgerichtshof entschieden:

> *„Auch wenn es sich bei der Beurteilung eines Behandlungsfehlers als grob um eine juristische Wertung handelt, die dem Tatrichter obliegt, muss diese wertende Entscheidung auf tatsächlichen Anhaltspunkten beruhen, für welche die Würdigung des medizinischen Sachverständigen nicht außer Acht gelassen werden kann."* (BGH NJW 1998, 1782)

Auch ein Sachverständiger muss dafür Sorge tragen, dass er auf seinem Fachgebiet stets auf dem Laufenden ist. Bei Spezialfragen, die ihm nicht sogleich gegenwärtig sind, muss er sich entsprechendes **Spezialwissen** verschaffen. Dabei kann er sich der Fachliteratur

Der Gutachter sollte sich nur zu den vom Gericht gestellten Fragen äußern, es sei denn, der gerichtliche Auftrag erweitert die Fragestellung ausdrücklich.

bedienen oder auch Rat anderer Fachkollegen und Institutionen einholen.

Unverzichtbar ist ein gründliches Studium der vom Gericht überreichten Akten, wozu auch die Krankenakte gehört.

Weiterhin ist zu beachten, dass der Sachverständige auf den Zeitpunkt des Schadensereignisses, das oft Jahre zurückliegen kann, einzugehen hat. Nur was **zum damaligen Zeitpunkt als Standard** angesehen wurde, darf bei seiner Begutachtung zugrunde gelegt werden. Deshalb kann es erforderlich sein, ältere Fachliteratur hinzuzuziehen.

Der vom Gericht beauftragte Sachverständige hat das **Gutachten persönlich zu erstatten**. Dieses beruht darauf, dass das Gericht einem bestimmten Gynäkologen den Auftrag erteilt, das Gutachten persönlich zu erstatten. Die vielfach festzustellende Praxis, dass der beauftragte Institutsleiter am Ende des Gutachtens sein Einverständnis vermerkt, reicht nicht aus. Dies bedeutet nicht, dass der als Sachverständige beauftragte Gynäkologe nicht Mitarbeiter einschalten darf. Er muss jedoch gewährleisten, dass er in jeder Phase die Organisationsgewalt eigenverantwortlich inne hat.

Auf jeden Fall hat der Sachverständige eine **Kompetenzüberschreitung** zu vermeiden. Dies wäre eine Fehlbegutachtung. Hier hat der Sachverständige in seinem Gutachten ausdrücklich darauf hinzuweisen, dass es der Einschaltung eines weiteren Sachverständigen bedarf, da er selbst auf diesem Gebiet nicht tätig ist, oder über nicht genügend Erfahrung verfügt.

Bei der Erstellung des schriftlichen Gutachtens sollte am Anfang die vom Gericht gestellte Beweisfrage stehen. Danach sind die beigezogenen Krankenunterlagen aufzuführen. Vielfach wird der Inhalt der Gerichts- und Krankenakte wiederholt. Dieses ist in vielen Fällen überflüssig. Es reicht vielmehr eine **gedrängte Sachverhaltsschilderung** aus.

Der Sachverständige hat die ihm konkret gestellten Fragen ebenso konkret zu beantworten.

> **Beispiel:**
> Wird der medizinische Sachverständige nach einem behaupteten Behandlungsfehler des beklagten Gynäkologen befragt, darf er von sich aus nicht ungefragt in seinem Gutachten zu einem von ihm festgestellten Aufklärungsmangel Stellung nehmen. Dies ist nur dann zulässig, wenn das Gericht im Beweisbeschluss ausdrücklich darauf hingewiesen hat, dass der Sachverständige auch solche Umstände, die im Beweisbeschluss nicht niedergelegt sind, berücksichtigen soll.

Ferner hat der Sachverständige die Möglichkeit, mit dem zuständigen Richter Kontakt aufzunehmen und gegebenenfalls eine Erweiterung des Beweisbeschlusses zu erreichen.

Der Sachverständige ist streng an seinen **Gutachtensauftrag** gebunden, da im Zivilprozess die Parteien den Streitstoff bestimmen.

Für einen Sachverständigen ist es selbstverständlich, nicht zu Rechtsfragen Stellung zu nehmen. Als Sachverständiger hat er sich nur auf die **Behandlung von Tatsachen** zu beschränken. Ebenso hat er reine Mutmaßungen und Unterstellungen auf jeden Fall zu unterlassen.

Der Sachverständige hat sich mit einem in der Gerichtsakte befindlichen Privatgutachten sachlich auseinander zu setzen und im Einzelnen darzulegen, weshalb er zu einem anderen Ergebnis kommt oder mit diesem übereinstimmt.

Am Ende ist eine Zusammenfassung zu erstellen, die sich an der Reihenfolge der gestellten Beweisfragen orientiert.

Ferner hat der Sachverständige die von ihm benutzte Literatur zu zitieren.

8.1.6 Vergütung

Bei einer Beauftragung eines Arztes als Sachverständigen durch ein Gericht oder die Staatsanwaltschaft richtet sich dessen Vergütung nach dem **Entschädigungsgesetz für Zeugen und Sachverständige** (ZSEG). Ist die Erstattung des angeforderten Gutachtens eine Dienstaufgabe des beauftragten Gynäkologen, hat er keinen Entschädigungsanspruch. Bei Universitätsprofessoren oder sonstigen Ärzten an Universitätskliniken oder öffentlichen Krankenanstalten ist die Erstattung von Gutachten für Gerichte und Staatsanwaltschaften regelmäßig **keine Dienstaufgabe,** wenn nichts anderes vereinbart ist. Sie haben daher einen Entschädigungsanspruch.

Der Sachverständige erhält Ersatz der zur Vorbereitung und Erstattung des Gutachtens erforderlichen Aufwendungen sowie Fahrtkostenerstattung und den Mehraufwand durch notwendige Terminwahrnehmungen und bare Auslagen. Für jede Stunde der erforderlichen Zeit wird zwischen 25 und 50 Euro gezahlt.

Unter bestimmten Voraussetzungen können die Höchstsätze bis zu 50 % überschritten werden, wenn

- sich der Sachverständige für ein Gutachten mit der wissenschaftlichen Lehre auseinandersetzen muss;
- der Sachverständige durch die Dauer oder die Häufigkeit seiner Heranziehung einen nicht mehr zumutbaren Erwerbsverlust erleiden würde;
- er seine Berufseinkünfte im Wesentlichen als gerichtlicher oder außergerichtlicher Sachverständiger erzielt.

CHECKLISTE

Was ist bei Erstellung eines Gutachtens zu berücksichtigen?

○ Das Gutachten ist **unparteiisch** zu erstellen.
  ⇒ absolute Neutralität
  ⇒ unzulässig: Verhandlungen mit den Prozessparteien

○ Eine **private / berufliche Verbundenheit** mit einer der Parteien ist rechtzeitig mitzuteilen.

○ Der Sachverständige hat sich strikt an den **gestellten Fragen** zu orientieren, die exakt zu beantworten sind.

○ Der Sachverständige muss auf seinem **Fachgebiet** stets auf dem Laufenden sein.
  ⇒ erforderlichenfalls muss er sich entsprechendes Spezialwissen verschaffen (z.B. über Fachliteratur oder Auskünfte anderer Fachkollegen und Institutionen)

○ Unverzichtbar: **gründliches Studium der vor Gericht überreichten Akten** (einschließlich der Krankenakte)

○ Der **Zeitpunkt des Schadensereignisssses** ist entscheidend!
  ⇒ Der Begutachtung muss das, was zu diesem Zeitpunkt als Standard angesehen wurde, zugrunde gelegt werden.
  ⇒ ggf. erforderlich, ältere Fachliteratur hinzuziehen

○ Das Gutachten ist **persönlich** zu erstatten.
  ⇒ nicht ausreichend: Vermerk des Einverständnisses des beauftragten Institutsleiters am Ende des Gutachtens
  ⇒ zulässig: Einschaltung von Mitarbeitern, sofern der Sachverständige jederzeit die Organisationsgewalt hat

○ **Kompetenzüberschreitung** ist zu vermeiden.
  ⇒ Wenn der Sachverständige
    • auf einem Gebiet überhaupt nicht tätig ist oder
    • nicht über genügend Erfahrung verfügt.
  dann ist in Gutachten ausdrücklich darauf hinzuweisen, dass ein weiterer Sachverständige eingeschaltet werden muss.

○ **Aufbau eines schriftlichen Gutachtens:**
  1. Zitierung der vom Gericht gestellten Beweisfrage
  2. Aufstellung der beigezogenen Krankenunterlagen
  3. Zusammenfassung der Gerichts- und Krankenakte
    ⇒ ausreichend: gedrängte Sachverhaltsschilderung
  4. Ausführliche Beantwortung der Beweisfragen
  5. Sachliche Auseinandersetzung mit einem in der Gerichtsakte befindlichen Privatgutachten
    ⇒ detaillierte Begründung, aus welchen Gründen der Sachverständige mit diesem übereinstimmt oder von ihm abweicht
  6. Zusammenfassung, die sich an der Reihenfolge der gestellten Beweisfragen orientiert
  7. Zitierung der benutzten Literatur

8.2 Gutachterliche Tätigkeit

Auch außerhalb von Gerichtsverfahren ist in vielen Fällen die Unterstützung durch den Gynäkologen zur Vorbereitung von Entscheidungen notwendig. Medizinische Befunde müssen zur Vorbereitung etwa eines späteren Strafverfahrens mit den entsprechenden Beweisanforderungen erhoben werden. Ferner werden von den unterschiedlichsten Behörden ärztliche Gutachten in Auftrag gegeben, um auf dieser Grundlage die Voraussetzungen für ihre Entscheidungen zu haben. Die Vergütung richtet sich dabei nach der GOÄ oder einer Vereinbarung.

8.2.1 Behörden

Auf Anordnung von Ermittlungsbehörden (Gericht, Staatsanwaltschaft, Polizei) können ärztliche Untersuchungen angeordnet werden.

§ 81 a StPO Körperliche Untersuchung

(1) Eine körperliche Untersuchung des Beschuldigten darf zur Feststellung von Tatsachen angeordnet werden, die für das Verfahren von Bedeutung sind. Zu diesem Zweck sind Entnahmen von Blutproben und andere körperliche Eingriffe, die von einem Arzt nach den Regeln der ärztlichen Kunst zu Untersuchungszwecken vorgenommen werden, ohne Einwilligung des Beschuldigten zulässig, wenn kein Nachteil für seine Gesundheit zu befürchten ist.

(2) Die Anordnung steht dem Richter, bei Gefährdung des Untersuchungserfolges durch Verzögerung auch der Staatsanwaltschaft und ihren Hilfsbeamten zu.

(3) Dem Beschuldigten entnommene Blutproben oder sonstige Körperzellen dürfen nur für Zwecke des der Entnahme zugrunde liegenden oder eines anderen anhängigen Strafverfahrens verwendet werden; sie sind unverzüglich zu vernichten, sobald sie hierfür nicht mehr erforderlich sind.

Ein häufiger Fall eines körperlichen Eingriffs nach polizeilicher Anordnung ist die Blutentnahme zur Bestimmung der **Blutalkoholkonzentration**. Entsprechend vorgegangen wird zur Bestimmung von Medikamenten bzw. Drogen oder anderer zentral wirksamer Substanzen.

Körperliche Untersuchungen können ebenfalls angeordnet werden. Dies ist insbesondere der Fall bei sogenannten **Drogenkurieren**, die Drogenpäckchen im Körper mit sich tragen. Dabei ist es zulässig, Mittel zum kontrollierten natürlichen Abgang inkorporierter Drogencontainer zu verabreichen. Unzulässig ist es jedoch, dass ein **Polizeibeamter** einen Eingriff anordnet, um so einen Drogentransport beweisen zu können.

Erscheinen Patientinnen mit Verletzungen, die auf ein **Unfallgeschehen** oder eine Gewalteinwirkung zurückzuführen sind, müssen diese besonders dokumentiert werden. Dies gewinnt zunehmende Bedeutung bei Verletzung alter Menschen. Eine wichtige Aufgabe hat der Gynäkologe bei der Befunderhebung nach Vergewaltigung und anderen Gewaltdelikten gegen Frauen.

Hier sollten folgende Befunde erhoben werden:

- objektives Verletzungsbild, Art, Lokalisation, Ausdehnung und Alter,
- fotographische Dokumentation,
- Beschreibung von Nebenbefunden (Kratzer, Rötungen usw.),
- es sollte bei den Verletzungen unterschieden werden nach stumpfer Gewalt (Schlag, Sturz, Druck), Hämatome sowie Schürfungen,
- zwischen Stich- und Schnittverletzungen sollte unterschieden werden; die Zahl der Schnitte oder Stiche, die geschätzte Tiefe und der Verlauf im Körper sollten festgehalten werden,
- bei Schussverletzungen sollen Größe und Lokalisation, Schusskanalverlauf, Schmaucheinsprengungen usw. dokumentiert werden.

In vielen anderen Situationen sind Behörden ebenfalls darauf angewiesen, auf eine medizinische Beurteilung zurückgreifen zu können, um sachgerechte Entscheidungen treffen zu können. Beispielhaft genannt werden können:

- Verhandlungsfähigkeit,
- Schuldfähigkeit,
- Flugfähigkeit,
- Testierfähigkeit,
- Unterbringungsfähigkeit,
- Gewahrsamsfähigkeit,
- Glaubwürdigkeit von Kindern und Jugendlichen.

8.2.2 Versicherungen

Zur Geltendmachung von Schadensersatz- und Schmerzensgeldansprüchen ist ebenfalls die medizinische Beurteilung unumgänglich. Versicherungen bedienen sich daher der Möglichkeit, nach einer entsprechenden Schweigepflichtentbindungserklärung die Gynäkologen der anspruchsstellenden Patientinnen zu fragen. Hierzu werden entsprechende Fragebögen versandt, die dann vom

Gynäkologen auszufüllen sind. Hierbei handelt es sich ebenfalls um eine begutachtende Tätigkeit.

Dabei hat der konsultierte Gynäkologe die objektiv festgestellten Befunde mitzuteilen und auch das subjektive Befinden der Patientin festzustellen. Hierzu gehört die Dauer, Art und Intensität von Schmerzen sowie deren Lokalisation. Danach wird die Versicherung entscheiden, in welcher Höhe der Anspruchstellerin Schadensersatz und/oder Schmerzensgeld zuerkannt werden sollen.

8.3 Pflichtverletzungen

Vielfach wird die Gefahr, aufgrund fehlerhafter Tätigkeit als Sachverständiger in Anspruch genommen werden zu können, unterschätzt. Bei fehlerhafter Tätigkeit kommt eine unterschiedliche Inanspruchnahme des Sachverständigen in Betracht.

Fehlerhafte Tätigkeit des Sachverständigen

Strafrechtliche Verfolgung
⇒ z.B. wegen
- Strafvereitelung
- falscher Verdächtigung
- Meineid
- falscher uneidlicher (!) Aussage

Zivilrechtliche Haftung
⇒ selten
⇒ auf Schadensersatz oder Schmerzensgeld
⇒ z.B. wenn Sachverständiger
- notwendige ärztliche Untersuchungen unterlässt
- fahrlässig unrichtige Angaben macht
- grob fahrlässig falsche Schlüsse zieht

Übersicht 8.1: Fehlerhafte Tätigkeit des Sachverständigen

8.3.1 Strafrechtliche Verfolgung

Erstattet ein Sachverständiger sein Gutachten vorsätzlich, grob oder leicht fahrlässig falsch, kann eine Reihe von Straftatbeständen verwirklicht sein:
- Strafvereitelung (§ 158 StGB),
- falsche Verdächtigung (§ 164 StGB),
- Freiheitsberaubung (§ 269 StGB),
- Ausstellung unrichtiger Gesundheitszeugnisse (§ 278 StGB),
- Aussagedelikte (§§ 153 ff. StGB), wenn der Sachverständige sein Gutachten mündlich erläutert und dann vereidigt wird,
- Betrug oder Beihilfe zum Betrug (§§ 263, 27 StGB).

8.3.2 Zivilrechtliche Haftung

Bei fehlerhafter Erstellung des Gutachtens nach gerichtlicher Beauftragung haftet der Sachverständige.

> **§ 839 a BGB Haftung des gerichtlichen Sachverständigen**
>
> 1. Erstattet ein vom Gericht ernannter Sachverständiger vorsätzlich oder grob fahrlässig ein unrichtiges Gutachten, so ist er zum Ersatz des Schadens verpflichtet, der einem Verfahrensbeteiligten durch eine gerichtliche Entscheidung entsteht, die auf diesem Gutachten beruht.

Gegen einen vom Gericht bestellten Sachverständigen haben die Parteien eines Rechtsstreits oder sonst von einem gerichtlichen Verfahren Betroffene keine vertraglichen Ansprüche. Eine Haftung aus Amtspflichtverletzung scheidet aus, weil der gerichtlich bestellte Sachverständige keine hoheitliche Gewalt ausübt. Mit der neuen Vorschrift des § 839 a BGB soll der Unterschied zwischen der Haftung des **beeidigten und des nicht beeidigten** gerichtlichen Sachverständigen aufgehoben werden. Eine Haftung des beeidigten Sachverständigen für einfache Fahrlässigkeit scheidet aus. Allerdings stellt die neue Regelung für den nicht beeidigten Sachverständigen eine deutliche Haftungsverschärfung dar. Er haftet zwar nur bei grober Fahrlässigkeit, jedoch für jeden Vermögensschaden.

Dies ist etwa der Fall, wenn er seine Pflicht zur fachlichen Information und ordnungsgemäßen Vorbereitung des Gutachtens verletzt, indem er etwa notwendige ärztliche Untersuchungen unterlässt oder zumindest fahrlässig unzutreffende tatsächliche Angaben macht oder falsche Schlüsse zieht. Dieses gilt bei grober Fahrlässigkeit. Jedoch sind gerichtliche Entscheidungen zulasten medizinischer Sachverständiger, die mit einer Begutachtung betraut waren, ausgesprochen selten (BGH VersR 1989, 628; OLG Nürnberg NJW-RR 1988, 791).

Es bleibt abzuwarten, ob eine im Rechtsstreit unterlegene Partei den Weg des Regresses gegen den gerichtlich bestellten Sachverständigen sucht.

Der Gutachter haftet für den Vermögensschaden, wenn eine grobe Fahrlässigkeit bei der Erstellung des Gutachtens nachgewiesen werden kann.

9 Das Berufs- und Standesrecht

Der Arzt hat der Gesundheit des einzelnen Menschen und des gesamten Volkes zu dienen. Die Generalklauseln in **Kammer- und Heilberufsgesetzen** müssen hierzu konkretisiert werden. Die Einzelverpflichtungen, wie sie in den Berufsordnungen vorgesehen sind, werden dem Inhalt der geschuldeten ärztlichen Tätigkeit nicht gerecht. Sie müssen ergänzt und fortgebildet werden. Deshalb kann die Bedeutung des Berufs- und Standesrechts nicht hoch genug angesehen werden.

Neben all den bereits geschilderten beruflichen Aufgaben des Arztes kann die **Berufsordnung** weitere Pflichten aufstellen, etwa über die Verschwiegenheit, das Ausstellen von Gutachten und Zeugnissen, Praxisankündigungen und -schilder, die Durchführung von Sprechstunden, die gemeinsame Ausübung der Berufstätigkeit von mehreren Ärzten, den Abschluss einer Haftpflichtversicherung, das berufliche Verhalten gegenüber anderen Berufsangehörigen sowie über die Beschäftigung von Vertretern, Assistenten und sonstigen Mitarbeitern. Hierzu gehört letztlich auch die Pflicht zur Fort- und Weiterbildung.

9.1 Fort- und Weiterbildung

9.1.1 Allgemeiner Umfang der Fortbildungspflicht

Die **Musterberufsordnung** für die deutschen Ärztinnen und Ärzte sieht in § 4 ausdrücklich vor, dass der Arzt, der seinen Beruf ausübt, verpflichtet ist, sich in dem Umfang beruflich fortzubilden, wie es zur Erhaltung und Entwicklung der zu seiner Berufsausübung erforderlichen Fachkenntnisse notwendig ist. Er muss seine Fortbildung gegenüber der Ärztekammer in geeigneter Form nachweisen können. Somit gehört die Fortbildung zur Berufsausübung.

Für den Vertragsarzt besteht eine zusätzliche Fortbildungspflicht. Die Satzungen der kassenärztlichen Vereinigungen müssen Regeln über die Fortbildung der Ärzte auf dem Gebiet der vertragsärztlichen Tätigkeit enthalten. Jeder Arzt hat sich dabei bis an die Grenzen des Zumutbaren über die Erkenntnisse und Erfahrungen der Wissenschaft unterrichtet zu halten (BGH VersR 1977, 546).

In einem etwaigen Haftpflichtprozess wird das Gericht bei der Frage, ob der verklagte Arzt seiner Fortbildungspflicht nachgekommen ist, den medizinischen Sachverständigen befragen. Die Rechtssprechung verlangt insoweit, dass ein Arzt zwar nicht

Fortbildungspflicht:
- Informierung über aktuellen Stand der Wissenschaft
- Lektüre unentbehrlicher Standardwerke

sämtliche medizinische Fachzeitschriften zu halten und zu lesen hat. Es wird von ihm jedoch verlangt, dass er jedenfalls von dem Inhalt der Fachzeitschriften Kenntnis nimmt, die er selbst für so wichtig ansieht, dass er sie hält (OLG Hamm VersR 1965, 1108; BGH NJW 1991, 1535 ff.).

9.1.2 Weiterbildung der Fachärzte

Nur wer eine Anerkennung für das jeweilige Gebiet vorweisen kann, darf sich einer bestimmten Fachbezeichnung bedienen.

Approbation: Bun-
desärzteordnung
Weiterbildung: Lan-
desärztekammer

Die **Bundesärzteordnung** regelt die Ausbildung und die Erteilung der Approbation, während sich die Weiterbildungen in bestimmten Fachgebieten nach **Landesrecht** und Satzungen der jeweiligen Ärztekammern richten.

Die Approbation erteilt die staatliche Behörde, die Gebietsbezeichnung verleiht die Ärztekammer. Diese unterschiedliche Zuständigkeit erklärt sich aus der Verteilung der legislativen Kompetenzen (Artikel 74 Ziffer 19 GG). Die gesamte Regelung des Facharztwesens gehört zur ausschließlichen Gesetzgebungszuständigkeit der Länder (BVerfGE NJW 1972, 1504).

Ärztliche Betätigung nur in
einem Fachgebiet zulässig

Dabei gilt der Grundsatz, dass ein Arzt nur auf einem Gebiet tätig sein darf. Nur ausnahmsweise ist das Führen mehrerer **Gebietsbezeichnungen** zulässig, wenn es sich etwa um nahe verwandte Gebiete handelt und um Fächerkombinationen, die sich zu einer einheitlichen Fachpraxis mit funktionell aufeinander bezogenen Einzeltätigkeitsgebieten ausgestalten lassen (BVerfGE NJW 1972, 1504).

Die Ärztekammern regeln
die Weiterbildung

Die Ärztekammern erlassen **Prüfungsordnungen** als autonome Satzungen. Grundlage hierfür ist die Musterweiterbildungsordnung (MuWO). Als Ziel der Weiterbildung, einer berufsbegleitenden notwendigen Qualifizierung im Dienst der Qualitätssicherung, bestimmt die Musterordnung den geregelten Erwerb eingehender Kenntnisse, Erfahrungen und Fertigkeiten für definierte ärztliche Tätigkeiten nach Abschluss der Berufsbildung. Den Abschluss bildet grundsätzlich eine Prüfung. Diese Prüfung findet vor einem Prüfungsausschuss statt, den die Ärztekammer bildet. Die **Weiterbildungsordnung** legt die Sachgebietsbezeichnungen, deren Kombinationsmöglichkeiten sowie die Weiterbildungsstätten fest.

Eine Weiterbildungsermächtigung ist nicht nur dann zu versagen, wenn die Eignung fehlt, sondern auch, wenn sie nicht positiv festgestellt werden kann. Hierzu dient ein Kolloquium, um Zweifel an der Eignung zu beheben (VGH BW MedR 1991, 43).

Zu beachten ist, dass eine Weiterbildungsermächtigung bei Teilzeittätigkeit des Arztes nicht besteht. Es gehört zur persönlichen

Eignung eines zur Weiterbildung befugten Gynäkologen, dass er die Aufgabe der Anleitung in zeitlich angemessener Form wahrnehmen kann (VG Saarland MedR 2001, 154).

Keine Weiterbildungsbefugnis des teilzeitbeschäftigten Arztes

9.2 Das Verfahren vor den Berufsgerichten

Verstöße gegen die Berufspflichten ahnden die Berufsgerichte. Die Berufsgerichte sind überwiegend der Verwaltungsgerichtsbarkeit, in Bayern der ordentlichen Justiz, in Schleswig-Holstein der Dienststrafkammer für Beamte, angegliedert, während in Baden-Württemberg, Niedersachsen und im Saarland die Berufsgerichte selbstständige Einrichtungen bei den jeweiligen Ärztekammern sind. Die Rechtsgrundlage für die Einrichtung der Berufsgerichtsbarkeit befindet sich in den **Kammer- und Heilberufsgesetzen** der einzelnen Bundesländer.

Berufsgerichte verhandeln nicht-öffentlich über Berufspflichtverstöße

Das Verfahren ist nicht öffentlich. Wird wegen ein und desselben Sachverhaltes ein Strafprozess geführt, steht dieser einem berufsgerichtlichen Verfahren entgegen. Ein laufendes Verfahren ist auszusetzen, wenn ein **Strafprozess** zwischenzeitlich eingeleitet wird.

Die Berufsgerichte sind in erster Instanz mit einem auf Lebenszeit ernannten Berufsrichter der allgemeinen Gerichtsbarkeit als Vorsitzendem und zwei Ärzten als Beisitzern besetzt (in Berlin zwei Richter und drei Ärzte).

Die **Berufungsinstanzen** umfassen jeweils fünf Mitglieder.

Die Berufungsinstanz prüft das Urteil nicht nur in rechtlicher, sondern auch in tatsächlicher Hinsicht. Es handelt sich daher um eine 2. Tatsacheninstanz.

Berufung vor Landesberufsgerichten, deren Entscheidung unanfechtbar ist
⇒ volle 2. Rechts- und Tatsachenüberprüfung

Entscheidungen der Landesberufsgerichte sind nicht mehr anfechtbar, da sie **richterliche Entscheidungen** und keine Verwaltungsakte sind. Als berufsgerichtliche Maßnahmen kommen in Betracht: Verwarnung, Verweis, Geldbuße bis 50.000,00 €, die Aberkennung der Mitgliedschaft in den Organen der Kammer sowie in deren Unterorganisationen, die Aberkennung des Wahlrechts und der Wählbarkeit im Rahmen der Kammerselbstverwaltung bis zur Dauer von 5 Jahren.

9.3 Zulassungsentzug und Disziplinarverfahren

9.3.1 Zulassungsentzug

Verletzt der Arzt seine vertragsärztlichen Pflichten gröblich oder übt er seine Tätigkeit nicht mehr aus, ist nach § 85 Abs. 6 SGB V die Zulassung zu entziehen. Von besonderer Bedeutung ist dabei die Frage, was als **gröbliche Pflichtverletzung** anzusehen ist.

Zulassungsentzug durch Zulassungsausschuss bei gröblicher Pflichtverletzung des Vertragsarztes

Regelmäßig werden die Voraussetzungen in folgenden Fällen angenommen:

- Abrechnung nichterbrachter Leistungen und sonstige Straftaten,
- Abrechnung von Krankenscheinen für ärztliche Behandlungen, die vom nichtärztlichen Personal durchgeführt wurden,
- fortgesetzte und gesteigerte Verletzung des Wirtschaftlichkeitsgebotes,
- häufige fehlerhafte Abrechnung von Material- und Laborkosten,
- erhebliche Verstöße gegen die Pflicht zur Dokumentation,
- Beschäftigung unzureichend ausgebildeten und ungenügend überwachten Hilfspersonals.

Zuständig für die Entziehung der Zulassung ist der Zulassungsausschuss. Ein derartiges Verfahren kommt durch einen **Antrag** auf Entziehung der Zulassung zustande, der z.B. durch eine Krankenkasse oder die KV gestellt werden kann. Der Ausschuss hat dabei zu prüfen, ob und inwieweit ein **Disziplinarverfahren** bereits ausreicht, um den Vertragsarzt zu einem künftigen ordnungsgemäßen Verhalten zu veranlassen. Ferner ist zu prüfen, ob das zerrüttete Vertrauen zwischen der KV, den Kassen und dem Arzt wieder hergestellt werden kann.

Im Verfahren ist dem Arzt im Wege der **Anhörung** die Möglichkeit zu seiner Verteidigung zu geben. Man kann jedem Arzt nur empfehlen, an der Sitzung des Ausschusses teilzunehmen und einen sachkundigen und erfahrenen Rechtsanwalt mitzubringen.

Der Ausschuss entscheidet durch einen **Verwaltungsakt**, der schriftlich begründet werden muss. Hiergegen kann Widerspruch eingelegt werden. Der Widerspruch hat **aufschiebende Wirkung**. Gegen den Widerspruchbescheid ist die Klage zum Sozialgericht gegeben.

9.3.2 Disziplinarverfahren

Das Disziplinarrecht ist Teil des **Vertragsarztrechtes**. Daher kann das Verhalten des Vertragsarztes disziplinarrechtlich relevant werden und in einem Disziplinarverfahren überprüft werden. Ziel dieses Vorgehens ist, die vertragsärztliche Versorgung entsprechend den gesetzlichen Vorgaben sicherzustellen (BSGE 34, 252). Der Vertragsarzt soll zur Einhaltung der ihm obliegenden Pflichten angehalten werden

Grundlage eines Disziplinarverfahrens ist somit die **Verletzung vertragsärztlicher Pflichten** nach § 81 Abs. 5 SGB V. Die Einleitung eines solchen Verfahrens kommt in Betracht bei

- fehlerhaften Honorarabrechnungen,

Anhörungsrecht wahrnehmen
⇒ Anwalt empfehlenswert

Rechtsmittel:
- Widerspruch
- Klage vor Sozialgericht

Disziplinarverfahren bei Pflichtverletzung des Vertragsarztes vor Disziplinarausschuss

- andauernden Verstößen gegen das Wirtschaftlichkeitsgebot,
- Verstoß gegen das Gebot der persönlichen Leistungserbringung,
- Ausstellung unrichtiger Arbeitsunfähigkeitsbescheinigungen,
- Verweigerung der Teilnahme am Notfalldienst,
- unberechtigte Ablehnung von Patientinnen.

Zuständig für die Durchführung des Disziplinarverfahrens ist der bei der KV gebildete **Disziplinarausschuss**. Dieser besteht aus einem zum Richteramt befähigten Vorsitzenden und mehreren, meistens vier Vertragsärzten als Beisitzer. Die Krankenkassen sind an diesem Verfahren nicht beteiligt.

Das Verfahren kommt auf **Antrag** zustande. Fühlt sich etwa eine Patientin schlecht behandelt, kann sie der KV einen entsprechenden Pflichtenverstoß des Gynäkologen anzeigen, die dann ihrerseits den Antrag auf Einleitung des Disziplinarverfahrens stellen kann. Entsprechendes gilt für die Krankenkassen.

Dem betroffenen Gynäkologen ist das rechtliche Gehör zu gewähren. Auch hier sollte sich der betroffene Gynäkologe eines erfahrenen Rechtsanwaltes bedienen, um etwa sachgemäße Beweisanträge zu stellen. Der Disziplinarausschuss ist verpflichtet, sämtliche Umstände, insbesondere auch solche, die den Vertragsarzt entlasten können, von Amts wegen zu ermitteln. Ist der Sachverhalt genügend geklärt und ergibt sich hieraus ein begründeter Verdacht gegen den Vertragsarzt, wird das Disziplinarverfahren gegen ihn formal eröffnet. In den anderen Fällen ist der Antrag auf Einleitung des Disziplinarverfahrens zurückzuweisen.

Sieht der Ausschuss hinreichende Gründe für ein Disziplinarverfahren, wird ein **Eröffnungsbeschluss** erlassen und eine Hauptverhandlung anberaumt. Dieses Verfahren ähnelt einem Strafverfahren. Die Verhandlung wird durch den Vorsitzenden geleitet. In jedem Stadium kann der Gynäkologe weitere Beweisanträge stellen. Nach Abschluss der Beweisaufnahme werden die Beteiligten gehört. Durch Beschluss ergeht nach geheimer Beratung die Entscheidung. Kann eine Verletzung vertragsärztlicher Pflichten nicht festgestellt werden, ist der Gynäkologe freizusprechen. Andernfalls können folgende **Disziplinarmaßnahmen** verhängt werden:

- Verwarnung,
- Verweis,
- Geldbuße bis zu 10.000,00 €,
- Anordnung des Ruhens der Zulassung für die Dauer von bis zu 2 Jahren.

Gegen den Bescheid ist dann unmittelbar die Einleitung eines Klageverfahrens vor dem **Sozialgericht** möglich. Eine solche Klage hat

Verfahren wird eingeleitet auf Antrag der KV, z.B. nach Anzeige eines Patienten

- Anhörungsrecht wahrnehmen
- Beweisanträge können im gesamten Verfahren gestellt werden
⇒ Anwalt empfehlenswert

aufschiebende Wirkung, so dass die KV die festgelegte Sanktion während des Verfahrenslaufes nicht vollstrecken kann.

Das Gericht hat sodann in vollem Umfang zu überprüfen, ob der Ausschuss den Sachverhalt richtig ermittelt hat und er von sachgerechten Gründen bei der Verhängung der Disziplinarmaßnahme ausgegangen ist.

Beide Verfahren stehen nebeneinander. Eine wechselseitige Bindungswirkung besteht nicht.

Beamtete Ärzte haben mit der Einleitung eines förmlichen Disziplinarverfahrens zu rechnen, wenn derartige Verstöße im Raume stehen.

9.4 Das Wirtschaftlichkeitsgebot

In § 12 SGB V ist das Wirtschaftlichkeitsgebot geregelt. Danach müssen die Leistungen ausreichend, zweckmäßig und wirtschaftlich sein. Sie dürfen das Maß des Notwendigen nicht überschreiten. Leistungen, die nicht notwendig oder unwirtschaftlich sind, können Versicherte nicht beanspruchen, dürfen die Leistungserbringer nicht bewirken und die Krankenkassen nicht bewilligen. Nur innerhalb dieses Rahmens darf der Arzt Leistungen zulasten der Krankenkassen erbringen (§ 72 II SGB V).

Da der überwiegende Teil der Versicherten gehalten ist, an der gesetzlichen Krankenversicherung teilzunehmen, darf die Leistung unter Beachtung des Verfassungsgrundsatzes der Verhältnismäßigkeit der Mittel nur soweit gehen, als der Zweck den Eingriff in die Freiheitsrechte des Versicherten rechtfertigt. Danach ist es Zweck der gesetzlichen Krankenversicherung, im Krankheitsfall eine **ausreichende Hilfe** zu gewähren. Dabei kann auch nicht durch erhöhte Beitragszahlung jemand über den gesetzlichen Rahmen hinaus Leistungen erhalten. Wenn aber alle gesetzlich Versicherten nur Beiträge für die ausreichende Unterstützung im Krankheitsfalle zahlen müssen und können, darf der Krankenversicherungsträger auch nur die entsprechende ausreichende Hilfeleistung erbringen.

Das Wirtschaftlichkeitsgebot richtet sich vornehmlich an die Leistungserbringer.

Nach § 70 I SGB V haben die Krankenkassen und die Leistungserbringer eine bedarfsgerechte und gleichmäßige, dem allgemeinen anerkannten Stand der medizinischen Erkenntnisse entsprechende, Versorgung der Versicherten zu gewährleisten. Dabei muss die Versorgung ausreichend und zweckmäßig sein, darf das Maß des Notwendigen nicht überschreiten und muss in der fachlich gebotenen Qualität sowie wirtschaftlich erbracht werden.

Dabei ist von besonderer Bedeutung, dass trotz aller Zwänge die vertragsärztliche Versorgung dem allgemein anerkannten Stand der medizinischen Erkenntnisse entsprechen muss. Kostengünstige aber wenig hilfreiche Behandlungsmethoden oder Medikamente sind ebenso unwirtschaftlich wie ineffektive aber besonders teure. Deshalb fordern die Arzneimittelrichtlinien in den Nr. 12, 13, dass der therapeutische Nutzen vor dem Preis entscheidend ist.

Die Wirtschaftlichkeit einer Behandlung ist auch zu beurteilen nach dem Verhältnis ihrer Kosten zur Sicherung des Erfolges und zu der dafür erforderlichen Zeit.

So kann es für eine Krankenkasse wirtschaftlich sein, ein teures aber hochwirksames Medikament zu bezahlen, wenn dafür die Arbeitsfähigkeit einer Kranken schneller wiederhergestellt oder sogar ein Krankenhausaufenthalt vermieden werden kann.

Der Vertragsarzt ist gehalten, ein Arzneimittel nicht zu verordnen, das nicht über einen ausreichend gesicherten therapeutischen Nutzen verfügt. Stehen gleichwertige Behandlungsmethoden zur Verfügung, ist die kostengünstigste zu nehmen.

Die Einhaltung des Wirtschaftlichkeitsgebotes bereitet erhebliche Schwierigkeiten, da es zeitaufwendig und lästig ist, die Behandlungs- und Verordnungsweise selbstkritisch und unter Umständen durch Auswertung eigener Aufzeichnungen zu begleiten.

Dabei ist auch von Bedeutung, dass Krankenkassen unwirtschaftliche Leistungen nicht nachträglich genehmigen können, da sie ansonsten den rechtmäßig handelnden Arzt benachteiligen. Insoweit besteht kein Ermessensspielraum.

> entscheidend:
> - therapeutischer Nutzen der Behandlung
> ⇒ positive Nutzen-Risiko-Abwägung
> - Verhältnis Kosten – Erfolgssicherung – Zeitaufwand

> unzulässig: nachträgliche Genehmigung unwirtschaftlicher Leistungen durch Krankenkassen

9.5 Die Wirtschaftlichkeitsprüfung

Unabdingbare Voraussetzung für den richtigen Umgang mit den Kassenärztlichen Vereinigungen ist die Kenntnis der Prüfmethoden und des Prüfverfahrens selbst. Dabei soll der Schwerpunkt der Ausführungen auf dem Prüfverfahren liegen, während die Prüfmethoden nur verkürzt dargestellt werden.

9.5.1 Prüfmethoden

Die Prüfmethoden finden ihre gesetzliche Grundlage in § 106 SGB V. Dabei wird in zwei Verfahrensstufen vorgegangen. Zunächst wird geprüft, ob der Arzt unwirtschaftlich beraten oder verordnet hat. Wird dies dem Grunde nach festgestellt, erfolgt in einer zweiten Stufe die Berechnung der durch das unwirtschaftliche Handeln entstandenen Mehrkosten. Diese Mehrkosten werden dann dem Arzt gegenüber durch einen Bescheid förmlich geltend gemacht.

Es sind folgende Prüfungsarten zu unterscheiden:

- Einzelfallprüfung,
- Durchschnittswertprüfung,
- Richtgrößenprüfung,
- Vertikalvergleich.

9.5.1.1 Einzelfallprüfung

Hier wird wiederum zwischen einer strengen und einer eingeschränkten Prüfung unterschieden.

Die strenge Einzelfallprüfung setzt zum Zeitpunkt der konkreten Behandlung ein (BSGE 62, 18 ff.). Hier ist eine konkrete Überprüfung der Krankenunterlagen oder eine Nachuntersuchung des Patienten notwendig. Äußerst selten werden beide Maßnahmen zusammen ergriffen.

Dagegen bezieht sich die eingeschränkte Einzelfallprüfung auf die Indikationsbeurteilung des Arztes. Sein Behandlungsverhalten wird anhand der Abrechnungsunterlagen überprüft. Die Überprüfung bezieht sich also darauf, ob die Behandlungsmaßnahmen mit den vom Arzt gestellten Indikationen im Einklang steht (BSGE 70, 246 ff.). Das Bundessozialgericht hält es dabei für zulässig, dass eine Hochrechnung angestellt wird. Für jedes Quartal wird ein prozentualer Anteil von mindestens 20 % der abgerechneten Fälle, wobei es sich um mindestens 100 Behandlungsfälle handeln muss, überprüft.

9.5.1.2 Durchschnittswertprüfung

Die Wirtschaftlichkeitsprüfung nach Durchschnittswerten gemäß § 106 II 1 Nr. 1 SGB V ist ein statistischer Kostenvergleich. Wegen des sehr hohen Aufwandes, die eine Einzelfallprüfung mit sich bringt, ist die Prüfung nach Durchschnittswerten gemäß § 106 II SGB V die gängige Prüfmethode. Hier werden die Fallkosten des konkret zu prüfenden Arztes mit den durchschnittlichen Fallkosten einer Vergleichsgruppe verglichen. Diese wiederum besteht aus Ärzten, die einen in etwa vergleichbaren Patientenstamm versorgen und im Wesentlichen dieselben Erkrankungen behandeln. Zwischen den durchschnittlichen Fallkosten des zu prüfenden Arztes und den durchschnittlichen Fallkosten der Vergleichsgruppe wird rechnerisch verglichen.

Dabei sind Praxisbesonderheiten und kompensatorische Einsparungen des zu prüfenden Arztes zu berücksichtigen.

Besonders bedeutsam ist daher, mit welcher Vergleichsgruppe der konkret geprüfte Arzt verglichen wird. Voraussetzung hierfür ist, dass die Vergleichsgruppe derartige Leistungsspektren bietet, die mit dem des zu prüfenden Arztes weitgehend übereinstimmen. Andernfalls müssen kleinere Untergruppen gebildet werden, bis

---

Eingeschränkte Einzelfallprüfung

- Untersuchung der Behandlung anhand der Abrechnungsunterlagen

zulässig:
Überprüfung eines Teils der abgerechneten Fälle, dann Hochrechnung

ein halbwegs homogenes Leistungsspektrum und damit Abrechnungsverhalten gegeben ist. Dabei muss die Vergleichsgruppe allerdings ausreichend groß sein, um von einem statistisch aussagekräftigen Abrechnungsverhalten ausgehen zu können (BSG ArztR 1997, 174). Im Übrigen wird es als ausreichend angesehen, wenn etwaige signifikante Abweichungen von den Fachgruppen typischen Leistungsbedingungen als Praxisbesonderheiten berücksichtigt werden. Deshalb ist es nicht notwendig, bei abweichender Behandlungsausrichtung oder sonstigen individuellen Besonderheiten eine engere Vergleichsgruppe zu bilden. Eine spezielle Vergleichsgruppe ist nur dann zu bilden, wenn die zu beurteilende Methode nach ärztlichem Berufsrecht zum Führen einer Zusatzbezeichnung berechtigt (BSG ArztR 1983, 230).

Wenn eine aussagekräftige Vergleichsgruppe nicht gebildet werden kann, wird eine Einzelfallprüfung durchgeführt oder ein Vertikalvergleich angestellt.

Sodann werden die vom zu prüfenden Arzt erbrachten oder verordneten Leistungen den Daten der Vergleichsgruppe gegenübergestellt. Hierdurch wird ermittelt, ob der konkret geprüfte Vertragsarzt oberhalb des Durchschnitts der Vergleichsgruppe liegt. Je umfassender die etwaige Überschreitung festgestellt wird, um so weniger muss der Prüfungsausschuss die Verletzung des Wirtschaftlichkeitsgebotes anhand konkreter Fallbeispiele begründen. Dabei ist bedeutsam, dass die reine Überschreitung die Verhängung von Sanktionen allein nicht rechtfertigt. Vielmehr sind Gesichtspunkte des Einzelfalles zu berücksichtigen, die für die Beurteilung der Wirtschaftlichkeit ausschlaggebend sind. Von großer praktischer Bedeutung sind daher die Fragen der Praxisbesonderheiten und kompensatorischen Einsparungen. Sie können den Kostenanteil vom Gesamtfallwert verringern (BSG ArztR 1995, 157).

WICHTIG ! **Praxisbesonderheiten sind Tatsachen, deren Ursächlichkeit für den erhöhten Kostenaufwand, nicht zur Bildung einer besonderen Vergleichsgruppe Anlass geben, sondern zur Zuerkennung eines höheren Fallwertes.**

Hierzu kommen nur Tatsachen in Betracht, die von Außen auf eine Praxis einwirken und deshalb den Arzt zu einem bestimmten Handeln veranlassen.

Hierzu einige Beispiele:
- Bei vielen neuen Patientinnen, die typischerweise gerade in der **Anlaufphase einer Praxis** gehäuft vorkommen, kommt der Arzt um eine vermehrte Abrechnung von insbesondere diagnostischen Leistungen aber auch anderen Leistungen nicht herum (BSG 62, 24). Ein Arzt, der auf langjährige Erfahrung mit dem einzelnen Patienten

zurückblicken kann, muss umfangreiche Diagnostik in der Regel nicht mehr durchführen. Lässt sich der Arzt dann auch noch in einem bisher unterversorgten Gebiet nieder, kann es auch durch diesen Umstand verstärkt zu einer erhöhten Abrechnung kommen.

- Davon zu unterscheiden ist das bloße Argument, dass der Arzt **Anfänger** ist und deshalb nicht genug Erfahrung mit sparsamer Behandlung hat. Dies stellt keine Praxisbesonderheit dar (BSGE 76, 300).
- **Schwere Fälle wie multimorbide, chronisch oder schwerkranke Patienten** tragen maßgeblich zur Erhöhung des Gesamtfallwerts und der Verordnungskosten bei. Anerkannt sind bislang Arthrose, Lungenemphysem, Asthma, Krebs, schwere dekompensierte Herzinsuffizienz, frische und alte Verletzungen, Multiple Sklerose, Diabetes, chronische Lebererkrankungen, rachitische Erkrankungen, schwere Osteoporose, Schilddrüsenerkrankungen und chronische Bronchitis (BSG ArztR 1983, 174).
- Örtliche Besonderheiten können ebenfalls von Bedeutung sein. Die Betreuung der Bewohner eines nahegelegenen Altenheimes wird als Besonderheit anerkannt. Wenn eine Praxis an einer unfallträchtigen Straße liegt, können häufige Unfallversorgungen ebenfalls als Besonderheit anerkannt werden.
- Eine besondere Praxisführung kann ebenfalls zur Erhöhung des Gesamtfallwertes führen, wenn z.B. die Praxis urlaubsbedingt nicht geschlossen wird oder Sprechstunden zu ungewöhnlichen Zeiten abgehalten werden.
- Immer wieder wird geltend gemacht, dass die **Überschreitungen durch Überweisungen** verursacht werden. Hier ist zwischen ungezielten und gezielten Überweisungen zu unterscheiden. Ungezielte Überweisungen unterscheiden sich nicht wesentlich von einem Primärfall und stellen auch für den Facharzt einen neuen, eigenständigen Behandlungsfall dar. Es kann daher nicht generell davon ausgegangen werden, dass ein solcher ungezielter Überweisungsauftrag teurer sein muss als die Diagnose und Behandlung von Primärpatienten. Anders ist es, wenn der Facharzt gezielte Überweisungsaufträge erhält. Hier muss er aufgrund der Überweisungen durch den Zuweiser eine bestimmte Behandlung oder diagnostische Leistung durchführen, ohne letztlich für deren Anordnung und Durchführung verantwortlich zu sein.
- Fachgebiete, in denen sowohl eine hausärztliche als auch eine spezialisierte Tätigkeit möglich sind, können dazu führen, dass sich in der einen Praxis die Patientenklientel überwiegend aus überwiesenen Patienten zusammensetzt und in der anderen Praxis ein überwiegender Primärscheinanteil besteht. Diesem Umstand kann möglicherweise dadurch Rechnung getragen werden, dass der Anteil an überwiesenen Patienten als Praxisbesonderheit zu berücksichtigen ist. Soweit einem Vertragsarzt von anderen Vertragsärzten Patienten zu einer nach

Art und Umfang von dem anderen Arzt festgelegten Behandlung überwiesen werden, hängt die Wirtschaftlichkeit nicht von seinen Entscheidungen ab (BSG ArztR 1983, 174).

- Ein **hoher Ausländeranteil** kann aufgrund von Sprachbarrieren und bei fremder Umgebung Mehrleistung erfordern. Der Fallwert kann jedoch nur erhöht werden, wenn auch medizinisch Mehrleistungen oder Verordnungen indiziert sind. Deshalb kann bei einem hohen Ausländeranteil nur dann von einer Praxisbesonderheit ausgegangen werden, wenn ungewöhnliche Erkrankungen vorliegen und deshalb z.B. vermehrt Laboruntersuchungen oder andere diagnostische Maßnahmen notwendig sind (BSG MedR 2001, 157).
- Eine **Spezialisierung** ist nicht eo ipso eine Praxisbesonderheit. Dies ist nur dann der Fall, wenn auch das entsprechende Klientel in der Praxis tatsächlich vorhanden ist. Deshalb sollte man niemals allein mit der Spezialisierung argumentieren, sondern gleich auf die Besonderheit der Klientel hinweisen und diese entsprechend hervorheben.
- Eine **niedrige Fallzahl** allein ist nicht ausreichend. Der Arzt darf sich nicht mit dem Vortrag begnügen, er habe sehr wenige Patienten. Vielmehr muss er zusätzlich die Abweichung innerhalb des Patientengutes dartun, die in Verbindung mit den niedrigeren Fallzahlen dazu führt, dass sein Fallwert hochgetrieben wird, weil die spezifischen Fälle nicht durch eine große Zahl ausgeglichen werden können.

Praktisch problematisch ist auch die Darstellung **kompensatorischer Einsparungen**. Hier darf man nicht davon ausgehen, dass eine ganzheitliche Beurteilung der Wirtschaftlichkeit der Behandlungsweise möglich ist, wonach jedem Arzt ein bestimmter Durchschnittswert für erbringbare Leistungen unter Einschluss der Fremdleistungen je nach Behandlungsfall zur Verfügung steht und dass das Gebot der Wirtschaftlichkeit dann nicht verletzt ist, wenn der Arzt nur insgesamt in seinen Leistungen in seinem Abrechnungszeitraum diesen Durchschnittswert nicht überschreitet. Vielmehr muss der Arzt die Einrede der kompensatorischen Einsparung nicht nur darlegen und beweisen, dass einige Positionen unter dem Schnitt liegen. Es muss auch dargelegt und bewiesen werden, dass gerade diese Positionen niedriger liegen, weil in anderen Bereichen die beanstandeten Überschreitungen vorliegen.

Hier muss also der Kausalzusammenhang im einzelnen Behandlungsfall dargestellt und nachgewiesen werden (BSGE 17, 79 ff.).

Zunächst muss der Beweis erbracht werden, dass bei einigen Gebührenziffern unterdurchschnittliche Werte vorliegen. Danach ist anhand von konkreten Einzelfällen zu belegen, dass bei diesen Patientinnen die beanstandeten Leistungen besonders oft und intensiv erbracht worden sind, oder die Leistung nicht erbracht werden musste, weil der Arzt insgesamt unter dem Durchschnitt der

Kompensatorische Einsparungen erfordern den
- Nachweis des Kausalzusammenhangs zwischen Kostenüberschreitung und Minderaufwand, bringen aber **keine** Beweiserleichterungen!

Vergleichsgruppe liegt. Dies ist meist schon anhand der Statistik zu ermitteln. In einzelnen Bereichen wie z. B. der Überweisungstätigkeit des geprüften Arztes stehen teilweise keine Statistiken zur Verfügung. Hier wird der Nachweis nur schwer zu führen sein. Eine Beweiserleichterung zu Gunsten des Arztes ist von der Rechtsprechung abgelehnt worden (BSGE 17, 79 ff.).

Die Prüfgremien haben deshalb nur insoweit Anlass, der Frage eines ursächlichen Zusammenhangs zwischen **Mehr- und Minderaufwendungen** nachzugehen, als der Sachzusammenhang entweder nahe liegt, sich aufdrängt oder als der geprüfte Arzt **konkrete und schlüssige Hinweise** liefert. Ihnen muss das Prüfgremium nachgehen, solange dieses mit vertretbarem Aufwand möglich ist. Ergeben die Nachforschungen keinen Beweis für einen kompensationsfähigen Zusammenhang oder sind weitere Aufklärungsmaßnahmen nur mit unvertretbarem Zeit- oder Kostenaufwand möglich, ist der Nachweis des kompensationsfähigen Zusammenhangs nicht erbracht. Die Minderaufwendungen können dann den Mehraufwendungen nicht gegenübergestellt werden.

Das Bundessozialgericht hat sich noch nicht festgelegt, wann ein offensichtliches Missverhältnis anzunehmen ist. Es überlässt den Überprüfungsinstanzen hier einen Beurteilungsspielraum.

Als Faustregel kann man annehmen:

Wird der Gesamtfallwert verglichen, kann bei homogener Vergleichsgruppe schon eine Überschreitung von 40 % zum offensichtlichen Missverhältnis führen, anderenfalls sind 50 % erforderlich. Bei einem weiten Leistungsspektrum werden 60 % als Grenze angesehen.

Im Übrigen wird ein offensichtliches Missverhältnis in Leistungssparten bei einer Überschreitung von etwa 80 % und bei einzelnen Leistungsziffern nach einer Überschreitung von 100 % angenommen (LSG Baden-Württemberg ArztR 1998, 91).

Hat der geprüfte Arzt die Grenze zum offensichtlichen Missverhältnis überschritten und liegen weder Praxisbesonderheiten noch kompensatorische Einsparungen vor, so dürfen die Prüfinstanzen bei einem Vergleich der Gesamtfallwerte das Honorar auch unter die Grenze zum offensichtlichen Missverhältnis bis zur normalen Streuung, die bei 20 % der Überschreitung der Vergleichsgruppe angenommen wird, kürzen.

Liegt die statistische Überschreitung zwischen der normalen Streuung und dem offensichtlichen Missverhältnis, spricht man von der sogenannten Übergangszone. Hier ist eine pauschale Honorarkürzung möglich.

Bewegt sich die statistische Überschreitung nur im Rahmen der normalen Streubreite bei etwa 20 %, so kommt nur die Einzelfallprüfung und keine Prüfung nach Durchschnittswerten in Betracht.

Das Bundessozialgericht hat zur Festlegung der Honorarkürzung entschieden, dass die Prüfinstanzen nicht berechtigt sind, das Honorar über den Umfang des unwirtschaftlichen Mehraufwandes hinaus zu kürzen. Deshalb muss dieser **unwirtschaftliche Mehraufwand** festgestellt und im Bescheid beziffert werden. Dies geschieht durch die Festlegung des Grenzwertes für das offensichtliche Missverhältnis, also des **Überschreitungsgrades,** bei dem sich die Mehrkosten nicht mehr durch Unterschiede in der Praxisstruktur und Behandlungsnotwendigkeiten erklären lassen und deshalb zuverlässig auf eine unwirtschaftliche Behandlungsweise als Ursache der erhöhten Aufwendungen schließen lassen.

Begnügen sich die Prüfgremien mit einer Kürzung, die sich noch im Bereich der offensichtlichen Unwirtschaftlichkeit hält, wird also der hierfür festgelegte Grenzwert auch nach Kürzung nicht unterschritten, braucht die Höhe der Kürzung regelmäßig nicht besonders begründet zu werden. Etwas anderes gilt nur dann, wenn das Honorar bis in die sogenannte Übergangszone unterhalb der Grenze des offensichtlichen Missverhältnisses zum Vergleichsgruppendurchschnitt gekürzt werden soll. Dann muss besonders begründet werden, dass und in welchem Umfang auch der Mehraufwand im Bereich der Übergangszone noch unwirtschaftlich ist.

9.5.1.3 Prüfung nach Richtgrößen

Bei der Prüfung nach Richtgrößen werden die durchschnittlichen Fallkosten des zu prüfenden Arztes mit denen für diese Fälle geltenden verglichen. Diese ist ein rechnerischer Durchschnittswert für Verbands-, Arznei- und Heilmittel je behandeltem Patient. Die Richtgrößen werden auf Landesebene von den Selbstverwaltungspartnern festgesetzt. Die gesetzliche Grundlage findet sich in § 84 VI SGB V.

Wenn die Brutto-Verordnungskosten den Richtgrößenbetrag um nicht mehr als 15 % übersteigen, ist dies für den Arzt folgenlos. Andernfalls kann nur über Praxisbesonderheiten eine Prüfung verhindert werden. Wird ein Überschreiten des Richtgrößenbetrages zwischen 15 % und 25 % festgestellt, wird von einer geringfügigen Überschreitung ausgegangen. Dies hat Beratungen sowie Kontrollmaßnahmen in den zwei darauffolgenden Kalenderjahren gemäß § 84 V a SGB V zur Folge.

Bei einer Überschreitung von mehr als 25 % ist ein Regress nicht mehr zu vermeiden.

Formelle Fehler im Kürzungsbescheid können diesen bei gerichtlicher Nachprüfung unwirksam werden lassen.

9.5.1.4 Vertikalvergleich

Beim Vertikalvergleich werden die aktuellen Fallwerte des zu prüfenden Arztes mit seinen eigenen Fallwerten aus vergangenen Quartalen verglichen. Werden auffällige und nicht durch äußere Umstände erklärbare Mehraufwendungen festgestellt, rechtfertigt dies die Annahme, dass der Arzt Wirtschaftlichkeitsreserven unbeachtet gelassen hat.

9.5.2   Prüfungsverfahren und -gegenstände

Prüfungsverfahren vor
Prüfungsausschüssen
- auf Antrag einer Krankenkasse oder KV
- Prüfmethode muss genannt werden!
- geprüft wird, ob Verstoß gegen Wirtschaftlichkeitsgebot oder sonstiger Schaden vorliegt

Für jeden Vertragsarzt ist es wichtig, auch das formale Prüfungsverfahren zu kennen. Die **Prüfgremien** (Prüfungs- und Beschwerdeausschüsse) sind lediglich organisatorisch zu Geschäftsführungszwecken an die jeweilige KV angelehnt.

Den Gremien gehören **Vertreter der Ärzte und der Krankenkassen** in gleicher Zahl an. Die Zahl bestimmt die Prüfvereinbarung. Den Vorsitz führt jährlich wechselnd ein Vertreter der Ärzte und ein Vertreter der Krankenkassen. Es ist nicht notwendig, dass ein Facharzt im Gremium sitzt. Vielmehr wird ein **Facharzt** oftmals **als Sachverständiger** vom Ausschuss hinzugezogen.

Das Prüfverfahren vor den Prüfungsausschüssen wird grundsätzlich durch den **Antrag einer Krankenkasse oder einer KV** eingeleitet. Dabei muss die konkrete Prüfmethode genannt werden. Diese Entscheidung ist in vollem Umfang gerichtlich überprüfbar (§ 106 Abs. 5 SGB V).

Der Ausschuss entscheidet, ob der Kassenarzt, der ermächtigte Arzt oder die ermächtigte ärztlich geleitete Einrichtung gegen das Wirtschaftlichkeitsgebot verstoßen hat. Er entscheidet weiter darüber, welche Maßnahmen zu treffen sind.

Die Prüfgremien sind auch für die Feststellung eines sonstigen Schadens zuständig. Es handelt sich um solche Schäden, die ein Vertragsarzt in Folge schuldhafter **Verletzung seiner vertragsärztlichen Pflichten** einer Krankenkasse zugefügt hat. Dazu gehören der fehlerhaft errechnete voraussichtliche Entbindungstermin, die Verordnung ausgeschlossener Arzneimittel, fehlerhafte Transportbescheinigungen oder Krankenhauseinweisungen. Die Ansprüche verjähren nach 4 Jahren.

Von Bedeutung dabei ist, dass **gezielte Beratungen** weiteren Maßnahmen in der Regel vorangehen sollen. Im Prüfverfahren trifft den Arzt eine **Mitwirkungspflicht**.

WICHTIG! **Es kann jedem Arzt nur dringend nahegelegt werden, beim Prüfverfahren mitzuwirken und insbesondere zu den ihm bekannten Praxisbesonderheiten Angaben zu machen. Er kann in einem späteren Gerichtsverfahren**

nicht mehr einwenden, die Prüfinstanzen hätten nicht alle Besonderheiten berücksichtigt.

Nur wenn die Prüfinstanzen Anlass zu der Annahme haben, dass der Vertragsarzt seinen bisherigen Vortrag ergänzen kann, müssen sie ihm dazu Gelegenheit geben und ihm eine Frist setzen, wobei auf die Folgen einer Fristversäumung hinzuweisen ist. Eine Honorarrückforderung aufgrund einer Wirtschaftlichkeitsprüfung unterliegt einer Ausschlussfrist von 4 Jahren, innerhalb welcher der in dem Honorarbescheid enthaltene Vorbehalt einer nachträglichen Prüfung durch Erlass eines Änderungsbescheides ausgeübt werden muss.

9.5.3 Rechtsbehelfe und Rechtsmittel

Rechtsbehelfe gegen Entscheidungen des Prüfungsausschusses		
Entscheidung	Rechtsbehelf	Frist
Spruch des Prüfungsausschusses	**Widerspruch**	1 Monat ab Zustellung
Bescheid des Beschwerdeausschusses	**Klage** zum Sozialgericht	1 Monat ab Zustellung
Urteil des Sozialgerichts	**Berufung** zum Landessozialgericht (LSG)	1 Monat ab Zustellung
Urteil des Landessozialgerichts	**Revision** zum Bundessozialgericht, wenn vom LSG zugeassen oder Nichtzulassungsbeschwerde	1 Monat ab Zustellung

Übersicht 9.1: Rechtsbehelfe gegen Entscheidungen des Prüfungsausschusses

9.5.3.1 *Widerspruch gegen die Entscheidung des Prüfungsausschusses*

Die Entscheidung des Prüfungsausschusses ist ein Verwaltungsakt. Gegen diesen können der jeweils unterlegene Beteiligte (Vertragsarzt, KV, Krankenkasse) **Widerspruch** einlegen (§ 106 V SGB V). Die hierzu laufende **Frist von einem Monat** beginnt nach Bekanntgabe des Bescheides.

Angerufen wird der Beschwerdeausschuss, der ebenfalls paritätisch mit Kassen- und KV-Vertretern besetzt ist. Der Beschwerdeausschuss hat eine eigene Sachentscheidung zu treffen und darf sich nicht auf eine bloße Rechtmäßigkeitskontrolle der Erstentscheidung beschränken. Ein Widerspruch hat **aufschiebende Wirkung** (§ 106 V Satz 4 SGB V).

Widerspruch beim Beschwerdeausschuss:
- volle Rechts- und Tatsachenüberprüfung

im Widerspruchsverfahren weitere Honorarkürzung zu Lasten des Arztes unzulässig

Legt der Gynäkologe Widerspruch ein, so darf die ausgesprochene Kürzung im Widerspruchsverfahren nicht zu seinen Lasten erhöht werden (BSG ArztR 1983, 98).

Der Bescheid des Beschwerdeausschusses muss innerhalb von 5 Monaten ab Beschlussfassung zur Post zum Zwecke der Zustellung gegeben werden. Anderenfalls gilt der Bescheid als nicht mit Gründen versehen und ist deshalb aufzuheben.

9.5.3.2   *Klage gegen die Entscheidung des Beschwerdeausschusses*

Klage vor Sozialgericht gegen alle (das jeweilige Quartal betreffende) Bescheide notwendig

Gegen die Entscheidung des Beschwerdeausschusses kann Klage bei dem für den Sitz der KV örtlich zuständigen Sozialgericht erhoben werden (§§ 51 I Nr. 2, 57 a SGG). Da zu jedem Quartal ein eigener Bescheid ergeht, muss auch jedes Mal erneut Klage erhoben werden. Meistens wird mit der Klage ein Beurteilungs- oder Ermessensfehler gerügt. Es empfiehlt sich der Klageantrag:

„Den Bescheid des Beschwerdeausschusses vom … aufzuheben und den Beklagten zu verpflichten, gemäß der Rechtsauffassung des Gerichts erneut zu entscheiden."

um Vollziehung der Entscheidung des Beschwerdeausschusses zu verhindern: Antrag auf entsprechende einstweilige Anordnung sinnvoll!

Die Klage hat keine aufschiebende Wirkung (BSG ArztR 1987, 6). Deshalb ist hier der Antrag auf Erlass einer einstweiligen Anordnung auf einstweilige Aussetzung der Vollziehung denkbar. Die Kammer des Sozialgerichtes entscheidet in der Besetzung mit einem Berufsrichter und je einem ehrenamtlichen Richter aus den Reihen der KV und der Kassen.

Wird die Rechtswidrigkeit des **Bescheides** durch das Sozialgericht festgestellt, hat der **Beschwerdeausschuss** erneut zu entscheiden. Dabei hat er unter Beachtung der Rechtsauffassung des Sozialgerichts und in Wahrnehmung der ihm zustehenden Beurteilungs- und Ermessensspielräume über den Widerspruch gegen den Bescheid des Prüfungsausschusses **erneut zu befinden**.

9.5.3.3   *Berufung und Revision*

Gegen ein Urteil des Sozialgerichts ist die Berufung zum Landessozialgericht zulässig, wenn der Kürzungs- oder Regressbetrag 500,00 € übersteigt oder die Berufung zugelassen wird (§ 144 SGG). Die Revision zum Bundessozialgericht gegen ein Urteil des Landessozialgerichts bedarf der Zulassung durch das Landessozialgericht. Wurde die Zulassung zu Unrecht verweigert, kann die Revision mit der Nichtzulassungsbeschwerde erzwungen werden.

Die Revision muss vom Landessozialgericht nach § 160 SGG zugelassen werden, wenn die Angelegenheit grundsätzliche Bedeutung hat oder von der bisherigen Rechtssprechung abgewichen werden soll.

9.5.3.4 Inhalt und Anfechtbarkeit des Prüfbescheides

Die Prüfgremien müssen den Umfang einer beschlossenen **Honorarkürzung näher begründen.** Sie müssen also nicht nur die Höhe des Kürzungsbetrages benennen oder so kennzeichnen, dass der Vertragsarzt den Kürzungsumfang durch die Angabe von Punktzahl oder Prozentzahlen selbst errechnen kann. Der Prüfbescheid muss vielmehr auch Angaben darüber enthalten, warum gerade dieser Betrag und nicht ein anderer sachangemessen ist. Es müssen Gesichtspunkte erkennbar sein, die bei der Ermessensausübung berücksichtig wurden. Ergibt sich aus dem Bescheid, dass das Prüfgremium seinen Ermessensspielraum nicht gesehen und folglich nicht ausgeübt hat, so ist der Bescheid allein schon wegen dieses Mangels anfechtbar. Zwar sind **bei wiederholter Unwirtschaftlichkeit pauschalierte Honorarkürzungen** erlaubt (§ 106 III Satz 4 SGB V). Diese Erleichterung ersetzt allerdings nicht eine Quantifizierung des Kürzungsumfangs, sondern erlaubt allenfalls, auf Berechnungen in Vorquartalen zurückzugreifen.

Bei der Ermittlung des Kürzungsbetrages sind auch ursächliche kompensatorische Minderaufwendungen gegenzurechnen. Diese Gesichtspunkte fließen in die Entscheidung der Prüfeinrichtungen zwar ein. Die Bescheide enthalten jedoch die maßgeblichen Gesichtspunkte oft nur unvollständig.

Hier bieten sich Ansätze, den Bescheid wegen eines **Begründungsmangels** aufheben zu lassen. Um sich dies zu ersparen, bietet sich in dieser Situation an, einen Vergleich abzuschließen. Die Gremien ersparen sich hierdurch die Arbeit einer Neubescheidung. Der Vertragsarzt erhält im Gegenzug einen Teil der Kürzungen erlassen. Taktisch sinnvoll ist es hier, fristwahrend ein Rechtsbehelf einzulegen, um dann sofort entsprechende Vergleichsgespräche beginnen zu können.

Auch der Regressbetrag ist zu quantifizieren und näher zu begründen. Er addiert sich bei einer Einzelfallprüfung rechnerisch aus den Kosten der einzelnen unwirtschaftlichen Verordnungen. In den anderen Fällen wird der Regressbetrag geschätzt. In der Regel wird er mit einem Sicherheitsfaktor als Prozentsatz der gesamten Verordnungen angegeben. Die Höhe des Regressbetrages ist ermessensfehlerhaft festgesetzt, wenn bei der Festsetzung außer Acht gelassen wurde, dass den Krankenkassen in Höhe des Apothekenrabattes und der Patientenzuzahlungen ein Schaden nicht entstanden ist.

Abschließend sei darauf hingewiesen, dass eine über Jahre fortgesetzte und trotz Disziplinarmaßnahmen im Ausmaß gesteigerte Verletzung des Wirtschaftlichkeitsgebotes eine gröbliche Verlet-

---

Randnotizen:

Ansatzpunkte für Anfechtung des Prüfbescheids: Mängel der Begründung der Honorarkürzung
- Höhe der Kürzung u. Gesichtspunkte für Ermessensausübung benannt?
- Regressbetrag quantifiziert und begründet?

Vergleichsabschluss mit Prüfgremien aus Zeit- u. Kostengründen oft sinnvoll

zung kassenärztlicher Pflichten darstellt und die Entziehung der Kassenzulassung zur Folge haben kann.

Lässt etwa ein Vertragsarzt **Kürzungsbescheide** wegen angeblicher Unwirtschaftlichkeit bestandskräftig werden, so schließt dies die nochmalige Überprüfung der Kürzungsmaßnahme hinsichtlich ihrer Rechtmäßigkeit aus und kann ohne weiteres dem Beschluss der Zulassungsinstanzen, die Zulassung zu entziehen, zugrunde gelegt werden (BSGE ArztR 1973, 5).

CHECKLISTE

Mögliche Angriffspunkte gegen einen Prüfbescheid

○ Hat das Prüfungsgremium bei der Festsetzung der **Honorarkürzung** seinen Ermessensspielraum nicht gesehen und daher nicht ausgeübt?

   ○ Wurde der Umfang der Honorarkürzung nicht benannt oder nicht zumindest so gekennzeichnet, dass sie vom Vertragsarzt errechnet werden kann?

   ○ Sind die Gesichtspunkte, die bei der Ermessensausübung berücksichtigt wurden, nicht erkennbar?

   ○ Ist nicht ersichtlich, warum gerade der festgesetzte Kürzungsbetrag sachangemessen sein soll?

   ○ Enthält der Bescheid nicht oder nur unvollständig Ausführungen zu den kompensatorischen Minderaufwendungen, die bei der Ermittlung des Kürzungsbetrags berücksichtigt wurden?

○ Wurde der **Regressbetrag** nicht quantifiziert oder nicht näher begründet?

   ○ Wurde z.B. außer Acht gelassen, dass den Krankenkassen in Höhe des Apothekenrabattes und der Patientenzuzahlungen kein Schaden entstanden ist?

⇒ Wenn ja: Bescheid ist wegen Ermessensfehler anfechtbar!

9.6 Berufsständische Organisationen

9.6.1 Bundesärztekammer

Die Bundesärztekammer ist ein nicht rechtsfähiger Verein. Sie ist ein freiwilliger privatrechtlicher Zusammenschluss der Landesärztekammern.

Vor einigen Jahren bekam sie den Rang einer gesetzlich beauftragten und bemächtigten Institution verliehen. Ihr stehen keine Aufsichtsbefugnisse gegenüber den Landesärztekammern zu.

keine Aufsichtsbefugnisse der Bundesärztekammer gegenüber Landesärztekammern

Die Bundesärztekammer soll für den ständigen Erfahrungsaustausch unter den Ärztekammern und für die gegenseitige Abstimmung der Ziele und Tätigkeiten sorgen. Ferner soll sie den

Meinungs- und Erfahrungsaustausch zwischen den Ärztekammern vermitteln, diese beraten und sie über alle für deren Mitglieder bedeutsamen Vorgänge auf dem Gebiet des Gesundheitswesens unterrichten.

9.6.2 Landesärztekammern

Die Ärztekammern der Länder sind **Körperschaften des öffentlichen Rechts.**

Es besteht die Pflichtmitgliedschaft für jeden Arzt. Die Kammern haben die Pflichten ihrer Mitglieder durch Berufsordnungen zu regeln und sind für die Überwachung der Einhaltung verantwortlich. Dabei wirken die Berufsgerichte und die durch die Kammern getragenen Ethik-Kommissionen mit. Die Kammern haben die berufsständischen Interessen ihrer Mitglieder in der Öffentlichkeit zu vertreten.

Dies erfasst die Herausgabe von Zeitschriften. Die Kammern sind zuständig, Abwehransprüche geltend zu machen, die sich aus der Ausstrahlung des grundsätzlichen ärztlichen Werbeverbotes auf das allgemeine Wettbewerbsrecht ergeben. Sie unterhalten für ihre Mitglieder Versorgungswerke und Fürsorgeeinrichtungen und schließen Gruppenversicherungsverträge mit privaten Krankenversicherern ab. Sie sind zuständig für die berufliche Fort- und Weiterbildung. Sie haben Arzthelferinnen aus- und fortzubilden. Der öffentliche Gesundheitsdienst ist zu unterstützen, indem etwa zuständigen Behörden Sachverständige benannt werden.

Ein allgemeinpolitisches Mandat besteht nicht (BVerwG NJW 1982, 1300; OVG NW/Münster, MedR 1999, 573).

Ferner haben die Kammern die Aufgabe, Gutachterkommissionen oder Schlichtungsstellen für ärztliche Behandlungsfehler einzurichten und zu unterhalten (s. hierzu 7.3.2).

9.6.3 Kassenärztliche Vereinigungen

Die kassenärztlichen Vereinigungen sind ebenfalls **Körperschaften des öffentlichen Rechts.** Sie bilden zusammen eine selbständige Körperschaft des öffentlichen Rechts, die **kassenärztliche Bundesvereinigung.**

Letztere schließt im Rahmen des auch ihr obliegenden Sicherstellungs- und Gewährleistungsauftrags mit den Spitzenverbänden der Krankenkassen **Bundesmantelverträge.**

Die kassenärztlichen Vereinigungen haben gem. § 75 Abs. 1 SGB V die kassenärztliche Versorgung sicherzustellen und gegenüber den Krankenkassen zu gewährleisten, dass die kassenärztliche Versorgung den gesetzlichen und vertraglichen Erfordernissen genügt. Hierzu werden Honorarberichtigung, Wirtschaftlichkeitsprüfung und der Arzneimittelregress gezählt.

Sie haben die Abrechnung für ihre Mitglieder durchzuführen, angemessene Vertrags- und Honorarkonditionen zu vereinbaren sowie Rat und Information ihren Mitgliedern zu erteilen.

9.7 Werbung

9.7.1 Rechtsgrundlagen

§ 27 MBO-Ä
Erlaubte Information und berufswidrige Werbung

(1) Zweck der nachstehenden Vorschriften der Berufordnung ist die Gewährleistung des Patientenschutzes durch sachgerechte und angemessene Information und die Vermeidung einer dem Selbstverständnis des Arztes zuwiderlaufenden Kommerzialisierung des Arztberufes.

(2) Auf dieser Grundlage sind dem Arzt sachlich berufsbezogene Informationen gestattet.

(3) Berufswidrige Werbung ist dem Arzt untersagt. Berufswidrig ist insbesondere eine anpreisende, irreführende oder vergleichende Werbung. Der Arzt darf eine solche Werbung durch andere weder Veranlassen noch dulden. Werbeverbote aufgrund anderer gesetzlicher Bestimmungen bleiben unberührt.

(4) Der Arzt kann

  1. nach der Weiterbildungsordnung erworbene Bezeichnungen,

  2. nach sonstigen öffentlich-rechtlichen Vorschriften erworbene Qualifikationen,

  3. Tätigkeitsschwerpunkte
  und

  4. organisatorische Hinweise

ankündigen.

Die nach Nr. 1 erworbenen Bezeichnungen dürfen nur in der nach der Weiterbildungsordnung zulässigen Form geführt werden. Ein Hinweis auf die verleihende Ärztekammer ist zulässig.

Andere Qualifikationen und Tätigkeitsschwerpunkte dürfen nur angekündigt werden, wenn diese Angaben nicht mit solchen nach geregeltem Weiterbildungsrecht erworbenen Qualifikationen verwechselt werden können.

> (5) Die Angaben nach Abs. 4 Nr. 1 bis 3 sind nur zulässig, wenn der Arzt die umfassten Tätigkeiten nicht nur gelegentlich ausübt.
>
> (6) Die Ärzte haben der Ärztekammer auf deren Verlangen die zur Prüfung der Voraussetzungen der Ankündigung erforderlichen Unterlagen vorzulegen. Die Ärztekammer ist befugt, ergänzende Auskünfte zu verlangen.

Seit Jahren erfährt der Gesundheitsmarkt erhebliche Veränderungen. Im Vergleich zu früheren Jahren findet um die Patientinnen ein stärkerer Wettbewerb statt.

Während Industrie und Wirtschaft verschiedene Mittel einsetzen können, um einen intensiven Wettbewerb zu führen, sind die diesbezüglichen Möglichkeiten des Arztes noch immer erheblich eingeschränkt. Zwar hat eine **Liberalisierung des Werberechts** in der Ärzteschaft stattgefunden (BVerfG MedR 1986, 128 ff.; BVerfG MedR 1986, 134 ff.), aber gleichwohl sind Grenzen zu beachten.

Dies gilt auch für die anpreisende Herausstellung von Ärzten in Ankündigungen von Sanatorien, Kliniken, Institutionen oder anderen Unternehmen. Der Arzt darf nicht dulden, dass Berichte oder Bildberichte veröffentlich werden, die seine ärztliche Tätigkeit oder seine Person berufswidrig werbend herausstellen.

berufswidrig u. damit unzulässig:
- anpreisende
- irreführende
- vergleichende Werbung

Veröffentlichungen medizinischen Inhaltes oder die Mitwirkung des Arztes an aufklärenden Veröffentlichungen in den Medien sind zulässig, soweit die Veröffentlichung und Mitwirkung des Arztes auf sachliche Informationen begrenzt und die Person sowie das Handeln des Arztes nicht berufswidrig werbend herausgestellt werden. Dies gilt auch für öffentliche Vorträge medizinischen Inhalts (§ 28 MBO-Ä).

Dabei sind zwei Aspekte von tragender Bedeutung: Zum einen hat die Patientin den Anspruch auf medizinische Selbstbestimmung und auf freie Arztwahl. Eine Patientin kann jedoch diese Rechte nur dann tatsächlich ausüben, wenn sie umfassend über das ärztliche Angebot informiert ist (Art. 5 I Satz 2 GG, Grundrecht der Informationsfreiheit).

Daneben steht das **Informationsrecht** der Ärzte. Diese müssen über ihr Leistungsangebot informieren können. Dies ergibt sich aus der Berufs- und Meinungsfreiheit (Art. 12 und Art. 5 GG).

Dem hat der 103. Deutsche Ärztetag Rechung getragen und erstmals das Informationsinteresse des Patienten berufsrechtlich anerkannt. Vom bis dahin geltenden strikten Werbeverbot wurde abgerückt. Somit ist im Einzelnen festzulegen, in welchen Umfang Werbung erlaubt ist.

Grenzen der Werbung geregelt in MBO-Ä
- §§ 27, 28
- Gesetz gegen den unlauteren Wettbewerb
- Heilmittelwerbegesetz

Ihre Grenzen findet die Werbung neben der Musterberufsordnung im Gesetz gegen den unlauteren Wettbewerb (UWG) und dem Heilmittelwerbegesetz (HWG).

Nach der Musterberufsordnung gelten die Verbote der Irreführung, Anpreisung und des Vergleichens. Nach dem UWG sind Handlungen zum Zweck des Wettbewerbs verboten, die gegen die guten Sitten verstoßen oder irreführende Angaben enthalten.

Danach ist die Werbung für bestimmte Heilmittel geregelt.

Es gilt das Verbot der Irreführung, das Werbeverbot bezüglich bestimmter Krankheiten und Leiden sowie bestimmter Angaben und Darstellungen. Eine Irreführung liegt vor, wenn Arzneimitteln, Verfahren, Behandlungen, Gegenständen oder anderen Mitteln eine therapeutische Wirksamkeit oder Wirkung beigelegt werden, die sie nicht haben, wenn fälschlich der Eindruck erweckt wird, dass ein Erfolg mit Sicherheit erwartet werden kann oder bei bestimmungsgemäßem oder längerem Gebrauch keine schädlichen Wirkungen eintreten.

Ebenso sind unwahre Angaben über die Zusammensetzung oder Beschaffenheit von Arzneimitteln, Verfahren, Behandlungen, Gegenständen oder über die Art und Weise der Verfahren oder Behandlungen irreführend (§ 3 HWG).

Nach einer Entscheidung des Kammergerichts Berlin vom 11.07.2003 (Az. 5 U 240/02) dürfen Schönheitschirurgen mit Vorher-Nachher-Bildern für Nasen- und Brustkorrekturen, Hautstraffungen und Fettabsaugen werben, da nach Auffassung des Gerichts kein Verstoß gegen das Heilmittelwerbegesetz vorliegt.

9.7.2 Einzelheiten

9.7.2.1 Praxisschild

Praxisschild
- detaillierte Vorgaben der MBO-Ä und der Rechtsprechung beachten!

Auf dem Praxisschild sind der **Name**, die Bezeichnung als Arzt oder eine **Arztfachbezeichnung** nach der Weiterbildungsordnung und die **Sprechstunden** anzugeben. Außerdem darf das Schild Zusätze über **medizinische akademische Grade, ärztliche Titel, Privatwohnung** und **Fernsprechnummer** sowie einen Hinweis auf die **Zulassung zu Krankenkassen** enthalten. Andere akademische Grade darf der Arzt nur im Zusammenhang mit der Fakultätsbezeichnung nennen. Die nach der Weiterbildungsordnung erworbenen Bezeichnungen dürfen nur in der zulässigen Form und nur dann geführt werden, wenn der Arzt die von weiterbildungsrechtlichen Qualifikationen umfassten Tätigkeiten nicht nur gelegentlich ausübt.

Folgende weitere Angaben dürfen, wenn deren Voraussetzungen vorliegen, genannt werden:
- Zulassung zu den Krankenkassen,

- hausärztliche Versorgung,
- Durchgangsarzt oder D-Arzt, H-Arzt,
- Dialyse,
- Zugehörigkeit zu einem Praxisverbund,
- Mitglied einer Praxiskooperation,
- Bereitschaftsdienst oder Notfallpraxis.

Das Praxisschild darf nicht in aufdringlicher Form gestaltet und angebracht sein. Das übliche Maß von etwa 35 cm mal 50 cm darf nicht überschritten werden. Es ist nur unter bestimmten Umständen zulässig, mehrere Facharztbezeichnungen zu führen (BVerfGE, 33, 125/170).

WICHTIG! Qualifikationen und Bezeichnungen dürfen nur dann geführt werden, wenn sie ausdrücklich erlaubt sind. Das Führen mehrerer Gebietsbezeichnungen ist dann zulässig, wenn es sich um nahe verwandte Gebiete handelt und um Fächerkombinationen, die sich zu einer einheitlichen Fachpraxis mit funktionell aufeinander bezogenen Einzeltätigkeitsgebieten ausgestalten lassen.

Das Führen der Bezeichnung „Akupunktur" ist zulässig, soweit durch einen Zusatz klargestellt wird, dass es sich nicht um eine von der Ärztekammer verliehene Qualifikation handelt (BVerwG NJW 2001, 3425). Ebenso darf das Praxisschild beleuchtet sein und mit einem Äskulapstab verbunden werden. Die Bezeichnung „**Tagesklinik**" ist zulässig, wenn auch eine nicht über den Tag hinaus gehende, stationäre Unterbringung für Heilung und Pflege vorgesehen ist. Diese Voraussetzungen sind erfüllt, wenn in einer Einrichtung neben zwei Ruheliegen für Patienten in zwei getrennten Zimmern, Krankenhausbetten, Schrank, Tisch und Fernseher vorhanden sind und benutzt werden können (OLG München GROR 2000, 91). Allerdings ist hier Vorsicht geboten. Von der Rechtssprechung wird auch die Auffassung vertreten, dass die in der Berufsordnung verwendeten Angaben abschließend seien und deshalb die Bezeichnung „Tagesklinik" unzulässig sei (OLG Hamburg, MedR 1997, 177).

Bezeichnungen wie „Ärztehaus", „Gesundheitszentrum", „Schmerzambulanz" oder „Röntgen-Institut" sind als berufswidrig erklärt worden (BVerwG MedR 1989, 202; OVG Hamburg NJW 1988, 1542; LG Cottbus NJW 1997, 2458 und LG Cottbus NJW 1997, 2459).

Zumindest ist hier auch heute noch Vorsicht geboten. Die Beurteilung der Bezeichnung „Ärztehaus" ist umstritten.

Zulässig hingegen ist die Bezeichnung „**Praxisklinik**". Danach darf eine besondere Versorgungsweise und besondere Praxisausstattung auf dem Praxisschild angekündigt werden, wenn sie

Praxisbezeichnungen, die unter bestimmten Voraussetzungen zulässig sind:
- Tagesklinik (umstritten)
- Praxisklinik.

- im Rahmen der Versorgung ambulanter Patienten bei Bedarf eine **ärztliche und pflegerische Betreuung auch über Nacht gewährleistet,**
- neben den für ärztliche Maßnahmen notwendigen Voraussetzungen auch die nach den anerkannten Qualitätssicherungsregeln erforderlichen, apparativen, personellen und organisatorischen **Vorkehrungen für einen Notfall** beim entlassenen Patienten erfüllt.

Liegt die Praxis ähnlich wie ein Eckgrundstück an zwei Straßen und besitzt einen rückwärtigen und vorderen Eingang, so darf ein zweites vollwertiges Praxisschild angebracht werden (VG Stade, MedR 2000, 424).

9.7.2.2   Briefkopf und Rezeptvordrucke

Auf Briefköpfen, Stempeln oder Rezeptvordrucken sind all diejenigen Angaben zulässig, die auch in Patientenbroschüren oder in der Internetpräsentation zulässig sind. Eine Gestaltung mit farblichen Hervorhebungen oder Logos ist zulässig (BVerfG GRUR 1998, 71).

9.7.2.3   Internet

Internet-Präsentationen sind in den Grenzen des Teledienstgesetzes zulässig
- auf einer eigenen Homepage und
- in öffentlichen Arztsuchdiensten.

Ärzte dürfen sich grundsätzlich mit einer eigenen Homepage im Internet darstellen. Sie dürfen in öffentlich abrufbaren Arztinformationen im Internet erscheinen (Arztsuchdienste). Auf der Homepage eines Arztes sind die weitestgehenden Informationen zulässig, die dem Arzt die sachliche Darstellung seiner Arztpraxis erlauben.

Zu beachten ist das **Teledienstgesetz.** Ist ein Eintrag im Handelsregister, Vereinsregister, Partnerschaftsregister oder Genossenschaftsregister vorhanden, muss das Register und die Registernummer angegeben werden (§ 6 TDG). Falls eine Umsatzsteueridentifikationsnummer vorhanden ist, muss diese ebenfalls im Impressum angegeben werden (§ 27 a UStG). Die Ärztekammer, welcher der Arzt angehört, ist anzugeben.

Anzugeben sind
- Name,
- Anschrift der Praxis einschl. Telefon- und Faxnummer, Email- und Internetadresse,
- Bezeichnung als Arzt oder zugelassene Arztbezeichnung (Facharzt pp.),
- Sprechstunde,
- medizinische akademische Grade,
- ärztliche Titel,

- andere akademische Grade in Verbindung mit Fakultätsbezeichnung,
- Gemeinschaftspraxis, Partnerschaft,
- Privatwohnung und Telefon-/Faxnummer (erlaubt, aber nicht Pflicht),
- Zulassung zu Krankenkassen,
- Durchgangsarzt,
- Belegarzt, ggf. Name des Krankenhauses,
- ambulante Operationen,
- Praxisklinik.

Durch verlässliche technische Verfahren ist sicherzustellen, dass der Nutzer beim Suchprozess zunächst nur Zugang zur Homepage des Arztes erhalten kann, die ausschließlich die für das Praxisschild zugelassenen Angaben enthält.

Weitergehende, im Folgenden ausgeführte Informationen dürfen erst nach einer weiteren Nutzerabfrage zugänglich gemacht werden (Interpretationsbeschluss der Bundesärztekammer vom 14.02.1998):

- sachliche Informationen über bestimmte medizinische Vorgänge, die in der Praxis des Arztes zur Vorbereitung des Patienten auf spezielle Untersuchungs- und Behandlungsmaßnahmen vorgehalten werden,
- Hinweis auf besondere Untersuchungs- und Behandlungsverfahren, soweit diese nicht den Kern seines Fachgebietes ausmachen,
- fakultative Weiterbildung,
- Fachkunde,
- weitere durch die Ärztekammer zuerkannte Qualifikation,
- Geburtsjahr des Praxisinhabers,
- Zeitpunkt der Approbationserteilung,
- Zeitpunkt der Facharztanerkennung, die geführt wird,
- Zeitpunkt der Niederlassung,
- Sonder-Sprechstunden,
- Sprachkenntnis,
- Konfession,
- besondere Einrichtungen für Behinderte,
- Erreichbarkeit außerhalb der Sprechstunden,
- Praxislage in Bezug auf öffentliche Verkehrsmittel,
- Angabe von Parkplätzen,
- Bilder des Praxisteams,
- Logo der Praxis,
- Zugehörigkeit zu einem Praxisverbund,
- Zusammenarbeit mit Selbsthilfegruppen,
- Anzeigen (Urlaub, Vertretung etc.).

In geschlossenen Netzen, also solchen Computerkommunikationsnetzen, die nur Ärzten offen stehen, darf umfassend über das Leistungsangebot der Praxis informiert werden.

9.7.2.4   Zeitungsannoncen

Zeitungsanzeigen sind
- nur eingeschränkt zulässig.

Zeitungsanzeigen sind nur eingeschränkt zulässig. Die **Niederlassung** oder **Zulassung** eines Arztes darf angezeigt werden. Diese Anzeige darf dreimal in der gleichen Zeitung innerhalb von drei Monaten erfolgen. Ferner sind Anzeigen bei **Praxisaufgabe, Praxisübergabe,** längerer **Abwesenheit** von der Praxis oder **Krankheit** sowie bei **Verlegung** der Praxis oder **Änderung der Sprechstundenzeiten oder Fernsprechnummer** gestattet.

9.7.2.5   Patienteninformationen und Hausprospekte

Patienteninformationen sind in Form
- sachlicher und
- organisatorischer Informationen über ärztliche Leistungen zulässig.

Patienteninformationen in Form von Flyern oder Zeitungen sind innerhalb der Einrichtung zur Unterrichtung von Patienten grundsätzlich zulässig. Sachliche Informationen, die im Zusammenhang mit der Erbringung ärztlicher Leistungen stehen, dürfen genannt werden. Untersagt ist eine berufswidrige werbende Herausstellung des Arztes und seiner Leistungen. Besondere Untersuchungs- und Behandlungsmethoden dürfen ebenso genannt werden wie organisatorische Hinweise für die Patienten. Eine Klinik darf mit dem Slogan: „Was wir für Sie tun können, hängt von dem ab, was Sie haben", werben (BVerfG Beschluss vom 17.07.2003 Az.: 1 BvR 2115/02).

9.7.2.6   Eintragung in öffentlichen Informationsmedien

Eintragungen in öffentlichen Informationsmedien sind zulässig
- entsprechend den Vorgaben für Praxisschilder.

Ärzte dürfen sich in für die Öffentlichkeit bestimmte Informationsmedien wie Gelbe Seiten u.ä. eintragen lassen. Die Eintragungen haben sich auf diejenigen Bezeichnungen zu beschränken, die auch für ein Praxisschild erlaubt sind. Weitere Angaben dürfen enthalten sein, soweit sie in Patienteninformationen und den Homepages zulässig sind. Entsprechend weitergehende Angaben etwa hinsichtlich Form, Inhalt, Umfang oder Systematik sind vor der **Veröffentlichung vom Herausgeber des Verzeichnisses mit der zuständigen Ärztekammer** abzustimmen. So wurde einem medizinischen Informationsdienst, der Ärzten die Aufnahme in seine Datenbank anbietet, um potentiellen Patienten Auskünfte über das Leistungsangebot dieser Ärzte zu geben, die Angabe weiterer Informationen verboten (OLG München MedR 2000, 370).

Es ist zulässig, für Hotelgäste, die Privatpatienten sind, einen Bereitschaftsdienst in Form einer GmbH zu betreiben und diesen als „**Ärztlicher Hotelservice**" in Telefonbüchern zu annoncieren.

Die Annonce darf auch hervorgehoben gestaltet sein. Es entspricht dem Interesse der Öffentlichkeit, über derartige Dienstleistungsangebote informiert zu werden. Eine berufswidrige Werbung zugunsten derjenigen Ärzte, die durch Vermittlung Besuche bei den erkrankten Hotelgästen hervornehmen, liegt nicht vor (BGH WRP 1999, 1139).

9.7.2.7 Presseberichte

Die Presse darf im Rahmen ihrer Berichterstattung Aussagen über einen Arzt machen, die diesem etwa aus Gründen standesrechtlicher Werbebeschränkung untersagt wären (BVerfG NJW 1992, 2341).

Sofern ein Artikel keine übersteigerte persönliche Schilderung der ärztlichen Leistung, Ausbildung oder besonderer Praxiseinrichtung darstellt, die medizinischen Informationen zur Befriedigung des Informationsbedürfnisses im Vordergrund stehen, sind Presseartikel praktisch nicht angreifbar.

WICHTIG! **Der Arzt darf jedoch nicht dulden, dass Berichte oder Bildberichte veröffentlicht werden, die seine ärztliche Tätigkeit oder seine Person berufswidrig werbend herausstellen (§ 27 II Satz 3 MBO-Ä).**

Ärzte dürfen von der Presse als Spezialisten bezeichnet werden. Die Veröffentlichung von Ärztelisten ist zulässig (OLG München MedR 1999, 76). Weiß ein Arzt nichts von dem Pressebericht über ihn, liegt kein Verstoß gegen standesrechtliche Werbebeschränkungen vor (BGH NJW 1990, 1529).

9.7.2.8 Medienauftritte, Vorträge und Publikationen

Dem Arzt sind Medienauftritte bei aufklärenden Veröffentlichungen oder Veröffentlichungen medizinischen Inhaltes und öffentliche Vorträge gestattet. Allgemein werden die Erstellung von wissenschaftlichen Beiträgen, Gutachten sowie Vorträgen nicht als Werbung verstanden. Die Veröffentlichungen können in Fachzeitschriften oder für medizinische Laien zugänglichen Blättern oder Medien veröffentlicht werden (LandesberufsG für Heilberufe, OVG Koblenz NJW 1995, 1633). Ein Foto des Arztes darf veröffentlicht werden (EGMR EuGRZ 1985, 170).

Dabei wird jede Mitwirkung eines Arztes auf die Übermittlung sachlicher Informationen begrenzt. Es ist untersagt, seine Person oder sein Handeln werbend herauszustellen. Es hat die Sache im Vordergrund zu stehen.

Der Arzt darf Leserfragen in Zeitungen oder Hörerfragen im Rundfunk bzw. Fernsehen beantworten. Ihm obliegt hierbei eine persönliche Zurückhaltung.

9.7.2.9   Arzneimittel und Medizinprodukte

HWG: Verbot, für Behandlung bestimmter Krankheiten u. mit bestimmten Darstellungsformen zu werben

Nach § 12 Abs. 1 HWG darf sich die Werbung für Arzneimittel oder Medizinprodukte außerhalb der Fachkreise nicht auf die Erkennung, Verhütung, Beseitigung oder Linderung folgender Krankheiten und Leiden beziehen:

Krankheiten und Leiden nach dem Infektionsschutzgesetz, Geschwulstkrankheiten, Krankheiten des Stoffwechsels und der inneren Sekretion (ausgenommen Vitamin- und Mineralstoffmangel und alimentäre Fettsucht); Krankheiten des Blutes und der blutbildenden Organe (ausgenommen Eisenmangelanämie); organische Krankheiten des Nervensystems, der Augen und Ohren, des Herzens und der Gefäße (ausgenommen allgemeine Arteriosklerose, Varikose und Frostbeulen), der Leber und des Pankreas, der Harn- und Geschlechtsorgane; Geschwüre des Magens und des Darms; Epilepsie; Trunksucht; krankhafte Komplikation der Schwangerschaft und der Entbindung.

Ferner darf mit bestimmten inhaltlichen Angaben oder Formen nach § 11 Abs. 1 HWG nicht geworben werden. Hierzu gehören Gutachten, Zeugnisse, wissenschaftliche oder fachliche Veröffentlichungen; Wiedergabe von Krankengeschichten; bildliche Darstellung von Ärzten in der Berufskleidung oder bei Ausübung ihrer Tätigkeit; die bildliche Darstellung von Veränderungen des menschlichen Körpers oder seiner Teile durch Krankheiten, Leiden oder Körperschäden. Ebenso darf mit Dank-, Anerkennungs- oder Empfehlungsschreiben nicht geworben werden (BVerfG MedR 1986, 128).

9.7.3   Folgen eines Verstoßes gegen das Werbeverbot

- Sanktionen der Ärztekammer
- Bestrafung durch Berufsgerichte
- Unterlassungs- u. Schadensersatzverpflichtungen infolge zivilrechtlicher Klagen

Bei Verstößen eines Gynäkologen in freier Praxis oder des ärztlichen Betreibers einer Klinik, eines Sanatoriums oder einer Einrichtung zur Erbringung ambulanter ärztlicher Leistungen gegen das berufsrechtliche Werbeverbot, kann dies von Maßnahmen der Ärztekammer bis zu einer Bestrafung durch das **ärztliche Berufsgericht** führen. Hier kommen neben Verwarnung, Verweis oder Geldbuße bis zu 50.000,00 € auch die Aberkennung der Mitgliedschaft in den Organen der Ärztekammer, des Wahlrechts und der Wählbarkeit in die Organe der Kammer in Betracht.

Ferner kann es daneben zu einer **zivilrechtlichen Inanspruchnahme** vor dem Landgericht kommen. Klageberechtigt sind ärztliche Mitbewerber, soweit sie gleiche oder verwandte ärztliche

Leistungen erbringen (BGH WRP 1998, 172). Klagebefugt sind auch rechtsfähige Verbände zur Förderung gewerblicher Interessen wie etwa die Zentrale zur Bekämpfung unlauteren Wettbewerbs e.V.. Es bestehen Unterlassungs- und Schadensersatzansprüche, die zu erheblichen finanziellen Beeinträchtigung des unlauter werbenden Gynäkologen führen können.

10 Das Dienst- und Arbeitsrecht

Die rechtlichen Beziehungen eines Krankenhausträgers zu dem im Krankenhaus hauptamtlich tätigen Gynäkologen gehören entweder zum Arbeits- oder zum Beamtenrecht. Dies hängt von der Trägerschaft des Krankenhauses und der Ausgestaltung des Dienstverhältnisses ab. Danach sind Krankenhausärzte Arbeitnehmer oder Beamte. Demgegenüber sind die niedergelassenen Gynäkologen im Regelfall Arbeitgeber, wenn sie nicht selbst im Anstellungsverhältnis zum Praxisinhaber stehen. Dabei ist davon auszugehen, dass der ärztliche Beruf kein Gewerbe, sondern aufgrund der besonderen Qualifikation ein freier Beruf ist (§ 1 I Satz 2 MBO-Ä). Ob dies allerdings für die meisten Gynäkologen zutrifft, erscheint fraglich. Die Merkmale eines freien Berufes sind das Fehlen eines Dienstverhältnisses, das eigene wirtschaftliche Risiko der Berufsausübung und die therapeutische Verantwortung für die Patienten (BVerfGE 11, 30).

10.1 Anstellungsverhältnis der Ärzte als Arbeitnehmer

10.1.1 Vertragsinhalt

Überwiegend stellt das Beschäftigungsverhältnis der Krankenhausärzte einen **privatrechtlichen, gegenseitigen Austauschvertrag** dar, worin sich der Gynäkologe zu Leistungen von Arbeit im Dienste des Krankenhauses und der Arbeitgeber zur Zahlung einer Vergütung verpflichtet. Der Gynäkologe hat danach eine fremdbestimmte Leistungspflicht und ist weitgehend weisungsabhängig. Auf diesen Dienstvertrag sind die allgemeinen Grundsätze des bürgerlichen Rechts und dabei insbesondere des Schuldrechts über gegenseitige Verträge anzuwenden.

Dieses gilt ebenfalls, wenn juristische Personen des öffentlichen Rechts (Bund, Land, Kommune oder sonstige Körperschaft, Anstalt oder Stiftung des öffentlichen Rechts) Träger sind.

Dieses gilt ferner, wenn aufgrund einer Einzelvereinbarung oder eines Tarifvertrages Teile des öffentlichen Dienstrechtes einbezogen werden. Inhaltlich bestimmt wird der Arbeitsvertrag von den rechtlichen Rahmenbedingungen des **Krankenhausrechts** und den zu übertragenden Aufgaben und Funktionen im einzelnen Krankenhaus. Dabei sind Organisationspläne, Dienstordnungen und Stellenbeschreibungen zu berücksichtigen. Sie werden vielfach durch Bezugnahme Inhalt des Arbeitsvertrages.

Durch Betriebsvereinbarungen oder Tarifverträge (kollektive Vereinbarungen) werden die einzelnen Arbeitsverträge ergänzt.

Im Bereich der öffentlichen Krankenhausträger finden die Regeln des BAT in der jeweils gültigen Fassung Anwendung. Bei freigemeinnützigen Krankenhausträgern werden die Arbeitsverträge durch die Richtlinien der Spitzenverbände der freien Wohlfahrtspflege bestimmt.

Besonderheiten bei kirchlichen Klinikträgern und Caritasverband

Das Autonomierecht der Kirchen erlaubt die besondere Ausgestaltung von Arbeitsverträgen. Für Mitarbeiter der inneren Mission des Diakonischen Werkes der evangelischen Kirchen gilt regelmäßig BAT KF und für den Bereich des deutschen Caritasverbandes die **Arbeitsvertragsrichtlinien (AVR)**. Besonderheiten entstehen hinsichtlich des Kündigungsschutzes bei Arbeitsverhältnissen mit kirchlichen Krankenhausträgern. Hier haben die Arbeitsgerichte die vorgegebenen kirchlichen Maßstäbe für die Bewertung vertraglicher Loyalitätspflichten zugrunde zulegen. Tritt ein in einem kirchlichen Krankenhaus tätiger Gynäkologe aus der Kirche aus, ist eine verhaltensbedingte Kündigung gerechtfertigt (BAG NJW 1985, 2781).

Auf die Einzelheiten des abzuschließenden Vertrages wird nachstehend gesondert eingegangen.

Die überwiegende Zahl der Gynäkologen im Krankenhaus ist im nachgeordneten ärztlichen Dienst tätig. Hierzu gehören Oberärzte und Assistenzärzte. Der **Oberarzt** ist ständiger Vertreter des leitenden Gynäkologen oder mit bestimmten Versorgungsaufgaben eigenverantwortlich beschäftigt. Er hat die in seinem Bereich tätigen Gynäkologen zu beraten und zu beaufsichtigen. Der Oberarzt soll grundsätzlich nur ein Facharzt sein.

Assistenzarzt:
keine besondere
Entscheidungs- und Weisungsbefugnis
keine
Führungsverantwortung
(Ausnahme: Notfall)

Dem gegenüber sind **Assistenzärzte** im Krankenhaus ohne besondere Entscheidungskompetenz tätig. Sie dürfen ärztliche Dienste erbringen, ohne jedoch über Diagnostik und Therapie selbstverantwortlich zu entscheiden. Sie sind anderen Gynäkologen gegenüber nicht weisungsberechtigt. Ihnen können je nach Fortschritt in der Weiterbildung und in der beruflichen Erfahrung weitere medizinische Aufgaben übertragen werden. Der Assistenzarzt hat keine Führungsverantwortung. Eine Ausnahme gilt für Notfälle.

Der **Arzt im Praktikum** (solange es diese Tätigkeit noch gibt) wird unter Aufsicht von Ärzten, die eine Approbation als Arzt oder eine Erlaubnis zur vorübergehenden Ausübung des ärztlichen Berufs besitzen, ärztlich tätig. Er hat seine Kenntnisse und praktischen Fähigkeiten zu vertiefen. Ihm ist ausreichend Gelegenheit zu geben, ärztliche Tätigkeiten auszuüben und allgemeine ärztliche Erfahrungen zu sammeln. Er soll die ihm zugewiesenen ärztlichen Tätigkeiten mit einem dem wachsenden Stamm seiner Kenntnis und Fähigkeiten entsprechenden Maß an Verantwortlichkeit verrichten. Je weiter der AIP fachlich fortschreitet, desto mehr darf er an ärztlicher Tätigkeit verrichten. Der ausbildende Arzt bleibt jedoch dafür verantwortlich, dass dem AIP nur solche Aufgaben übertragen werden, welchen dieser sich gewachsen zeigt. Der ausbildende Arzt hat sich über den Ausbildungsstand kontinuierlich, bei fortschreitendem Erfahrungs- und Wissensstand und entsprechender Zuverlässigkeit durch Stichproben zu vergewissern. Der AIP kann eine angemessene Vergütung beanspruchen, wobei ihm jedoch eine Assistenzarztvergütung nicht zusteht.

Wird ein AIP in der Praxis eines niedergelassenen Vertragsarztes tätig, bedarf dieses grundsätzlich der Genehmigung durch die Kassenärztliche Vereinigung.

10.1.2 Die Vergütung

Die Hauptpflicht des Arbeitgebers aus dem Dienstvertrag ist die Zahlung der Vergütung. Für die Dienstverträge gelten überwiegend **Tarifverträge und Tarifordnungen**. Sind die Parteien tariflich gebunden oder wird im Arbeitsvertrag auf einen Tarifvertrag verwiesen, richtet sich die Gewährung der Vergütung nach dem Tarifvertrag. Die Tarife fassen verschiedene Arbeitnehmergruppen zusammen und ordnen diese einer bestimmten Vergütung zu. Die Eingruppierungen erfolgen nach abstrakten Gruppenmerkmalen oder beispielhaft.

Dabei kann die Eingruppierung in eine bestimmte **Vergütungsgruppe** von der Ablegung entsprechender Prüfungen oder bestimmter Berufszeiten abhängig sein. Wird ein Gynäkologe untertariflich eingruppiert, hat er dennoch einen Vergütungsanspruch in Höhe des Arbeitswertes bei korrekter Eingruppierung. Hierzu kann er beim Arbeitsgericht eine entsprechende Klage einreichen. Angestellte Gynäkologen im öffentlichen Dienst erhalten ihre Bezahlung nach Vergütungsgruppen. Ihre Eingruppierung richtet sich nach den Tätigkeitsmerkmalen der Vergütungsordnung. Er ist in diejenige Vergütungsgruppe eingruppiert, deren Tätigkeitsmerkmale die gesamte von ihm nicht nur vorübergehende ausgeübte Tätigkeit entspricht (§ 22 II BAT).

In den für Krankenhausärzte maßgeblichen Vergütungsgruppen II a, I b, I a und I wird von diesen Zuordnungsgrundsätzen ausgegangen. Abgestellt wird auf den Abschluss der Weiterbildung, die ausgeübten Funktionen sowie die Zeit ärztlicher Tätigkeit in bestimmten Aufgaben und Funktionen.

Dabei setzt sich die Vergütung aus der Grundvergütung, dem Ortszuschlag sowie sonstigen Zuwendungen und Zuschlägen nach Maßgabe der tarifrechtlichen Vereinbarungen zusammen. Hierzu

Vergütung richtet sich bei
- tariflicher Bindung
- entsprechendem Verweis im Arbeitsvertrag

nach Tarifvertrag

Vergütung der Angestellten im öffentlichen Dienst richtet sich nach BAT

gehören Schichtdienst, Nachtdienst, Bereitschaftsdienst, Rufbereitschaft sowie fachgebietsärztlicher Hintergrunddienst.

Von entsprechenden Grundsätzen gehen die Tarifordnungen außerhalb des öffentlichen Dienstes, insbesondere BAT KF des diakonischen Werks und die AVR des deutschen Caritasverbandes aus.

Die Leistungsvergütungen der leitenden Krankenhausärzte sind unterschiedlich geregelt. Letztlich entscheidet der Krankenhausträger. Hier sei auf die nachstehenden Ausführungen 4. verwiesen.

10.1.3 Teilzeit und Befristung

Seit dem 1. Januar 2001 gilt das Gesetz über Teilzeitarbeit und befristete Arbeitsverträge (TzBfG). Dabei ist Kernstück, dass jeder Arbeitnehmer das **Recht auf Teilzeitarbeit** hat. Voraussetzung hierfür ist, dass der Arbeitnehmer, der seine Arbeitszeit verringern möchte, seit mehr als sechs Monaten beschäftigt ist. Dabei müssen regelmäßig **mehr als 15 Arbeitnehmer** beschäftigt werden. Der Wunsch auf Teilzeitarbeit ist drei Monate vor Beginn des gewünschten Zeitpunktes geltend zumachen. Der Arbeitnehmer hat die gewünschte Stundenzahl und die Verteilung der Arbeitszeit auf die einzelnen Arbeitstage anzugeben. Äußert sich daraufhin der Arbeitgeber nicht mindestens vier Wochen vor Beginn der gewünschten Arbeitszeitverkürzung schriftlich, gilt dessen Zustimmung als erteilt. Der Arbeitgeber kann der gewünschten Verringerung der Arbeitszeit aus betrieblichen Gründen widersprechen. Dabei sind nicht dringende betriebliche Gründe maßgebend, sondern rationale und nachvollziehbare Gründe ausreichend (LAG Berlin AoA 2002, 133).

Der Anspruch des Gynäkologen auf Teilzeitarbeit muss sich in die bestehende Organisation und in das entsprechende Konzept des Krankenhauses einfügen. Wird durch den Wunsch auf Teilzeitarbeit die Organisation, der Arbeitsablauf oder die Sicherheit im Krankenhaus wesentlich beeinträchtigt oder entstehen unverhältnismäßige Kosten, ist der Anspruch des Gynäkologen zurückzuweisen. Es besteht kein Rechtsanspruch auf **Rückkehr zur Vollzeittätigkeit**. Allerdings ist der teilzeitbeschäftigte Gynäkologe bei der Besetzung eines entsprechend freiwerdenden Arbeitsplatzes bei gleicher Eignung bevorzugt zu berücksichtigen (BAG AuR 2001, 146).

Nach wie vor werden in Krankenhäusern befristete Arbeitsverträge abgeschlossen. Hier ist zwischen allgemeinen Krankenhäusern und Hochschulen zu unterscheiden. Maßgebend ist auch hier das Teilzeit- und Befristungsgesetz (§ 14 I TzBfG). Voraussetzung für die **Befristung eines Arbeitsvertrages** ist das Vorliegen

Anspruchsvoraussetzungen:
- Arbeitnehmer länger als 6 Monate beschäftigt
- Arbeitgeber beschäftigt idR. mehr als 15 Arbeitnehmer

Anspruch abzulehnen bei
- Beeinträchtigung der Klinikorganisation
- unverhältnismäßigen Kosten

Voraussetzung für Befristung: sachlicher Grund ⇒ z.B. vorübergehender betrieblicher Arbeitsbedarf

eines sachlichen Grundes. Ein sachlicher Grund liegt insbesondere vor, wenn

- der betriebliche Bedarf an der Arbeitsleistung nur vorübergehend besteht,
- die Befristung im Anschluss an eine Ausbildung oder ein Studium erfolgt, um den Übergang des Arbeitnehmers in eine Anschlussbeschäftigung zu erleichtern,
- der Arbeitnehmer zur Vertretung eines anderen Arbeitnehmers beschäftigt wird,
- die Eigenart der Arbeitsleistung die Befristung rechtfertigt,
- die Befristung zur Erprobung erfolgt,
- in der Person des Arbeitnehmers liegende Gründe die Befristung rechtfertigen,
- der Arbeitnehmer aus Haushaltsmitteln vergütet wird, die haushaltsrechtlich für eine befristete Beschäftigung bestimmt sind, und er entsprechend beschäftigt wird oder
- die Befristung auf einem gerichtlichen Vergleich beruht.

Somit ist ein **vorübergehender betrieblicher Bedarf** an Arbeitsleistung ein ausreichender Sachgrund. Zum Zeitpunkt der Befristung muss eine auf Tatsachen begründete Prognose vorliegen, wonach die Beendigung des Mehrbedarfs beim Auslaufen des befristeten Vertrages zu erwarten ist. Dieses ist etwa der Fall bei zeitlich begrenzten Forschungsprojekten, wenn bei Vertragsabschluss mit Wahrscheinlichkeit zu erwarten ist, dass der durch das Projekt verursachte Arbeitskräftebedarf entfällt. Ein projektbedingter Mehrbedarf kann sich auch etwa durch Umstellung in der Datenverarbeitung, der Einführung neuer Techniken oder der Aufzeichnung von Vorgängen etwa im Vorgriff auf die Einführung der DRG's ergeben.

Ergänzende Sonderregelungen bestehen für **Hochschulen** (§§ 57 a ff. HRG).

Die dort geschaffenen Zeitvertragsregeln sollen gewährleisten, dass der **Qualifikationsweg** von Juniorprofessoren und wissenschaftlichen Mitarbeitern nach gleichem zeitlichen Maßstab erfolgen kann. Hier bedarf es keines sachlichen Grundes für die Befristung. Es ist zwischen zwei Phasen zu unterscheiden:

- In der Phase vor Abschluss einer Promotion ist die Befristung von Arbeitsverträgen mit nicht promovierten wissenschaftlichen Mitarbeitern bis zu einer Dauer von sechs Jahren zulässig. Verlängerungen sind möglich (Mutterschutz, Grundwehr- oder Zivildienst, Pflege eines Angehörigen oder Beurlaubung für eine Tätigkeit im Ausland).
- Nach Abschluss einer Promotion ist eine Befristung bis zu einer Dauer von neun Jahren zulässig. Diese Zeitspanne kann unter

wissenschaftliche Mitarbeiter an Hochschulen: sachlicher Grund für Befristung **nicht** erforderlich

bestimmten Voraussetzungen bis zu einer Höchstdauer von 15 Jahren sich verlängern.

Für Gynäkologen in der **Weiterbildung** gilt eine Sonderregelung, die sich im Gesetz über die befristeten Arbeitsverträge mit Ärzten in der Weiterbildung (ÄArbVtrG) findet.

Danach liegt ein sachlicher Grund für die Befristung eines Arbeitsvertrages vor, wenn die Beschäftigung des Gynäkologen einer zeitlich und inhaltlich strukturierten Weiterbildung zum Facharzt oder dem Erwerb einer Anerkennung für einen Schwerpunkt oder dem Erwerb einer Zusatzbezeichnung, eines Fachkundenachweises oder einer Bescheinigung über eine fakultative Weiterbildung dient. Dabei kann der Gynäkologe in der Weiterbildung auch mit anderen Tätigkeiten betraut werden, wenn diese vom Umfang und Ausmaß her die Weiterbildung nicht beeinträchtigen.

10.1.4　Belegarzt

In keinem dienstrechtlichen Verhältnis zum Krankenhausträger steht der Belegarzt. Er übt seine Tätigkeit in einer fremden Betriebsstätte unter Inanspruchnahme von deren Räumen und Einrichtungen aus. Dabei wirken Belegarzt und Krankenhaus zusammen. Der Belegarzt rechnet seine stationären ärztlichen Leistungen sowohl bei Selbstzahlung als auch bei Kassenpatienten unmittelbar ab. Der Krankenhausträger kann seinerseits gegenüber der Patientin oder den Kostenträgern nur einen geminderten oder kleinen Pflegesatz berechnen. Das Krankenhaus kann gegenüber der Patientin den allgemeinen Pflegesatz abzüglich der belegärztlichen Leistungen geltend machen. Inhalt eines **Belegarztvertrages** ist:

- Art und Umfang der Tätigkeit des Belegarztes,
- seine Stellung und die Sicherung der Zusammenarbeit mit anderen Abteilungen und Einrichtungen des Krankenhauses,
- gegenseitige Rechte und Pflichten (Anzahl der Belegbetten, Überlassung von Personal und Einrichtungen des Krankenhauses, Weisungsrecht, Hygieneverantwortung),
- Wirtschaftlichkeitsgebot,
- Sicherung der Qualität der belegärztlichen Leistung und Mitwirkung an Qualitätssicherungsmaßnahmen,
- Kostenerstattung des Belegarztes,
- Vertretungsregelung,
- Haftung und Versicherungsschutz,
- Umfang ambulanter Tätigkeiten im Krankenhaus,
- Vertragsdauer und Kündigungsrecht.

10.2   Der beamtete Gynäkologe

Unter bestimmten Bedingungen können Krankenhausärzte, die Bedienstete von Bund, Ländern, Kommunen oder anderen Körperschaften, Anstalten und Stiftungen des öffentlichen Rechts als Krankenhausträger sind, in das Beamtenverhältnis berufen werden.

Bund und Länder haben jeweils **Beamtengesetze** erlassen. Für den Hochschulbereich gelten ergänzend die Bundes- und Landeshochschulgesetze. Beamte sind keine Arbeitnehmer. Vielmehr stehen sie in einem besonderen Dienst- und Treueverhältnis zum Dienstherrn. Die das Beamtentum prägenden Grundsätze verlangen, dass öffentliche Ämter nach charakterlicher Eignung, fachlicher Befähigung und Leistung vergeben werden. Dabei sind Ausbildung, Vorbildung, Berufs- und Lebenserfahrung entscheidende Kriterien. Charakteristisch für das **Berufsbeamtentum** ist die regelmäßige Anstellung auf Lebenszeit, die Tätigkeit als Haupt- und Lebensberuf, das Leistungsprinzip, die Treuepflicht innerhalb eines besonderen Rechts- und Pflichtenverhältnisses, die Alimentationspflicht des Dienstherrn, die Fürsorge- und Schutzpflicht des Dienstherrn und das Recht auf Führung einer entsprechenden Dienstbezeichnung. Dabei ist die **ärztliche Unabhängigkeit** eines beamteten Gynäkologen unbedingt zu erhalten. Bei Diagnostik und Therapie ist die fachliche Unabhängigkeit des Gynäkologen unabdingbar. Der Dienstherr bestimmt im Rahmen seiner Organisationsgewalt, welche Aufgaben dem beamteten Gynäkologen als Hauptamt zugewiesen werden. Davon zu unterscheiden ist der Bereich der **Nebentätigkeit**. Zu den Aufgaben des Hauptamtes gehört auch die Erstellung von Gutachten, gutachterlichen Äußerungen und wissenschaftliche Ausarbeitungen. Es handelt sich dabei um Gutachten, die im Interesse des Krankenhausträgers erstellt werden müssen. Werden **Gutachten** von einem Dritten angefordert, handelt es sich um eine Nebentätigkeit.

Die Besoldung des beamteten Gynäkologen bestimmt sich nach den **Besoldungsordnungen** des Bundes und der Länder. Sein Liquidationsrecht wird im Rahmen der Ausführungen zum Chefarztvertrag dargestellt.

Der beamtete Arzt hat eine Treuepflicht gegenüber dem Dienstherrn, ist aber **fachlich** unabhängig.

Nebentätigkeit bedarf Genehmigung des Dienstherrn

10.3   Arbeitszeitgesetz

Von großer praktischer Bedeutung ist das Arbeitszeitgesetz für die Frage des Umfangs der Dienstleistungspflicht eines nachgeordneten Gynäkologen.

10.3.1 Kreis der Adressaten

nicht erfasst:
- Chefärzte
- beamtete Ärzte

Leitende Gynäkologen (Chefärzte) sind von der Geltung des ArbZG ausgenommen. Dies gilt auch dann, wenn sie nicht leitende Angestellte (s. Kapitel 10.4, Chefarztvertrag, S. 181) sein sollten (§ 18 I Nr. 1 ArbZG). Auch beamtete Ärzte werden nicht erfasst.

Das ArbZG zielt darauf ab, den **Gesundheitsschutz** der Arbeitnehmer bei der Arbeitszeitgestaltung wirksam und praktikabel zu gestalten. Es sollen die Rahmenbedingungen für flexiblere Arbeitszeiten vor allem durch die Verlängerung der Ausgleichszeiträume bei der Einhaltung des Achtstundentages verbessert werden.

Schutzbestimmungen des ArbZG sind grundsätzlich zwingendes Recht

Gleichzeitig sollen Patienten vor übermüdeten und überlasteten Ärzten geschützt werden. **Verstöße** werden strafrechtlich verfolgt oder als Ordnungswidrigkeit behandelt (§§ 22, 23 ArbZG). Deshalb wird die organisatorische Gestaltung der Betriebsabläufe im Krankenhaus, insbesondere der Personaleinsatz durch dieses Gesetz erheblich beeinflusst. Die Schutzbestimmungen sind zwingendes Recht. Sie können nur im Rahmen der gesetzlichen Vorgaben durch Tarifverträge oder aufgrund des Tarifvertrages durch Betriebsvereinbarungen auch zum Nachteil des Arbeitnehmers geändert oder ergänzt werden.

Die werktägliche Arbeitszeit darf grundsätzlich acht Stunden nicht überschreiten (§ 3 Satz 1 ArbZG).

werktägliche Arbeitszeit: bis zu 10 Stunden täglich zulässig

Dabei zählt der Samstag als Werktag. Die tägliche Arbeitszeit kann aus jedem **sachlichen Grund** bis zu zehn Stunden verlängert werden, wenn innerhalb eines Ausgleichszeitraums von sechs Monaten oder innerhalb von 24 Wochen im Durchschnitt acht Stunden werktäglich nicht überschritten werden. Mindestruhepausen sind einzuhalten (§ 4 ArbZG).

10.3.2 Ruhezeiten

Mindestruhepausen abhängig von Arbeitszeit:
- 6–9 Stunden: 30 min
- über 9 Stunden: 45 min
⇒ Aufteilung möglich

Im Voraus haben **Ruhepausen**, welche die Arbeit unterbrechen, festzustehen. Sie betragen bei einer Arbeitszeit von sechs bis neun Stunden 30 Minuten und bei einer Arbeitszeit von über neun Stunden 45 Minuten. Die Ruhepausen können in Zeitabschnitte von 15 Minuten aufgeteilt werden. Kein nachgeordneter Arzt darf länger als sechs Stunden hintereinander im Tag- oder Nachtdienst beschäftigt werden. Das kann zu erheblichen organisatorischen Schwierigkeiten führen.

unzulässig: ununterbrochene Arbeitszeit, die über 6 Stunden hinausgeht

Dieses gilt insbesondere deshalb, da Ruhepausen als im Voraus festgelegte, jedoch vorhersehbare Zeiten einer Arbeitsunterbrechung von bestimmter Dauer definiert sind.

In diesen Ruhepausen ist der Arzt von jeglicher Arbeitspflicht befreit und muss sich auch in keiner Weise zur Arbeitsleistung bereit halten, sondern kann frei darüber entscheiden, wie er seine Freizeit verbringen will.

Besonders problematisch ist die Regelung über die Mindestruhezeiten (§ 5 ArbZG). Nach Beendigung der täglichen Arbeitszeit muss dem Gynäkologen eine **ununterbrochene Ruhezeit** von grundsätzlich elf Stunden gewährt werden.

Diese kann um eine Stunde verkürzt werden, wenn innerhalb eines Kalendermonats oder innerhalb von vier Wochen durch Verlängerung einer anderen Ruhezeit auf mindestens zwölf Stunden ein entsprechender Ausgleich vorgenommen wird.

Mindestruhezeit: 11 Stunden ununterbrochen zu gewähren, Verkürzung auf 10 Stunden möglich

10.3.3 Bereitschaftsdienst

Streitig war bisher die Frage, ob Bereitschaftsdienst und Rufbereitschaft Arbeitszeit sind. Der europäische Gerichtshof hat in seinem Urteil vom 03.10.2000 („SIMAP") entschieden, dass **Bereitschaftsdienst,** den die Gynäkologen zur medizinischen Grundversorgung in Form persönlicher Anwesenheit in der Gesundheitseinrichtung leisten, insgesamt als Arbeitszeit und gegebenenfalls als Überstunden anzusehen ist. Bei einem Bereitschaftsdienst in Form von **Rufbereitschaft** ist nur die Zeit, die für die tatsächliche Erbringung von Leistungen der medizinischen Grundversorgung aufgewandt wird, als Arbeitszeit anzusehen. Im September 2003 ist diese Frage für Deutschland vom EuGH ebenso beantwortet worden (EuGH NJW 2003, 2971 ff.).

Zwischenzeitlich hat auch das **Bundesarbeitsgericht** eine Entscheidung zu dieser Frage verkündet. Im Beschluss vom 18.02.2003 (Az. 1 ABR 2/02) wurde festgestellt, dass Bereitschaftsdienst, während dessen ein Gynäkologe in den Räumlichkeiten des Arbeitgebers anwesend sein muss, in vollem zeitlichen Umfang Arbeitszeit ist.

Praktisch umgesetzt worden ist dieses Urteil in der Bundesrepublik Deutschland bislang jedoch noch nicht. Das Arbeitszeitgesetz ist möglicherweise wegen fehlender **Finanzierbarkeit** der sich daraus ergebenen Konsequenzen noch nicht angepasst worden.

Daher gilt derzeit noch die Regelung, dass der Gynäkologe, der aus der Bereitschaft heraus zu Arbeitsleistungen in Anspruch genommen wird, seine Ruhezeit unterbricht. Nach Beendigung seiner Tätigkeit beginnt die gesetzliche Ruhezeit erneut zu laufen.

Kürzungen der Ruhezeit durch Inanspruchnahme während des Bereitschaftsdienstes oder der Rufbereitschaft, die **nicht mehr als die Hälfte** der Ruhezeit betragen, können zu anderen Zeiten ausgeglichen werden (§ 5 III ArbZG).

Ein Gynäkologe, der während des Bereitschaftsdienstes oder der Rufbereitschaft insgesamt nicht mehr als fünfeinhalb Stunden

streitig: Sind Bereitschaftsdienst und Rufbereitschaft Arbeitszeit?
⇒ EuGH-Urteil nicht umgesetzt, § 5 ArbZG gilt weiter wie bisher

tätig war, kann im Anschluss an seinen Dienst zur normalen Tätigkeit herangezogen werden. Die fehlende Ruhezeit ist dann zu anderen Zeiten auszugleichen.

Hat er mehr als fünfeinhalb Stunden während des Bereitschaftsdienstes oder der Rufbereitschaft gearbeitet, ist der vorgesehene Arbeitsbeginn so zu verschieben, dass nach Beendigung der letzten Inanspruchnahme eine mindestens zehnstündige Ruhezeit eingehalten wird.

Ferner ist die **Nachtarbeit** von besonderer Bedeutung. Nachtarbeiter sind alle diejenigen Arbeitnehmer, die aufgrund ihrer Arbeitszeitgestaltung normalerweise in Wechselschicht Nachtarbeit von 23.00 Uhr bis 06.00 Uhr leisten oder an mindestens 48 Tagen im Kalenderjahr nachts arbeiten. Der Ausgleichszeitraum für eine über acht Stunden hinausgehende Tätigkeit beträgt hier nicht sechs Monate oder 24 Wochen, sondern nur einen Kalendermonat oder vier Wochen (§ 6 II ArbZG).

Eine Verlängerung der Arbeitszeit auf zehn Stunden täglich ist möglich. Der Nachtarbeiter hat einen Anspruch auf arbeitsmedizinische Untersuchung bei Aufnahme der Tätigkeit sowie in regelmäßigen Zeitabständen auf Kosten des Arbeitgebers (§ 6 III ArbZG).

10.3.4 Ausgleichsregelungen

Da aus der Natur der Sache heraus in Krankenhäusern auch an **Sonn- und Feiertagen** gearbeitet werden muss, wobei auch hier die Arbeitstätigkeit auf zehn Stunden verlängert werden kann, wenn ein Ausgleich innerhalb von sechs Monaten erfolgt, sind besondere Ausgleichsregelungen vorgesehen.

Danach müssen mindestens fünfzehn Sonntage im Jahr beschäftigungsfrei bleiben. Durch die an Sonn- und Feiertagen geleistete Arbeitszeit darf weder die **Höchstarbeitszeit** noch der Ausgleichszeitraum überschritten werden. Ferner ist ein Ersatzruhetag zu gewähren. Bei Sonntagsarbeit steht hierfür ein Zeitraum von zwei Wochen und bei Feiertagen von acht Wochen zur Verfügung. Sowohl die Sonn- und Feiertagsruhe als auch der Ersatzruhetag sind in unmittelbarem Zusammenhang mit der täglichen Ruhezeit von elf Stunden zu gewähren, soweit dem technische oder arbeitsorganisatorische Gründe nicht entgegenstehen.

Im Einzelfall kann bei **außergewöhnlichen Situationen** von den vorstehenden Vorgaben abgewichen werden, um eine hinreichende Versorgung zu gewährleisten (§ 14 I ArbZG). Hier ist jedoch besondere Vorsicht geboten. Da die Versorgung medizinischer Notfälle zum Routinealltag eines Krankenhauses gehört, können nur außergewöhnliche, unabsehbare Not- und Katastrophenfälle als Begründung für ein Abweichen von vorstehenden Bestimmungen angesehen werden.

10.3.5 Aufzeichnungspflicht

Es bestehen zur Umsetzung der Arbeitszeitregelungen Aufzeichnungs- und Publikationspflichten. Der Krankenhausträger hat die entsprechenden **Bestimmungen auszulegen** oder auszuhändigen. Er ist verpflichtet, über die werktägliche Arbeitszeit hinausgehende Arbeitszeit der Arbeitnehmer und einem etwaigen Ausgleich von Mehrarbeit durch Verkürzung der Arbeitszeit an anderen Tagen innerhalb des Ausgleichszeitraumes zu **dokumentieren** und diese Aufzeichnungen mindestens **zwei Jahre aufzubewahren**. Der Krankenhausträger darf diese Verpflichtung auf leitende Gynäkologen übertragen, wobei eine laufende Überwachung geboten ist.

Arbeitszeitschutzgesetz:
- Bestimmungen auslegen
- Die Einhaltung dokumentieren
- Die Belege 2 Jahre aufbewahren

10.4 Chefarztvertrag

10.4.1 Stellung und Befugnisse des Chefarztes

Üblicherweise wird als Chefarzt der ärztliche Leiter einer Klinikabteilung bezeichnet. Es werden unterschiedliche Begriffe wie „Abteilungsarzt", „leitender Abteilungsarzt", „leitender Arzt" oder „Chefarzt" benutzt, ohne dass dieses inhaltlich irgendwelche Auswirkungen hätte. In den Verträgen werden die Pflichten des Chefarztes regelmäßig sehr detailliert aufgeführt. Der Chefarzt bleibt im ärztlichen Bereich völlig weisungsfrei. Weder dem Dienstherrn im Angestellten- oder Beamtenverhältnis, noch dem ärztlichen Direktor steht insoweit ein Weisungsrecht zu (BVerfG NJW 1963, 1667).

Chefarzt: weisungsunabhängig, dennoch abhängiges Arbeitsverhältnis

Dennoch besteht ein abhängiges Arbeitsverhältnis mit dem Klinikträger. Davon ist auch auszugehen, wenn der Chefarzt im Wesentlichen weisungsungebunden und damit vom Klinikträger persönlich nicht abhängig ist (BAG NJW 1961, 2085).

Hierzu gehört das zusätzlich zur Vergütung einzuräumende Recht zur Eigenliquidation des Chefarztes. Üblicherweise wird ein privatrechtlicher Vertrag geschlossen, der die gegenseitigen Pflichten und Rechte enthält.

WICHTIG! Soweit einem Chefarzt im Dienstvertrag die Befugnis zur Einstellung und/oder Entlassung von Mitarbeitern des ärztlichen Dienstes der Abteilung eingeräumt wird, ist er aufgrund dieser Führungs- und Schlüsselposition in der Klinik als leitender Angestellter anzusehen. Für diesen Fall gilt das **Kündigungsschutzgesetz** für den Chefarzt nicht (LAG Nürnberg MedR 1999, 231).

In diesem Fall kann der Klinikträger in einem **Kündigungsschutzprozess** einen Auflösungsantrag stellen, ohne diesen begründen zu müssen. Das Arbeitsgericht hat diesem Antrag zu entsprechen und das Arbeitsverhältnis gegen Zahlung einer Abfindung aufzulösen. Hierdurch wird das Prozessrisiko für den Klinikträger erheblich vermindert. Deshalb besteht auf Seiten des Trägers ein großes Interesse, den Chefarzt als leitenden Angestellten zu qualifizieren.

Dem Chefarzt steht im Rahmen seiner medizinisch-fachlichen Verantwortung ein **Weisungsrecht** gegenüber den ärztlichen Mitarbeitern zu. Sein ständiger Vertreter ist ein Oberarzt.

10.4.2 Regelungsgegenstände

Bei der Verhandlung über den Abschluss eines Arztvertrages bedienen sich die Klinikträger meist der **Vertragsmuster der deutschen Krankenhausgesellschaft.**

Bei Abschluss eines solchen Vertrages sind mehrere Punkte zu beachten. Dabei erscheint es derzeit leichter möglich zu sein, dass ein als Chefarzt vorgesehener Arzt seine Forderungen gegenüber dem Klinikträger durchsetzen kann. Hintergrund hierfür dürfte der derzeitige Ärztemangel sein.

Die Unabhängigkeit des Arztes in ärztlichen Fragen ist ein Charakteristikum seines Berufsbildes. Zwischen diesem **Anspruch auf Unabhängigkeit** in ärztlichen Fragen und der Verpflichtung des Arztes zu **wirtschaftlicher Vorgehensweise** kann es zu Kollisionen kommen. Deshalb ist bereits bei der Vertragsgestaltung darauf zu achten, dass diese Prinzipien aufeinander abgestimmt werden. In nichtärztlichen Fragen untersteht der Chefarzt der Dienstaufsicht des Trägers. Es empfiehlt sich, klare Zuständigkeiten zu vereinbaren, in dem ein konkreter Dienstvorgesetzter benannt wird (z.B. Geschäftsführer oder Verwaltungsdirektor). Dies bestimmt letztlich die Rechtsform des Klinikträgers.

Es empfiehlt sich, die Zuständigkeit der Chefärzte untereinander bereits im Vertrag festzulegen. Da jedoch nicht alle denkbaren Abgrenzungsprobleme geregelt werden können, wird regelmäßig eine Entscheidungskompetenz des Trägers bei Abgrenzungsstreitigkeiten vereinbart.

Wichtig ist, dass der Chefarzt in der Nähe der Klinik wohnt, um seinen Pflichten ohne Zeitverlust nachkommen zu können. Dies gilt insbesondere für Notfälle und sonstige Umstände, bei denen aus medizinischen Gründen die persönliche Anwesenheit des Chefarztes unabdingbar ist. Regelmäßig werden deshalb Kilometerangaben oder Zeitvorgaben vereinbart, in deren Radius der

Chefarzt seinen Wohnsitz zu nehmen hat. Dabei spielt sicherlich auch eine Rolle, dass der Krankenhausträger den Chefarzt gesellschaftlich in die Umgebung des Hauses eingliedern will.

In vielen Verträgen findet sich eine Klausel, wonach die **Mitwirkung des Chefarztes** an sonstigen Leistungen der Klinik bestimmt wird, die diese als Institut erbringt. Hierdurch werden diejenigen Fälle erfasst, in denen der Gesetzgeber den Krankenhäusern neue Institutsaufgaben zuweist. Dies kann erhebliche Bedeutung erlangen, wenn die Grundlagen des Vertrages erfasst werden. Werden etwa dem Chefarzt wesentliche von ihm durchgeführte und abgerechnete Aufgaben entzogen, kommen **Ausgleichsansprüche** für ihn in Betracht.

Gegenstand heftiger Verhandlungen wird die Teilnahme des Chefarztes am Bereitschafts- und **Rufbereitschaftsdienst** sein. Hier reichen die Möglichkeiten von einer turnusmäßigen Teilnahme bis hin zum Ausschluss einer Teilnahme des Chefarztes. Nimmt er am Bereitschaftsdienst nicht teil, bleibt seine Pflicht zur organisatorischen Sicherstellung des Bereitschaftsdienstes unberührt. Hier ist zu beachten, dass die Rechtsprechung die Möglichkeit einer persönlichen Teilnahmeverpflichtung bei Fehlen einer vertraglichen Vereinbarung angenommen hat (BAG ArztR 1991, 177).

Aufgrund der besonderen Bedeutung der **Hygiene** in der Klinik und den sich aus der Nichtbeachtung ergebenden haftungsrechtlichen Folgen werden regelmäßig diesbezügliche Pflichten des Chefarztes ausdrücklich vertraglich vereinbart. Entsprechendes gilt für die Mitwirkung des Arztes an der **Qualitätssicherung**. Es ist reine Verhandlungssache, ob hierfür eine zusätzliche Vergütung vereinbart werden kann.

In jedem Vertrag findet sich die Verpflichtung zur **persönlichen Leistungserbringung**, wobei eine Delegation von Einzelaufgaben oder bestimmten feststehenden Tätigkeitsbereichen auf nachgeordnete Ärzte zulässig ist, soweit nicht im Einzelfall das persönliche Tätigwerden des Chefarztes erforderlich ist.

Eingang in jeden Vertrag findet das **Wirtschaftlichkeitsgebot** (§§ 12 I, 70 I SGB V). Dabei wird vielfach vereinbart, dass vor Einführung neuer Untersuchungs- und Behandlungsformen, die wesentliche Mehrkosten verursachen und aus diesem Grund dem Gebot der Wirtschaftlichkeit zuwiderlaufen können, der Arzt Einvernehmen mit dem Klinikträger herbeiführen muss. Im Rahmen des Wirtschaftlichkeitsgebotes wird dem Chefarzt in vielen Verträgen Mitwirkung in Budgetangelegenheiten eingeräumt.

Die gebräuchlichste Form der **Vergütung** ist die Zahlung eines Festgehaltes nebst Einräumung des Liquidationsrechtes. Weniger gebräuchlich ist die Zahlung eines Festgehaltes und anteilige Beteiligung an den Liquidationseinnahmen der Klinik oder die Zahlung eines erhöhten Festgehaltes ohne Liquidationseinnahmen. Das Festgehalt entspricht einer der oberen Vergütungsgruppen des BAT oder der vergleichbaren Vergütungswerke. Je nach Größe des Hauses wird hier zu differenzieren sein.

Die Pflicht zur Vorlage der **Abrechnungsunterlagen** ist gesetzlich normiert. In einigen Ländern ist die Abrechnung der Liquidationseinnahmen nur über die Klinikverwaltungen möglich (Berlin und Sachsen). Die Höhe der an den Klinikträger zu entrichtenden Einzugsvergütung orientiert sich meist an den Sätzen, die eine privatärztliche Verrechnungsstelle geltend macht.

Aus Sicht des Chefarztes kommt die Vereinbarung eines ihm gegenüber dem Klinikträgers zustehenden **Regressanspruches** in Betracht, wenn etwa die Wahlleistungsvereinbarung mit der Patientin unwirksam ist. Hier kann eine entsprechende Schadensersatzklausel aufgenommen werden. Immer wieder wird diskutiert, ob für bestimmte Dienstleistungen eine gesonderte Vergütung zu zahlen ist, wie etwa die persönliche Teilnahme des Chefarztes an Bereitschafts- oder Rufbereitschaftsdiensten. Hier kommt eine zusätzliche Vergütung dann in Betracht, wenn der Chefarzt nur über geringe Liquidationseinnahmen verfügen wird. Sonst käme es in diesen Fällen dazu, dass der Oberarzt, dem die Bereitschafts- und Rufbereitschaftsdienste gesondert zu zahlen sind, über höhere Einnahmen verfügt, als der Chefarzt.

Kostenerstattung für wahlärztliche Tätigkeit

Der Chefarzt ist zur Erstattung der durch die Ausübung der wahlärztlichen Tätigkeit entstehenden Kosten gegenüber dem Klinikträger verpflichtet (§ 24 II BPflV). Da dies nicht automatisch gilt, müssen diese Regelungen Bestandteil des Vertrages werden. Da hier immer wieder mit Gesetzesänderungen zu rechnen ist, sollte der **Grundsatz der Kostenerstattung** vertraglich vereinbart werden. Dieser Grundsatz wird durch die Bezugnahme auf die jeweiligen Regelungen des KHG und der BPflV ausgefüllt. Die Höhe der Kostenerstattung richtet sich dann nach diesen Regelungen in der jeweils gültigen Fassung. Da die BPflV seit der letzten Novellierung genaue Angaben zur Höhe der Kostenerstattung enthält, ist es nicht mehr erforderlich, einen bestimmten Prozentsatz der Liquidationseinnahmen als Kostenerstattung zu vereinbaren, wie dies bislang üblich war.

Höhe des Anteils der Privateinnahmen, der an den Krankenhausträger abgeführt werden muss, ist in der Bundespflegesatzverordnung geregelt

Der Chefarzt kann entscheiden, ob er die Abrechnung selbst, durch eine private Verrechnungsstelle oder durch die Klinik vornehmen lässt (§ 22 III BPflV)(Ausnahme Berlin und Sachsen).

Ob ein **Vorteilsausgleich** vereinbart wird und wie hoch dieser ist, muss zwischen den Vertragsparteien ausgehandelt werden. Hier orientiert man sich vielfach hinsichtlich der Höhe an den in den Nebentätigkeitsverordnungen des Bundes und der Länder festgelegten Prozentsätze. Gebräuchlich ist auch eine Staffelung des Vorteilsausgleichs nach der Höhe der Liquidationseinnahmen.

Der Arzt ist verpflichtet, die nachgeordneten ärztlichen Mitarbeiter angemessen an den Liquidationseinnahmen zu beteiligen, wobei hierdurch keine eigenen Ansprüche der nachgeordneten Mitarbeiter gegenüber dem Klinikträger begründet werden (§ 29 III MuBO). Entsprechende Verpflichtungen sehen auch einige Landeskrankenhausgesetze vor (z.B. Baden-Württemberg, Berlin, Hessen, Mecklenburg-Vorpommern, Rheinland-Pfalz und Sachsen). Zumeist wird in einem solchen Vertrag nur Bezug auf das Standesrecht genommen. Je detaillierter die Regelung sonst wäre, um so größer wäre die Möglichkeit der Inanspruchnahme des Trägers durch die nachgeordneten Ärzte. Gleichzeitig könnte dieses auch Ansprüche der nachgeordneten nicht-ärztlichen Mitarbeiter gegenüber dem Chefarzt begründen.

Beteiligung von Mitarbeitern an Liquidationseinnahmen

Regelmäßig finden sich in den Verträgen Regelungen für den Krankheitsfall, wonach bis zu einer Dauer von maximal sechs Wochen die Vergütung fortgewährt wird. Dabei sollte auch vereinbart werden, dass für den gleichen Zeitraum das Liquidationsrecht fortgewährt wird.

Vergütung u. Liquidationsrecht im Krankheitsfall

Zwischen den Vertragsparteien wird vereinbart, dass der Klinikträger für die Tätigkeiten des Arztes eine ausreichende Haftpflichtversicherung gegen Schadensersatzansprüche Dritter abschließt. Es sollte darauf geachtet werden, dass die Haftpflichtversicherung auch etwaige **Regressansprüche des Klinikträgers** gegen den Arzt abdeckt. Teilweise wird eine Verpflichtung des Chefarztes vereinbart, wonach dieser dem Klinikträger die Prämienanteile zu erstatten hat, die auf seine zur Liquidation berechtigte Tätigkeit entfallen.

Abschluss einer Haftpflichtversicherung durch Klinikträger für Chefarzt

In der sogenannten Entwicklungsklausel behält sich der Klinikträger vor, nach Anhörung des Chefarztes sachlich gebotene strukturelle und **organisatorische Änderungen** vorzunehmen. Hier wird ein Chefarzt kaum erreichen können, dass entsprechende Maßnahmen nur mit seinem Einvernehmen vorgenommen werden dürfen. Der Arzt ist jedoch insoweit gesichert, als der Klinikträger ein **sachliches Erfordernis** für die beabsichtigten Änderungen benötigt. Willkürliche Änderungen dürfen nicht vorgenommen werden (BAG NJW 1980, 1915).

Entwicklungsklausel: Recht des Klinikträgers zu strukturellen u. organisatorischen Änderungen

Vielfach werden Fragen der **Nebentätigkeit** im Dienstvertrag geregelt. Dieses bedeutet, dass Nebentätigkeiten plötzlich zur Hauptleistungspflicht des Chefarztes werden und daher von der vereinbarten Grundvergütung mit umfasst werden. Vorzuziehen ist jedoch die Praxis, wonach in einer gesonderten Vereinbarung geregelt wird, dass die Nebentätigkeit nicht wesentlicher Bestandteil des Dienstverhältnisses zwischen Arzt und Klinik sein soll.

empfehlenswert, Nebentätigkeit in gesonderter Vereinbarung zu regeln

Dabei wird im Einzelnen festgelegt, welche Nebentätigkeiten dem Chefarzt erlaubt sind. Hier ist die Ambulanz als klassische Nebentätigkeit eines Chefarztes von besonderer Bedeutung. Hierzu gehören auch die Mitwirkung an Arzneimittelstudien oder drittfinanzierten Forschungsvorhaben.

Die **Nebentätigkeitserlaubnis** kann bei Vorliegen wichtiger Gründe **widerrufen** oder beschränkt werden. Ein wichtiger Grund liegt insbesondere dann vor, wenn durch deren Ausübung die Durchführung der Dienstaufgaben des Chefarztes und der allgemeine Dienstbetrieb in der Klinik beeinträchtigt werden. Der Klinikträger und der Chefarzt werden einen Nutzungsvertrag zur Nebentätigkeitserlaubnis schließen. Der Klinikträger verpflichtet sich, dem Chefarzt für dessen genehmigte Nebentätigkeiten Personal, Räume, Einrichtungen und Material zur Verfügung zu stellen. Dafür hat der Arzt der Klinik ein Nutzungsentgelt zu zahlen. Die durch die Ausübung der Nebentätigkeit entstehenden Kosten sind vom Arzt zu erstatten. Hier wird regelmäßig eine prozentuale Pauschale vereinbart, um Abrechnungsstreitigkeiten zu vermeiden. Üblicherweise erfolgt die Abrechnung mit der kassenärztlichen Vereinigung über die Klinik. Mit den Privatpatienten rechnet der Arzt selbst ab.

Wichtig ist, dass der Klinikträger für alle Tätigkeiten des Arztes eine zureichende Haftpflichtversicherung abschließt. Die Prämien werden je nach Vereinbarung vom Arzt erstattet.

Nach der sog. **Nebentätigkeitsverordnung** im öffentlichen Dienst unterscheidet man anzeigepflichtige und genehmigungspflichtige Nebentätigkeiten. Einkünfte aus wissenschaftlichen, schriftstellerischen Tätigkeiten sowie Arbeiten als Buch- und Vortragsautor sind anzeigepflichtig, aber nicht genehmigungspflichtig. Der Arbeitgeber hat allerdings Eingrenzungsmöglichkeiten für die Genehmigung von Nebentätigkeiten, so beispielsweise, wenn diese einen bestimmten zeitlichen Umfang überschreiten.

In bestimmten Fällen besteht eine Ablieferungspflicht für Einnahmen aus Nebentätigkeiten.

10.4.3   Befristung und Beendigung des Vertrages

Die Befristung eines Chefarztvertrages ist nur dann möglich, wenn ein sachlicher Grund für die Befristung vorliegt.

Deshalb war bisher die Befristung eines Chefarztvertrages äußerst selten. Dessen ungeachtet scheint es mittlerweile häufiger vorzukommen, dass befristete Chefarztverträge abgeschlossen werden. Hieran scheint niemand Anstoß zu nehmen. Jedoch wird ein ordentliches Kündigungsrecht zugunsten des Klinikträgers nicht ausgeschlossen werden können.

Allerdings ist der Chefarzt durch die strenge Rechtssprechung der Arbeitsgerichte zu den Voraussetzungen einer ordentlichen Kündigung erheblich geschützt, sofern er nicht als leitender Angestellter vom Kündigungsschutz ausgeschlossen ist. Bei kirchlichen Krankenhäusern ist zu beachten, dass eine Kündigung bei Verstößen gegen tragende Grundsätze des geltenden Kirchenrechts in Betracht kommt. In allen Fällen bedarf die Kündigung der Schriftform.

> **Beispiele:**
> Ebenso ist die fristlose Kündigung eines Chefarztes einer katholischen Klinik gerechtfertigt, wenn dieser mit seinen Behandlungsmethoden gegen tragende Grundsätze des geltenden Kirchenrechts verstößt (Art. 140 GG i.V.m. Art. 137 III WRV).
>
> So ist eine Kündigung in einem Tendenzbetrieb gerechtfertigt, wenn der Gynäkologe eine homologe Insemination vornimmt. Nicht gerechtfertigt dagegen ist eine Kündigung, wenn der Gynäkologe eines kirchlichen Krankenhauses eine Stellungnahme für den legalen Schwangerschaftsabbruch in der Öffentlichkeit abgibt (BAG NJW 1984, 826).

Eine besondere Stellung nimmt der **leitende Krankenhausarzt** ein. Er vertritt die Abteilung seines Fachgebietes selbständig sowie eigenverantwortlich. Er ist fachlich weisungsberechtigter Vorgesetzter des ärztlichen, medizinisch-technischen und pflegerischen Personals. Er hat Leitungs- und Führungsfunktion. Ein leitender Krankenhausarzt ohne **selbständige Personalbefugnis** ist kein leitender Angestellter im Sinne des Kündigungsschutzgesetzes (BAG ArztR 2000, 102). Deshalb kann er sich mit einer Kündigungsschutzklage gegen eine Kündigung wehren und eine Abfindung für den Verlust des Arbeitsplatzes bekommen.

Die selbständige Personalbefugnis des Chefarztes ist entscheidend für die Qualifizierung als leitender Angestellter (der keinen Kündigungsschutz genießt)

10.5 Der Gynäkologe als Arbeitgeber

Der niedergelassene Arzt ist auf die Mitarbeit ärztlicher und nichtärztlicher Mitarbeiter angewiesen.

10.5.1 Beschäftigung ärztlicher Mitarbeiter

Da der Arzt seine Praxis grundsätzlich persönlich auszuüben hat, ist die **Beschäftigung unselbständiger Ärzte** in freien Arztpraxen eingeschränkt. Die Beschäftigung eines angestellten Praxisarztes setzt die Leitung der Praxis durch den niedergelassenen Arzt voraus (§ 19 Satz 1, 2 MBO-Ä).

Der zuständigen **Ärztekammer** ist die Beschäftigung eines Assistenten nach § 19 Satz 3 MBO-Ä anzuzeigen. Der Vertragsarzt

Nur niedergelassener Arzt, der Praxis leitet, darf ärztliche Mitarbeiter beschäftigen

Beschäftigung ist Ärztekammer anzuzeigen, Vertragsarzt muss Genehmigung der KV einholen

bedarf zugleich der Genehmigung der **kassenärztlichen Vereinigung**. Der Assistenzarzt übt seine Tätigkeiten nicht selbständig aus, da er sich an die Weisungen des Praxisinhabers zu halten hat. Er muss die einschlägigen vertragsarztrechtlichen Bestimmungen kennen und einhalten. Er hat eine eigene Haftpflichtversicherung abzuschließen. Auch der Arzt im Praktikum ist im Angestelltenverhältnis tätig.

Die vorstehenden Ausführungen gelten nicht für einen Praxisvertreter oder den Praxisverweser. Diese führen die Praxis des abwesenden oder verstorbenen Inhabers selbständig. Der Arzt darf sich regelmäßig nur durch einen **Facharzt** der selben Fachrichtung vertreten lassen (§ 20 I Satz 2 MBO-Ä).

Praxisvertreter/-verweser nicht angestellt, sondern selbständig tätig

Die Beschäftigung eines **Vertreters** ist der Ärztekammer anzuzeigen, wenn die Vertretung in der Praxisausübung insgesamt länger als drei Monate innerhalb von zwölf Monaten dauert.

10.5.2   Beschäftigung nichtärztlicher Mitarbeiter

Die nichtärztlichen Mitarbeiter erbringen Hilfsleistungen für den Arzt. Dabei sind Arzthelferinnen Angestellte, die eine Abschlussprüfung vor der Ärztekammer bestanden haben. Es handelt sich um einen gesetzlichen Ausbildungsberuf. Für das Arbeitsverhältnis der Arzthelferin in der Praxis eines niedergelassenen Arztes gilt der jeweils in Kraft befindliche **Manteltarifvertrag** und der jeweils gültige **Gehaltstarifvertrag** (Aktuell abrufbar unter **www.aerzteblatt.de** im Archiv).

10.5.2.1   Mutterschutz und Elterzeit

Von großer praktischer Bedeutung ist das Gesetz zum Schutz der erwerbstätigen Mütter (**Mutterschutzgesetz**). Hierdurch soll für die Zeit vor und nach der Entbindung ein besonderer arbeitsrechtlicher Schutz gewährleistet werden.

Beschäftigungsverbot 6 Wochen vor Entbindungstermin nicht zwingend, aber Nachteile beim Mutterschaftsgeld für Schwangere zu erwarten und Sanktionen für den Arbeitgeber zu befürchten

Werdende Mütter dürfen in den letzten sechs Wochen vor der Entbindung nach § 3 MuSchG nicht beschäftigt werden. Es handelt sich hier jedoch nicht um ein zwingendes **Beschäftigungsverbot**, da die schwangere Mitarbeiterin auf dessen Einhaltung verzichten kann. Hier ist jedoch besondere Vorsicht für den arbeitgebenden Arzt geboten. Dieser hat in einem solchen Fall die schwangere Mitarbeiterin über die finanziellen Folgen der ausdrücklichen Erklärung, arbeiten zu wollen, hinzuweisen. Auf das Mutterschaftsgeld nach § 200 IV RVO wird der Verdienst angerechnet und nach § 14 MuSchG entfällt der Zuschuss zum Mutterschaftsgeld. Da ein Verstoß gegen das Beschäftigungsverbot durch den Arbeitgeber **strafrechtlich sanktioniert** ist, sollte in der genannten

Zeit eine Schwangere nicht beschäftigt werden, auch wenn diese dies ausdrücklich wünscht.

Nach § 4 MuSchG dürfen werdende Mütter nicht beschäftigt werden insbesondere

- nach Ablauf des fünften Monats der Schwangerschaft mit Arbeiten, bei denen sie ständig stehen müssen, soweit diese Beschäftigung täglich vier Stunden überschreitet,
- mit Arbeiten durch die schädliche Einwirkungen von Strahlen einhergehen, wie dies bei Röntgen- und sonstigen radioaktiven Strahlen der Fall ist,
- mit Arbeiten, bei denen sie infolge ihrer Schwangerschaft in besonderem Maße der Gefahr, an einer Berufskrankheit zu erkranken, ausgesetzt sind wie etwa Toxoplasmose oder Hepatitis,
- mit Arbeiten, bei denen eine Berufskrankheit eine besondere Gefährdung für Mutter oder Kind verursachen könnte wie etwa der Umgang mit Lösungsmitteln.

Werdende oder stillende Mütter dürfen nicht mit **Mehrarbeit**, nicht in der Nacht zwischen 20.00 und 06.00 Uhr und nicht an Sonn- und Feiertagen beschäftigt werden. Mehrarbeit ist jede Tätigkeit, die über achteinhalb Stunden täglich oder 90 Stunden in der Doppelwoche hinausgeleistet wird. In die Doppelwoche werden die Sonntage eingerechnet.

Während der Schwangerschaft und bis zum Ablauf von vier Monaten nach der Entbindung ist eine **Kündigung** des Arbeitgebers unzulässig, wenn diesem zur Zeit der Kündigung die Schwangerschaft oder Entbindung bekannt war oder innerhalb von zwei Wochen nach Zugang der Kündigung mitgeteilt wird.

Nach Ablauf des Mutterschutzes besteht die Möglichkeit auf Inanspruchnahme von **Elternzeit** (Erziehungsurlaub). Anspruch auf Elternzeit haben nach § 15 Bundeserziehungsgeldgesetz (BErzGG) Arbeitnehmer bis zur Vollendung des dritten Lebensjahres eines Kindes, wenn sie mit einem Kind, für das ihnen die Personensorge zusteht, einem Kind des Ehepartners, einem Kind das sie mit dem Ziel der Annahme in ihre Obhut aufgenommen haben, einem Kind für das sie ohne Personensorgerecht in einem Härtefall Erziehungsgeld beziehen können oder als Nichtsorgeberechtigte mit ihrem Kind in einem Haushalt leben und dieses Kind selbst betreuen und erziehen, beanspruchen. **Anspruchsberechtigt** sind demnach leibliche Eltern, Adoptiveltern, Großeltern und sonstige Personen, denen durch das Vormundschaftsgericht die Personensorge übertragen ist. Die antragstellende Person muss das Kind betreuen oder erziehen. Während der Elternzeit darf keine anderweitige volle Erwerbstätigkeit ausgeübt werden, die eine wöchentliche Arbeitszeit von 30 Stunden übersteigt.

> Neben den leiblichen Eltern gibt es weitere Berechtigte für die Gewährung von Elternzeit

Die Arbeitnehmerin kann die Verringerung ihrer Arbeitszeit verlangen. Voraussetzung hierfür ist:

- der Arbeitgeber beschäftigt neben den Auszubildenden regelmäßig mehr als 15 Arbeitnehmer,
- das Arbeitsverhältnis besteht ohne Unterbrechung länger als sechs Monate,
- die vertraglich vereinbarte regelmäßige Arbeitszeit soll für mindestens drei Monate auf einen Umfang zwischen 15 und 30 Wochenstunden verringert werden,
- dem Anspruch stehen keine dringenden betrieblichen Gründe entgegen und
- der Anspruch wurde dem Arbeitgeber acht Wochen vorher schriftlich mitgeteilt.

Falls der arbeitgebende Arzt die beanspruchte Verringerung der Arbeitszeit ablehnen will, muss er dies innerhalb von vier Wochen nach Zugang des Verlangens mit **schriftlicher Begründung** vornehmen. Hiergegen kann die Arbeitnehmerin beim Arbeitsgericht klagen.

Die geplante Elternzeit muss 6 Wochen vorher angekündigt und für 2 Jahre nach der Geburt voraus geplant werden

Die Elternzeit muss vom Arbeitnehmer spätestens sechs Wochen vorher, wenn sie unmittelbar nach der Geburt des Kindes oder nach der Mutterschutzfrist beginnen soll, schriftlich vom Arbeitgeber verlangt und gleichzeitig erklärt werden, für welche Zeiten innerhalb von zwei Jahren die Elternzeit genommen wird. In dringenden Fällen ist ausnahmsweise eine angemessene **kürzere Frist** möglich.

Der Arbeitnehmer kann das **Arbeitsverhältnis** zum Ende der Elternzeit unter Einhaltung einer Kündigungsfrist von drei Monaten kündigen.

10.5.2.2 Auszubildende

Auszubildende sind die diejenigen Arbeitnehmer, die aufgrund eines Berufsausbildungsvertrages systematisch in einem geordneten Ausbildungsgang eine breit angelegte berufliche Grundausbildung und die für die Ausbildung einer qualifizierten beruflichen Tätigkeit notwendigen fachlichen Fähigkeiten und Kenntnis vermittelt erhalten.

Geregelt sind diese Voraussetzungen im **Berufsbildungsgesetz**, das nach § 107 BBiG für Heil- und Heilhilfsberufe nur soweit gilt, als die Ausbildungen nicht durch Bundes- oder Landesrecht geregelt sind. Dieses ist der Fall für die Ausbildung in der Krankenpflegeschule nach § 26 KrPflG und für die Ausbildung zur Hebamme oder eines Entbindungspflegers nach dem Hebammengesetz.

Für die Ausbildung zur Arzthelferin oder zum Arzthelfer gilt das Berufsbildungsgesetz uneingeschränkt. Im Folgenden soll auf die Ausbildung zum/zur Arzthelfer(in) eingegangen werden.

Wer als Ausbildender jemand anderen zur Berufsausbildung einstellt, hat mit diesem Auszubildenden einen **Berufsausbildungsvertrag** zu schließen. Der Berufsausbildungsvertrag ist spätestens 14 Tage nach Abschluss bei der Ärztekammer zur Eintragung in das Berufsausbildungsverzeichnis einzureichen. Falls die Auszubildende zu Beginn der Ausbildung noch nicht volljährig ist, muss die Bescheinigung über die Erstuntersuchung nach dem **Jugendarbeitsschutzgesetz** zur Einsichtnahme beigefügt werden. Es empfiehlt sich, hierzu die Musterverträge der Ärztekammern zu benutzen. Diese haben im Übrigen Richtlinien für die Einstellung von Auszubildenden herausgegeben. So hat etwa die Ärztekammer Westfalen-Lippe folgende Richtlinien für die Einstellung von Auszubildenden beschlossen:

- Stichtag für den Abschluss eines Berufsausbildungsvertrages ist der 1. August eines jeden Jahres. Letzter Termin für den Abschluss eines Ausbildungsvertrages ist der 31. August eines Jahres.
- Letzter Termin für die Einreichung von Verträgen durch den ausbildenden Arzt zur Eintragung in das Berufsbildungsverzeichnis bei der Ärztekammer Westfalen-Lippe ist der 1. September jeden Jahres.
- Der/die ausbildende Arzt/Ärztin hat sicherzustellen, dass die Beschäftigten (dazu gehören auch die Auszubildenden) über die für sie infrage kommenden Maßnahmen zur Immunisierung bei Aufnahme der Tätigkeit und bei gegebener Veranlassung nahegelegt werden. Die im Einzelfall gebotenen Maßnahmen zur Immunisierung sind im Einvernehmen mit dem/der Arzt/Ärztin, der/die die arbeitsmedizinischen Vorsorgeuntersuchungen durchführt, festzulegen. Die Immunisierung ist für die Beschäftigten (auch die Auszubildenden) kostenlos zu ermöglichen.
- Die Anmeldung für die zuständige Fachklasse hat rechtzeitig vor Beginn des Schuljahres direkt bei der zuständigen Berufsschule zu erfolgen.

Für die Ausbildung von **mehreren Auszubildenden** in einer Praxis hat die Ärztekammer Westfalen folgende Richtlinie beschlossen:

- Eine Auszubildende kann eingestellt werden, ohne dass eine examinierte Arzthelferin in der Praxis tätig ist.
- Eine zweite Auszubildende kann eingestellt werden, wenn die erste in der Praxis beschäftigte Auszubildende bereits ein Jahr ihrer Ausbildungszeit abgeleistet hat. Voraussetzung für die

Eintragung ist die Beschäftigung einer examinierten Arzthelferin (ganztägig) in der Praxis.

- In jedem Jahr kann eine Auszubildende eingestellt werden, wenn in der Praxis zwei examinierte Arzthelferinnen (ganztägig) beschäftigt werden.
- Im 1., 2. oder 3. Ausbildungsjahr können zwei Auszubildende gleichzeitig eingestellt werden, wenn in der Praxis ebenfalls zwei examinierte Arzthelferinnen (ganztägig) tätig sind.
- Wenn in jedem Ausbildungsjahr bereits eine Auszubildende eingestellt wurde und darüber hinaus eine vierte Auszubildende eingestellt werden soll, so ist die Beschäftigung von mindestens drei examinierten Arzthelferinnen (ganztägig) Voraussetzung.

Die Ausbildungsdauer beträgt drei Jahre. Sie kann bei erfolgreichem Abschluss der Allgemeinen Hochschulreife um 12 Monate verkürzt werden.

Der ausbildende Arzt hat

- dafür zu sorgen, dass den Auszubildenden die Fertigkeiten und Kenntnisse vermittelt werden, die zum Erreichen des Ausbildungszieles erforderlich sind, und die Berufausbildung in einer durch ihren Zweck gebotenen Form planmäßig, zeitlich und sachlich gegliedert so durchzuführen, dass das Ausbildungsziel in der vorgesehenen Ausbildungszeit erreicht werden kann,
- selbst auszubilden oder einen Ausbilder ausdrücklich damit zu beauftragen,
- den Auszubildenden kostenlos die Ausbildungsmittel zur Verfügung zu stellen, die zur Berufsausbildung und zum Ablegen von Zwischen- und Abschlussprüfungen, auch soweit solche nach Beendigung des Berufsausbildungsverhältnisses stattfinden, erforderlich sind,
- die Auszubildenden zum Besuch der Berufsschule sowie zum Führen von Berichtsheften anzuhalten, soweit solche im Rahmen der Berufsausbildung verlangt werden und diese durchzusehen,
- dafür zu sorgen, dass die Auszubildenden charakterlich gefördert sowie sittlich und körperlich nicht gefährdet werden,
- die Auszubildenden für die Teilnahme am Berufsschulunterricht und an Prüfungen freizustellen,
- den Auszubildenden bei Beendigung des Berufsausbildungsverhältnisses ein Zeugnis auszustellen; das Zeugnis muss Angaben enthalten über Art, Dauer und Ziel der Berufsausbildung sowie über die erworbenen Fertigkeiten und Kenntnisse der Auszubildenden.

Die **Probezeit** muss mindestens einen Monat und darf höchstens drei Monate betragen.

Im Vertrag ist die **Ausbildungsvergütung** für jedes Ausbildungsjahr einzutragen. Die Höhe bestimmt sich nach dem aktuellen Gehaltstarifvertrag, der über die Ärztekammer bezogen werden kann.

Der **Urlaubsanspruch** beträgt 26 Arbeitstage pro Kalenderjahr. Arbeitstage sind alle Kalendertage mit Ausnahme der Samstage, Sonntage und der gesetzlichen Feiertage.

Der ausbildende Arzt hat auf der Grundlage des Ausbildungsrahmenplans und anhand des **Musterausbildungsplanes**, der von den Kammern bezogen werden kann, einen Ausbildungsplan für die ärztliche Praxis aufzustellen.

Das Ausbildungsverhältnis endet mit dem Ablauf der Ausbildungszeit. Der ausbildende Arzt kann seinerseits das Ausbildungsverhältnis lediglich während der Probezeit oder aus wichtigem Grund beenden. Eine ordentliche **Kündigung** durch den Arzt ist während de Ausbildungszeit nach der Probezeit nicht möglich. Nur die Auszubildende kann nach § 15 II BBiG das Vertragsverhältnis mit eine Kündigungsfrist von vier Wochen beenden, wenn sie die Berufsausbildung aufgibt oder sich für eine andere Berufstätigkeit ausbilden lassen will.

Wird die Abschlussprüfung **nicht bestanden**, so verlängert sich das Berufsausbildungsverhältnis auf Verlangen der Auszubildenden bis zur nächstmöglichen Wiederholungsprüfung, höchstens jedoch um ein Jahr.

> Nach der Probezeit kann das Ausbildungsverhältnis nur durch die Auszubildende gekündigt werden.

10.5.3 Kündigung eines Arbeitsverhältnisses

Sowohl das Arbeitsverhältnis mit einem Arzt als auch das mit nichtärztlichen Mitarbeitern kann ordentlich gekündigt werden. Werden regelmäßig mehr als fünf Arbeitnehmer ausschließlich der Auszubildenden beschäftigt, gilt das **Kündigungsschutzgesetz** für eine ordentliche Kündigung. Dies bedeutet, dass die Kündigung begründet werden muss. Die Kündigung muss sozial gerechtfertigt sein. Es müssen Gründe in der Person oder im Verhalten des Mitarbeiters vorliegen oder dringende betriebliche Erfordernisser einer Weiterbeschäftigung des Arbeitnehmers entgegenstehen (§ 1 KSchG). Das Arbeitsverhältnis kann mit einer Frist von vier Wochen zum 15. oder zum Ende eines Kalendermonats gekündigt werden (§ 622 I BGB).

> ordentliche (= fristgerechte) Kündigung: muss sozial gerechtfertigt sein, wenn mehr als 5 Arbeitnehmer beschäftigt werden

PRAXISTIPP ! Für eine Kündigung durch den Arzt beträgt die Kündigungsfrist, wenn das Arbeitsverhältnis

- 2 Jahre bestanden hat, einen Monat zum Ende eines Kalendermonats,
- 5 Jahre bestanden hat, zwei Monate zum Ende eines Kalendermonats,
- 8 Jahre bestanden hat, drei Monate zum Ende eines Kalendermonats,

> - 10 Jahre bestanden hat, vier Monate zum Ende eines Kalendermonats,
> - 12 Jahre bestanden hat, fünf Monate zum Ende eines Kalendermonats,
> - 15 Jahre bestanden hat, sechs Monate zum Ende eines Kalendermonats,
> - 20 Jahre bestanden hat, sieben Monate zum Ende eines Kalendermonats.

Kündigung während
Probezeit: verkürzte
Kündigungsfrist

Während einer vereinbarten **Probezeit**, längstens für die Dauer von sechs Monaten, kann das Arbeitsverhältnis mit einer Frist von zwei Wochen gekündigt werden. Für die Kündigung des Arbeitsverhältnisses durch den Arbeitnehmer darf keine längere Frist vereinbart werden als für die Kündigung durch den Arbeitgeber. Eine längere Kündigungsfrist kann für den Arbeitgeber vereinbart werden.

Außerordentliche (= fristlose) Kündigung:
- zulässig, wenn dem
  Kündigenden Fort-
  setzung des Dienst-
  verhältnisses unzumut-
  bar
- zuvor Abmahnung
  erforderlich

Das Vertragsverhältnis kann im Übrigen ohne Einhaltung einer Kündigungsfrist gekündigt werden, wenn Tatsachen vorliegen, aufgrund derer dem Kündigenden unter Berücksichtigung aller Umstände des Einzelfalles und unter Abwägung der Interessen beider Teile die Fortsetzung des Dienstverhältnisses bis zum Ablauf der Kündigungsfrist nicht zugemutet werden kann. Diese **außerordentliche Kündigung** muss innerhalb einer Ausschlussfrist von zwei Wochen nach dem Zeitpunkt erfolgen, in dem der Kündigungsberechtigte von den für die Kündigung maßgebenden Tatsachen Kenntnis erhalten hat. Eine Anhörung der Arzthelferin vor Ausspruch der fristlosen Kündigung ist nicht Voraussetzung.

Grundsätzlich ist eine vorherige **Abmahnung** erforderlich. Sie ist nur ausnahmsweise entbehrlich, wenn etwa das notwendige Vertrauensverhältnis gestört ist.

Wichtige Gründe im Sinne dieser Regelung sind etwa strafbare Handlungen, vorsätzliches Nichtbefolgen berechtigter Weisungen, Verstoß gegen Nebentätigkeitsverbote, wiederholte Unpünktlichkeit, eigenmächtiger Urlaubsantritt oder Urlaubsüberschreitung und unbefugtes vorzeitiges Verlassen des Arbeitsplatzes.

10.5.4 Beschäftigung eines ausländischen Arztes

Die Erteilung einer Berufserlaubnis für ausländische Ärzte und ausländisches nichtärztliches Assistenzpersonal ist im Ausländergesetz geregelt.

Dieses schränkt die Zulässigkeit der Kontaktaufnahme mit arbeitsuchenden ausländischen Ärzten und ausländischem medizinischen Assistenzpersonal aus nicht der EU angehörenden Staaten oder Staaten, mit denen keine diesbezüglichen Abkommen bestehen, wesentlich ein.

Der Arbeitgeber muss die Vorlage eines Visums, das zur Arbeitssuche berechtigt, verlangen. Ein arbeitssuchender Ausländer kommt zu einer Aufenthaltsgenehmigung über das regional zuständige Landratsamt, zu einer Arbeitserlaubnis über das regional zuständige Arbeitsamt und zu einer Berufserlaubnis nach § 10 AuslG über die regional zuständige Bezirksregierung, die in der Regel auch die vorgelegten Urkunden auf die Übertragbarkeit nach deutschem Recht zu prüfen hat.

11 Strafrecht

Die ärztliche Tätigkeit auf dem Gebiet der Gynäkologie hat zahlreiche Berührungspunkte mit verschiedenen Strafvorschriften. Daher bedarf es einer genauen Auseinandersetzung mit den einzelnen strafrechtlichen Vorschriften.

11.1 Fahrlässige Tötung und Körperverletzung

WICHTIG! Oft wird eine Strafanzeige als Vorbereitung für einen Zivilprozess erstattet. Die Staatsanwaltschaft und später das Strafgericht haben von Amts wegen alle belastenden und entlastenden Umstände zu ermitteln. Hierzu bedienen sie sich vielfach eines medizinischen Sachverständigen, der ein Gutachten erstattet. Durch spätere Akteneinsicht, die nur einem Rechtsanwalt zu gewähren ist, können dann die für den Zivilprozess notwendigen Beweise zugunsten der anspruchstellenden Patientin beschafft werden.

11.1.1 Die Tatbestände

Bei einer **fahrlässigen Tötung** gemäß § 222 StGB ermittelt die Staatsanwaltschaft von Amts wegen. Hier bedarf es keiner Anzeige, um ein Ermittlungsverfahren in Gang zu setzen.

Im Folgenden soll kurz dargestellt werden, welche Straftatbestände in Betracht kommen, um dann den Gang eines Strafverfahrens darzustellen und praktische Hinweise zu geben.

Der wohl am Häufigsten beanspruchte Tatbestand im Rahmen strafrechtlicher Ermittlungen ist die fahrlässige Körperverletzung (§ 229 StGB). Dieses hat seinen Grund darin, dass jeder medizinische Eingriff den Tatbestand der Körperverletzung erfüllt. Es kommt dabei nicht darauf an, ob der Eingriff indiziert war und lege artis durchgeführt wurde. Der Tatbestand einer Körperverletzung ist in jedem Fall erfüllt. Die Körperverletzung selbst kann in einer körperlichen Misshandlung oder einer Gesundheitsschädigung bestehen.

Von einer körperlichen Misshandlung ist bei Eingriffen in die körperliche Substanz auszugehen. Hierzu gehören Verluste eines Zehs oder Fingers, der Funktionsausfall von Organen, die dauernde oder vorübergehende Verminderung körperlicher Funktionen sowie die Zufügung von Schwellungen, Blutergüssen, Rissen und dergleichen.

Beispiel:

Da eine Schmerzzufügung nicht Voraussetzung ist, wird eine zu hoch dosierte Röntgenbestrahlung ebenso wie eine medizinisch nicht indizierte Röntgenaufnahme als Körperverletzung angesehen (BGH MedR 1998, 218).

Nicht indizierte Röntgenaufnahmen können den Tatbestand der gefährlichen Körperverletzung (§224 StGB), nicht aber den des Freisetzens ionisierender Strahlen erfüllen (§ 311 StGB).

Jedes Hervorrufen oder Steigern eines krankhaften Zustandes ist eine Gesundheitsschädigung (OLG Düsseldorf MedR 1984, 29). Die Verschlimmerung oder Aufrechterhaltung einer bereits vorhandenen Krankheit genügt (BGH NJW 1960, 2253). Auch die Herbeiführung oder Aufrechterhaltung von Schmerzzuständen kann eine Gesundheitsschädigung sein (OLG Düsseldorf NStZ 1989, 269).

Eine Körperverletzung wurde angenommen, weil ein Arzt sich nicht untersuchen ließ und deshalb einen Patienten bei der OP mit Hepatitis B-Viren infizierte (BGH MedR 2003, 457 ff.).

11.1.2 Fahrlässigkeit

Fahrlässig handelt derjenige Gynäkologe, der die Sorgfalt außer Acht lässt, zu der er nach den Umständen und nach seinen persönlichen Verhältnissen verpflichtet und im Stande ist und dadurch den schädlichen Erfolg herbeiführt, ohne dies vorauszusehen. Voraussetzung ist also die Verletzung der im Verkehr erforderlichen Sorgfalt.

Dabei ist ein objektiver und subjektiver Maßstab zugrunde zulegen. Objektiv ist zu prüfen, wie sich ein umsichtiger und erfahrener Arzt derselben Fachrichtung in der konkreten Situation verhalten hätte. Maßgebend ist dabei der **Standard** eines erfahrenen Facharztes.

An das Maß der ärztlichen Sorgfalt werden **hohe Anforderungen** gestellt, da aus medizinischen Maßnahmen besonders ernste Folgen entstehen können und die Patientin regelmäßig die Zweckmäßigkeit oder Fehlerhaftigkeit der Handlungen nicht beurteilen kann (BGH NJW 2000, 2754/2758).

Die Körperverletzung muss durch Fahrlässigkeit verursacht worden sein. Es muss ein **ursächlicher Zusammenhang** zwischen dem pflichtwidrigen Tun oder Unterlassen des Gynäkologen und dem Gesundheitsschaden auf Seiten der Patientin bestehen.

WICHTIG! Die Rechtswidrigkeit der Körperverletzung entfällt, wenn die Patientin wirksam in die Behandlung eingewilligt hat.

Der Begriff der Fahrlässigkeit ist haftungsrechtlich hochrelevant, zugrunde gelegt wird der Behandlungsstandard

Der infolge eines **Behandlungs- oder Organisationsfehlers** misslungene Eingriff stellt regelmäßig eine rechtswidrige Körperverletzung dar. Der betroffene Gynäkologe muss schuldhaft gehandelt haben. Dies setzt voraus, dass er nach seinen persönlichen Fähigkeiten und individuellen Kenntnissen im Stande war, die von ihm verlangte Sorgfalt aufzubringen (BayObLG NJW 1998, 3580).

11.1.3 Tötung durch Unterlassen

Eine fahrlässige Tötung durch Unterlassen ist eine nicht rechtzeitige Krankenhauseinweisung oder das zu späte Erkennen bestimmter lebensbedrohlicher Entwicklungen.

Die Unterscheidung zwischen Tun und Unterlassen ist von großer praktischer Bedeutung, da im **Unterlassungsfall** das Gesetz eine Strafmilderungsmöglichkeit vorsieht (§ 13 II StGB).

Im Fall des Unterlassens muss immer ein besonderer **Rechtsgrund** nachgewiesen werden, aufgrund dessen eine Tätigkeit des Gynäkologen geschuldet war. Diese Garantenstellung ist in der faktischen Übernahme der Patientin zusehen. Diese vertraut sich dem Gynäkologen an (BGH NJW 2000, 2754 f.; BGH NJW 1979, 1249).

Daher muss der Gynäkologe im Rahmen des ihm Möglichen und Zumutbaren die gebotenen medizinischen Maßnahmen ergreifen, um die der Kranken drohenden Schädigungen abzuwenden (BGH NJW 1979, 1258).

Die **Garantenstellung** des Gynäkologen kann auch durch ein pflichtwidriges gefährdendes Vorverhalten seinerseits begründet sein. Besteht aufgrund fehlerhafter Behandlung für die Patientin Lebensgefahr, hat der Gynäkologe auch aus diesem Grund zur Abwendung des drohendes Erfolges durch entsprechende Rettungsmaßnahmen zu handeln (BGH NJW 2000, 2754).

Weitere Voraussetzung ist die Verletzung der objektiv erforderlichen **Sorgfalt**. Hier kann auf die vorstehenden Ausführungen verwiesen werden. Von entscheidender Bedeutung ist die **Kausalität** zwischen dem sorgfaltswidrigen Verhalten des Gynäkologen und dem Gesundheitsschaden der Patientin. Das pflichtwidrige Tun oder Unterlassen des Gynäkologen muss den Gesundheitsschaden der Patientin verursacht haben. Zum einen geht es um die Frage, ob bei Hinwegdenken des sorgfaltswidrigen Handelns des Gynäkologen bzw. Hinzudenken der pflichtwidrig unterlassenen Maßnahme der Gesundheitsschaden vermieden worden wäre. Zum anderen muss noch ein rechtlicher **Ursachenzusammenhang** hinzukommen, wonach bei wertender Betrachtung der Erfolg gerade auf diejenigen Umstände zurückzuführen ist, welche die Sorgfaltswidrigkeit des Gynäkologen begründet (BGH MedR 1988, 149).

Das Unterlassen notwendiger Maßnahmen zieht eine Haftung nach sich, ist aber juristisch anders zu bewerten als die Schädigung durch ein aktives Handeln.

Strafrechtlich werden an den Kausalitätsnachweis höhere Anforderungen gestellt als im Zivilrecht.

Die pflichtwidrige Unterlassung ist mit strafrechtlicher Relevanz nur selten kausal zu beweisen.

Eine **pflichtwidrige Unterlassung** kann dem Gynäkologen nur dann angelastet werden, wenn der strafrechtlich relevante Erfolg bei pflichtgemäßem Handeln mit an Sicherheit grenzender Wahrscheinlichkeit verhindert worden wäre. Bestehen aufgrund konkreter Tatumstände Zweifel, so sind diese zugunsten des Gynäkologen zu berücksichtigen. Wäre auch bei sorgfaltsgemäßer Behandlung der gleiche Erfolg eingetreten oder lässt sich das aufgrund von erheblichen Tatsachen nach der Überzeugung des Gerichts nicht ausschließen, kann der ursächliche Zusammenhang zwischen Handlung und Erfolg nicht bejaht werden.

Ursächlich für den Tod der Patientin im juristischen Sinne kann daher ein sorgfaltswidriges Verhalten des Gynäkologen nur dann sein, wenn sicher ist, dass es bei pflichtgemäßem Handeln nicht zum Ableben gekommen wäre.

In verzweifelten Situationen kann es gerechtfertigt sein, ein erhöhtes Behandlungsrisiko in Kauf zu nehmen.

Unter dem Gesichtspunkt des **erlaubten Risikos** kann das ärztliche Vorgehen gerechtfertigt sein. Dies ist der Fall, wenn keine ernsthaften Behandlungsalternativen bestehen, der Gynäkologe aber um der gegebenen Rettungschancen willen das Risiko des Misserfolgs eingeht.

Das Gynäkologe handelt schuldhaft, wenn er nach seinen persönlichen Fähigkeiten und individuellen Kenntnissen im Stande war, die verlangte **Sorgfalt** aufzubringen. Ferner muss der Tod der Patientin als Ereignis einzustufen sein, mit dem der Gynäkologe nach den gewöhnlichen Verlauf der Dinge subjektiv rechnen musste (BayObLG NJW 1998, 3580).

11.2 Schwangerschaftsabbruch

Straffrei sind alle **nidationshindernden Maßnahmen**. Dazu gehören alle ausschließlich nidationshemmend wirkenden Handlungen, wie der Gebrauch der morning after-pills, von Intrauterinpessaren, Spiralen, Schleifen oder operative Verfahren, wie etwa die Ausschabung oder die Ausspülung mit dem Ziel, die volle Einnistung eines befruchteten Eies in die Gebärmutter zu verhindern.

Dem gegenüber unterfallen alle Handlungen, deren Wirkung möglicherweise nach der Nidation eintritt, unter die Straftatbestände der §§ 218 ff. StGB. Der **Nidationsabschluss** wird mit dem Ende des 13. Tages nach Empfängnis erreicht und diese etwa zwei Wochen nach der Menstruation angenommen.

11.2.1 Auf Verlangen der Patientin

Ein Schwangerschaftsabbruch auf Verlangen der schwangeren Frau ist unter bestimmten Voraussetzungen nach § 218 a StGB zulässig:

- sie muss sich der vorgeschriebenen Beratung unterzogen haben,
- die Beratung muss von einer anerkannten Beratungsstelle bescheinigt sein,
- der Eingriff darf frühestens am vierten Tag nach der abgeschlossenen Beratung vorgenommen werden,
- der Eingriff muss von einem Arzt bis zum Ende der 12. Woche nach der Empfängnis durchgeführt werden.

Dieser Schwangerschaftsabbruch ohne Indikationsstellung stellt eine Ausnahme von dem Grundsatz der Strafbarkeit des Schwangerschaftsabbruchs dar.

11.2.2 Indikationsstellung

Ein Schwangerschaftsabbruch mit Indikationsstellung, bei der eine gesetzliche Pflicht zur Beratung nicht besteht, ist nach § 218 I StGB in folgenden Fällen zulässig:

- „Medizinische Indikation": Eine Fortsetzung der Schwangerschaft würde unter Berücksichtigung der gegenwärtigen und künftigen Lebensverhältnisse der schwangeren Frau eine Gefahr für ihre körperliche oder seelische Gesundheit darstellen. Hier gibt es keine gesetzliche Frist, bis wann der Abbruch durchgeführt sein muss.
- „Kriminologische Indikation": Ist die Schwangerschaft auf eine Straftat, etwa eine Vergewaltigung zurückzuführen, ist der Abbruch bis zum Ende der 12. Woche nach der Empfängnis zulässig.

Bei der Berechnung der Schwangerschaftsdauer geht man im Allgemeinen davon aus, dass die Empfängnis zwei Wochen nach dem Beginn der letzten Regelblutung eingetreten ist.

Eine medizinische Indikation kommt auch dann in Frage, wenn aus ärztlicher Sicht mit einer erheblichen gesundheitlichen Schädigung des Kindes zu rechnen ist und deshalb die körperliche oder seelische Gesundheit der schwangeren Frau ernstlich gefährdet werden würde.

11.2.3 Strafbewehrtes Verhalten

Der Arzt, der wider besseren Wissens eine **Indikationsvoraussetzung** zu Unrecht feststellt, macht sich strafbar und kann mit Freiheitsstrafe bis zu zwei Jahren oder mit Geldstrafe bestraft werden. Hat der **Operateur** hiervon Kenntnis, macht er sich wegen Beihilfe zur Abtreibung strafbar. Der die Beratung durchführende Arzt darf den Schwangerschaftsabbruch nicht selbst durchführen. Sonst ist er wegen ärztlicher Pflichtverletzung strafbar. Dieses gilt nicht für die Durchführung eines Schwangerschaftsabbruchs bei medizinischer Indikation, da hier eine Beratung nach § 219 StGB

Auch wenn Strafverfahren wegen Verstößen gegen §218 selten sind, gibt es doch eine Reihe relevanter Vorschriften zum Ablauf, die eingehalten werden sollten.

nicht erforderlich ist. Der beratende Arzt ist im Übrigen als Teilnehmer einer gesetzeswidrigen Abtreibung strafbar, wenn der Abbruch gesetzwidrig ist und er diesen mit seiner Beratungstätigkeit bewusst veranlasst oder unterstützt, indem er z.B. eine entsprechende „**Adresse**" der Schwangeren benennt. Dies gilt auch für die Benennung einer solchen im Ausland, z.B. für den Fall, dass keine medizinische Indikation vorliegt und die Schwangere nach der 14. SSW p.m. nach Holland fährt, wo der Schwangerschaftsabbruch bis zur 22. SSW durchgeführt wird.

Unter dem Abbruch einer Schwangerschaft versteht man jeden Eingriff, der die **Zielsetzung** hat, das Absterben der Leibesfrucht herbeizuführen. Dabei kommt es nicht darauf an, ob auf die Leibesfrucht unmittelbar etwa durch eine Curettage eingewirkt wird oder dieses mittelbar geschieht, indem der schwangeren Frau Tabletten verabreicht werden. Hierzu gehört tatbestandsmäßig auch Mifegyne.

Die Gabe wehenfördernder Mittel zur Einleitung oder Beschleunigung einer Geburt oder andere geburtshilfliche Maßnahmen fallen nicht in den Anwendungsbereich der strafbaren Abtreibung. Etwas anderes gilt jedoch für die Auslösung einer Frühgeburt in Tötungsabsicht, wenn etwa das Kind noch im Mutterleib oder außerhalb desselben in Folge ungenügender Ausreifung stirbt (BGH St 19, 293).

Bleibt das Kind am Leben, kommt nur ein Versuch dieser Straftat in Betracht. Für die schwangere Frau kommt hier eine Strafbarkeit nicht in Betracht.

Strafbar macht sich der Arzt, der öffentlich seines Vermögensvorteils Willen oder in grob anstößiger Weise eigene oder fremde Dienste zur Vornahmen oder Förderung eines Schwangerschaftsabbruchs oder Mittel, Gegenstände oder Verfahren, die zum Abbruch der Schwangerschaft geeignet sind, unter Hinweis auf diese Eignung anbietet, ankündigt, anpreist oder Erklärungen solchen Inhalts angibt.

Grundsätzlich macht sich der Arzt beim illegalen Schwangerschaftsabbruch strafbar, die Schwangere bleibt straffrei

Werbung für den Schwangerschaftsabbruch ist nicht nur standesrechtlich sanktioniert, sondern auch nach §218 strafbar

11.3 Fortpflanzungsmedizin

Es ist unvermeidbar, dass Fragen der Fortpflanzungsmedizin in diesem Kapitel besprochen werden. Das für diese Fragen geltende Embryonenschutzgesetz enthält ausschließlich Strafvorschriften, wenn man von den Regelungen der Begriffsbestimmung, dem Arztvorbehalt und den Bußgeldvorschriften absieht. Es soll an dieser Stelle nicht auf die gesellschaftpolitische und ethische Diskussion eingegangen werden. Vielmehr beschränken sich die nachstehenden Ausführungen auf die Darstellung des jetzigen Ist-Zustandes.

11.3.1 Das Embryonenschutzgesetz

Nach dem Embryonenschutzgesetz macht sich nach dessen § 1 I strafbar, wer
- auf eine Frau eine fremde unbefruchtete Eizelle überträgt (Nr. 1),
- es unternimmt, eine Eizelle zu einem anderen Zweck künstlich zu befruchten, als eine Schwangerschaft der Frau herbeizuführen, von der die Eizelle stammt (Nr. 2),
- es unternimmt, innerhalb eines Zyklus mehr als drei Embryonen auf eine Frau zu übertragen (Nr. 3),
- es unternimmt, durch intratubaren Gametentransfer innerhalb eines Zyklus mehr als drei Eizellen zu befruchten (Nr. 4),
- es unternimmt, mehr Eizellen einer Frau zu befruchten, als ihr innerhalb eines Zyklus übertragen werden sollen (Nr. 5),
- einer Frau einen Embryo vor Abschluss seiner Einnistung in der Gebärmutter entnimmt, um diesen auf eine andere Frau zu übertragen oder ihn für einen nicht seiner Erhaltung dienenden Zweck zu verwenden (Nr. 6),
- es unternimmt, bei einer Frau, welche bereit ist, ihr Kind nach der Geburt Dritten auf Dauer zu überlassen (Ersatzmutter), eine künstliche Befruchtung durchzuführen oder auf sie einen menschlichen Embryo zu übertragen (Nr. 7).

Ebenso wird nach § 1 II ESchG bestraft, wer
- künstlich bewirkt, dass eine menschliche Samenzelle in eine menschliche Eizelle eindringt,
- eine menschliche Samenzelle in eine menschliche Eizelle künstlich verbringt,

ohne eine Schwangerschaft der Frau herbeiführen zu wollen, von der die Eizelle stammt.

11.3.2 Leihmutterschaft

Ferner ist es untersagt, einen extrakorporal erzeugten oder einer Frau vor Abschluss seiner Einnistung in die Gebärmutter entnommenen menschlichen Embryo zu veräußern oder zu einem nicht seiner Erhaltung dienenden Zweck abzugeben (§ 2 ESchG).

11.3.3 Präimplantationsdiagnostik

Nach allgemeiner Meinung ist auch die Präimplantationsdiagnostik verboten. Als Embryo gilt die befruchtete, entwicklungsfähige menschliche Eizelle vom Zeitpunkt der Kernverschmelzung an und jede einem Embryo entnommene totipotente Zelle, die sich bei Vorliegen der dafür erforderlichen weiteren Voraussetzungen zu teilen und zu einem Individuum zu entwickeln vermag (§ 8 ESchG).

Das Gesetz untersagt, eine menschliche Eizelle mit einer Samenzelle künstlich zu befruchten, die nach dem in ihr enthaltenen Geschlechtschromosomen ausgewählt wurde. Eine Ausnahme gilt, wenn die Auswahl der Samenzelle durch einen Arzt dazu dient, das Kind vor der Erkrankung einer Muskeldystrophie vom Typ Duchenne oder einer ähnlich schwerwiegenden geschlechtsgebundenen Erbkrankheit zu bewahren, und die dem Kind drohende Erkrankung von der nach Landesrecht zuständigen Stelle (Ethikkommissionen) als entsprechend schwerwiegend anerkannt worden ist (§ 3 ESchG).

Es ist strafbewährt, eine Eizelle künstlich zu befruchten, ohne dass die Frau, deren Eizelle befruchtet wird, und der Mann, dessen Samenzelle für die Befruchtung verwendet wird, eingewilligt haben oder einer Frau ohne deren Einwilligung einen Embryo zu übertragen oder wissentlich eine Eizelle mit dem Samen eines Mannes nach dessen Tode künstlich zu befruchten (§ 4 ESchG). Die postmortale homologe Insemination ist untersagt.

Die künstliche Veränderung menschlicher Keimbahnzellen ist ebenfalls verboten (§ 5 ESchG). Ebenso sind Klonen und die Chimären- und Hybridbildungen untersagt (§§ 6, 7 ESchG).

Zugelassen wird eine heterologe künstliche Insemination, wenn sich beide Ehegatten über die Vornahme des Eingriffs verständigt haben.

Da die Methode der heterologen In-Vitro-Fertilisation (Spendersamen) im Gesetz nicht geregelt ist, wird von deren Zulässigkeit ausgegangen.

Die weitere Entwicklung bleibt abzuwarten. Vielfach gefordert wird ein umfassendes Gesetz zur Fortpflanzungsmedizin.

11.4 Abrechnungsbetrug

Immer wieder berichten die Medien über neue strafrechtliche Ermittlungsverfahren, die den sogenannten Abrechnungsbetrug zum Gegenstand haben (§ 263 StGB). Spektakuläre Berichterstattungen über von Polizei und Staatsanwaltschaft durchgeführte Hausdurchsuchungen häufen sich, während über den Ausgang dieser Ermittlungsverfahren kaum etwas berichtet wird.

Honorarmanipulationen von Kassenärzten haben zu zahlreichen Ermittlungsverfahren geführt. In einzelnen Fällen kam es zu strafgerichtlichen Verurteilungen. Besonders sind ins Visier der Ermittler die Leistungsabrechnungen durch Chefärzte durch nicht erbrachte Leistungen geraten sowie der vermutete Missbrauch der Abrechnungsbefugnis.

Auch in Deutschland ist die Präimplantationsdiagnostik im Ausnahmefall zulässig. Es sollte die Ethikkommission der Ärztekammer befragt werden.

11.4.1 Krankenkassen

Im Wesentlichen handelt es sich dabei um folgende Konstellationen:

- es werden fingierte Leistungen abgerechnet, in dem Gebührenziffern hinzugesetzt werden; dabei werden unter Umständen falsche Diagnosen eingetragen,
- persönlich nicht erbrachte und auch nicht delegierbare Leistungen werden abgerechnet,
- erbrachte Leistungen werden bewusst falsch gebührenrechtlich zugrundegelegt, indem etwa nicht gesondert berechenbare Leistungen aufgeführt werden oder es werden höher bewertete Gebührenordnungsziffern angewendet für geringwertige Leistungen,
- Abrechnung medizinisch nicht indizierter Maßnahmen,
- Beschäftigung eines nichtgenehmigten Assistenten.

Der Gynäkologe hat vierteljährlich gegenüber der zuständigen kassenärztlichen Vereinigung abzurechnen und dabei zu versichern, dass die **abgerechneten Leistungen** von ihm persönlich oder auf seine Anordnung und unter seiner Aufsicht und Verantwortung von nicht-ärztlichen Hilfspersonen erbracht worden sind und die Abrechnung sachlich richtig und vollständig ist. Das Gesetz sieht hier eine Freiheitsstrafe von bis zu fünf Jahren oder eine Geldstrafe vor.

Der Gynäkologe, der wissentlich gegen eine der vorstehenden Konstellationen verstößt, behauptet wahrheitswidrig falsche Tatsachen, die bei der kassenärztlichen Vereinigung im Rahmen der Wirtschaftlichkeitsprüfung und Honorarabrechnung sowie bei den Krankenkassen im Rahmen ihrer Nachprüfung zu einem entsprechenden Irrtum führen.

Aufgrund dieses Irrtums wird den Krankenversicherungsträgern durch die kassenärztliche Vereinigung eine zu hohe Rechnung ausgestellt. Die Krankenversicherungsträger nehmen dann irrtumsbedingt die Auszahlung vor, was zur **Vermögensverfügung** führt. Die Zahlung an die kassenärztlichen Vereinigung macht dann aus der Vermögensgefährdung den effektiven Schaden der Krankenkassen.

Der Vorwurf des Abrechnungsbetruges führt zunehmend zu Gerichtsverfahren. Unabhängig vom Ausgang des Verfahrens können diese zur existentiellen Bedrohung führen.

11.4.2 Privatpatienten

Entsprechendes gilt für die Abrechnung gegenüber Privatpatientinnen. Auch hier ist es in der jüngsten Vergangenheit zu strafgerichtlichen Verurteilungen von Ärzten gekommen, die zum Teil bewusst unrichtige Abrechnungen erstellt hatten.

11.5 Ausstellen unrichtiger Gesundheitszeugnisse

Das Ausstellen unrichtiger Gesundheitszeugnisse ist nach § 278 StGB strafbar. Die Erstellung zwar formal echter aber inhaltlich unrichtiger Gesundheitszeugnisse ist unter Strafe gestellt. Es kommt dabei nicht darauf an, ob und wem das falsche Attest nützt.

Hauptanwendungsfall sind hier unrichtige Arbeitsunfähigkeitsbescheinigungen, Durchgangsarztberichte, gutachterliche Äußerungen und ärztliche Bescheinigungen.

So ist ein ärztliches Attest auch dann inhaltlich unrichtig, wenn überhaupt keine körperliche **ärztliche Untersuchung** durchgeführt wurde (OLG Zweibrücken NStZ 1982, 467 f.). Etwas anderes gilt, wenn der Gynäkologe die Patientin kennt, für vertrauenswürdig und intellektuell befähigt hält, ihre Beschwerden anschaulich zu schildern und sich die Symptome einwandfrei in ein bestimmtes Krankheitsbild einfügen. In diesem Fall darf der Gynäkologe auf die Angaben vertrauen und eine entsprechende Attestierung ausstellen (OLG Frankfurt NJW 1977, 2128).

Dabei sollte er jedoch zur eigenen Sicherheit in dem Attest einen entsprechenden Hinweis anbringen, wie etwa: „... nach den glaubhaften telefonischen Angaben der ...".

Auf der subjektiven Seite ist Voraussetzung, dass der Gynäkologe **wider besseren Wissens** handelt. Das Gesetz sieht in diesen Fällen eine Freiheitsstrafe bis zu zwei Jahren oder eine Geldstrafe vor.

11.6 Das strafrechtliche Verfahren

Die vorstehende Auswahl verschiedener Straftatbestände zeigt, dass ein Gynäkologe schnell mit dem Staatsanwalt in Kontakt kommen kann. Deshalb sollte der Gynäkologe wesentliche Eckpunkte der Verfahrensabläufe kennen.

Gibt eine unzufriedene Patientin zu erkennen, dass sie sich rechtliche Schritte überlege oder ist nach einem Todesfall mit der Staatsanwaltschaft zu rechnen, empfiehlt es sich, bereits im frühen Stadium **Kopien der Krankenunterlagen** zu fertigen.

Die Staatsanwaltschaft wird ein Ermittlungsverfahren einleiten, wenn hierfür **zureichende tatsächliche Anhaltspunkte** vorliegen (§ 152 II StPO).

Bei dem zuständigen Amtsgericht wird in vorbeschriebenen Fällen seitens der Staatsanwaltschaft ein **Durchsuchungs- und Beschlagnahmebeschluss** erwirkt.

Dieser wird dahingehend umgesetzt, dass bei Verdacht auf Behandlungsfehler mit tödlichem Ausgang Polizeibeamte als Hilfskräfte der Staatsanwaltschaft vorstellig werden und die Herausgabe der Krankenunterlagen verlangen. Hiergegen kann man sich praktisch nicht wehren. In den anderen Fällen wird eine Durchsuchung durch die Staatsanwaltschaft durchgeführt, um Beweismaterial beschlagnahmen zukönnen. Die ärztliche Schweigepflicht steht der Beschlagnahme nicht entgegen, wenn sich das Ermittlungsverfahren gegen den Gynäkologen als Beschuldigten richtet (BVerfG NJW 1977, 1489).

Es ist wichtig, **Kopien** für sich und den eigenen Rechtsanwalt anzufertigen, da es lange dauern kann, bis der eigene Anwalt Akteneinsicht in die beschlagnahmten Unterlagen erhält.

Es empfiehlt sich bereits in dieser Situation, einen **Rechtsanwalt** zu beauftragen. Nur dieser erhält Akteneinsicht, wodurch erst die genaue Stoßrichtung der erhobenen Vorwürfe entnommen werden kann.

Ferner zeigt die Erfahrung, dass ein frühzeitiger Kontakt zu dem **zuständigen Staatsanwalt** in vielen Fällen dazu führt, dass im Regelfall tragbare Ergebnisse erzielt werden, indem etwa das Verfahren nach Zahlung einer Geldauflage an eine gemeinnützige Institution endgültig eingestellt wird (§ 153 a StPO). Dies hat den Vorteil, dass es zu keiner Eintragung in einem Register kommt und der Gynäkologe nicht vorbestraft ist. Ferner hat diese Verfahrensweise den Vorteil, dass ein öffentliches Gerichtsverfahren mit all seinen Belastungen für den Arzt vermieden wird.

12 Kooperationsformen für Niedergelassene

Für die Berufsausübungsgemeinschaft von Ärzten dürfen nur bestimmte Gesellschaftsformen gewählt werden. Hierdurch soll die eigenverantwortliche und selbständige sowie **nicht gewerbliche Berufsausübung** der Ärzte gewahrt werden. Als gängige Art einer Gruppenpraxis kommen die Gemeinschaftspraxis, die Praxisgemeinschaft, die Partnerschaft und vereinzelt die Ärzte-GmbH in Betracht. Diese wiederum umfassen einige Formen der gemeinsamen Praxisausübung als Unterbegriff.

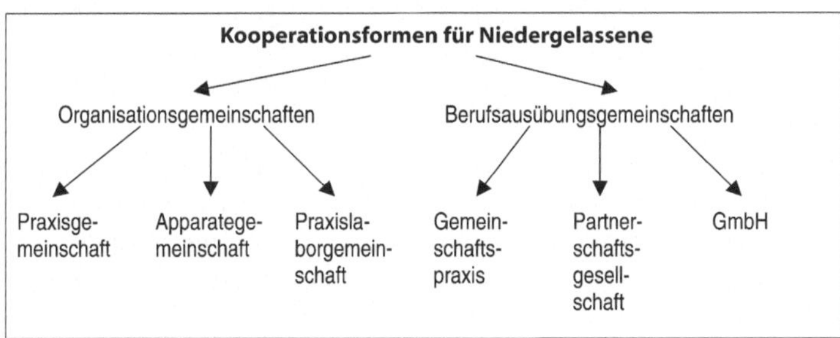

Übersicht 12.1: Kooperationsformen für Niedergelassene

Diese verschiedenen Zusammenschlüsse von Ärzten zur gemeinsamen Berufsausübung haben einige gemeinsame **Voraussetzungen.** So sollen Ärzte alle Verträge über ihre ärztliche Tätigkeit vor ihrem Abschluss der Ärztekammer vorlegen. Dadurch soll geprüft werden, ob die beruflichen Belange gewahrt sind. Beabsichtigte Zusammenschlüsse zu Gemeinschaften dürfen nicht öffentlich angekündigt werden. Wenn der Zusammenschluss erfolgt ist, darf der Praxisverbund in Zeitungsanzeigen bis zu dreimal und in Verzeichnissen als Praxisverbund zusätzlich zu eventuellen Einzelangaben bekannt gegeben werden. Die Namen und Arztbezeichnungen aller in der Gemeinschaft zusammengeschlossenen Ärzte sind anzugeben. Die gewählte **Rechtsform** mit dem entsprechenden Zusatz muss ebenfalls bekannt gegeben werden. Der Praxisverbund kann nur an einem gemeinsamen Praxissitz ausgeübt werden. Es muss die **freie Arztwahl** weiterhin gewährleistet sein.

bei allen Kooperationsformen zu beachten:

- Vertrag über ärztliche Tätigkeit sollte vor dessen Abschluss der Ärztekammer vorgelegt werden
- unzulässig, **beabsichtigte** Praxiszusammenschlüsse öffentlich anzukündigen
- gemeinsamer Praxissitz zwingend

12.1 Praxisgemeinschaft

Bei dieser wohl häufigsten Form des Zusammenschlusses von Ärzten handelt es sich nur nach Außen um eine gemeinschaftliche Arztpraxis. Es handelt sich um einen Zusammenschluss von Ärzten, auch verschiedener Fachrichtungen, um Praxisräume und Praxiseinrichtungen gemeinsam zu nutzen. Das Praxispersonal untersteht den Ärzten gemeinsam. Ansonsten werden die Praxen selbstständig geführt (Laufs/Uhlenbruck § 18, Rdn. 9; Deutsch/Spickhoff Rdn. 84).

WICHTIG ! **Jeder Arzt betreibt seine eigene Einzelpraxis, so dass er einen eigenen Patientenstamm hat und eine eigene Patientenkartei führt. Jeder handelt selbständig und schließt mit Privatpatienten oder der Kassenärztlichen Vereinigung eigene Verträge ab. Jeder Arzt der Praxisgemeinschaft haftet allein gegenüber seinen Patientinnen.**

Die sich zu einer Praxisgemeinschaft zusammenfindenden Ärzte schließen einen **schriftlichen Gesellschaftsvertrag**. In diesem ist der gemeinsame Zweck der Gesellschaft festzulegen. Die Laufzeit des Vertrages ist ebenso festzulegen wie die Möglichkeit einer Kündigung sowie die hierzu einzuhaltenden Fristen.

Da es sich um eine reine Innengesellschaft handelt, die nach außen nur insoweit in Erscheinung tritt, als es die Anmietung, Beschaffung, Einrichtung und Unterhaltung der Gemeinschaftseinrichtungen oder des gemeinschaftlichen Personals geht, sind hierzu entsprechende Regelungen zu treffen. Insoweit sind die Abstimmungsmodalitäten der Gesellschafterversammlung festzulegen.

Die **Apparategemeinschaft** sowie **Laborgemeinschaft** sind ebenfalls Praxisgemeinschaften. Die Rechtsform der Gesellschaft bürgerlichen Rechts bietet sich auch hier insoweit an, als es die gemeinsame Nutzung von Räumen, Personal und medizintechnische Einrichtungen durch die Ärzte betrifft.

sinnvoll: Betrieb als BGB-Gesellschaft
⇒ tritt nach außen nur auf, soweit für gemeinschaftliche Einrichtungen u. Mitarbeiter erforderlich

Die Ärzte haften als Partner einer Praxisgemeinschaft in der Form der BGB-Gesellschaft nur für solche Rechtsgeschäfte und sonstige Handlungen als **Gesamtschuldner**, die in Verfolgung des Gesellschaftszwecks vorgenommen werden. Dagegen haftet der einzelne Arzt gegenüber seinen Patienten bei Behandlungsfehlern und aus den mit ihm geschlossenen Verträgen ausschließlich selbst. Der Patient tritt hier nur in **vertragliche Beziehungen** zu dem einzelnen Arzt.

12.2 Gemeinschaftspraxis

Unter diesem Praxisverbund ist die gemeinsame Ausübung ärztlicher Tätigkeit durch mehrere Ärzte des gleichen oder ähnlichen Fachgebiets in gemeinsamen Räumen mit gemeinsamer Praxiseinrichtung, gemeinsamer Karteiführung und Abrechnung sowie mit gemeinsamem Personal auf gemeinsamer Rechnung zu verstehen (Laufs/Uhlenbruck § 18, Rdn. 12; Deutsch/Spickhoff Rdn. 83).

Die Gemeinschaftspraxis hat einen gemeinsamen Patientenstamm (BGH MedR 1986, 321).

WICHTIG ! **Eine Gemeinschaftspraxis unterscheidet sich von der Praxisgemeinschaft dadurch, dass der Arztvertrag zwischen den Patientinnen und sämtlichen Ärzten der Gemeinschaftspraxis zustande kommt. Die ärztlichen Leistungen sind daher austauschbar. Die Patientin hat keinen Anspruch darauf, durch einen bestimmten Arzt behandelt zu werden. Allerdings haften auch alle Ärzte der Gemeinschaftspraxis den Patientinnen gegenüber aus dem Arztvertrag gemeinsam.**

Die Gemeinschaftspraxis kann die Bezeichnung „Institut" führen (BGH NJW 1989, 2320).

In der Vergangenheit wurde eine Gemeinschaftspraxis regelmäßig in der Rechtsform einer Gesellschaft bürgerlichen Rechts betrieben (§§ 705 ff. BGB). Dieses ist auch heute noch die gebräuchlichste Form.

Seit Einführung des Gesetzes über Partnerschaftsgesellschaften von Angehörigen freier Berufe können sich Ärzte zu einer **Partnerschaftsgesellschaft** zusammenschließen. Angehörige dieser Partnerschaftsgesellschaft können nur Ärzte als natürliche Personen sein, nicht etwa eine Gesellschaft bürgerlichen Rechts. Die Partnerschaftsgesellschaft kommt durch einen Partnerschaftsvertrag zustande, welcher der Schriftform bedarf. Die Gesellschaft ist zur Eintragung in das **Partnerschaftsregister beim Amtsgericht** anzumelden. Es darf kein Partner von der Geschäftsführung ausgeschlossen werden. Neue Partner können in die Partnerschaft aufgenommen werden, wenn sie die beruflichen Voraussetzungen hierzu erfüllen. Die Partner haften für Verbindlichkeiten der Partnerschaft den Gläubigern gegenüber als Gesamtschuldner.

Behandlungsverträge zw. Patienten u. Gesellschaft, für deren Verbindlichkeiten die Partner **persönlich** haften

Die **Behandlungsverträge** der Patientinnen werden mit der Partnerschaft geschlossen. Dennoch haften die Partner persönlich für Verbindlichkeiten der Partnerschaft. Die Haftung kann jedoch beschränkt werden, was jedoch nicht für Verbindlichkeiten eines Partners aus unerlaubter Handlung gilt.

Für die Ausübung einer Gemeinschaftspraxis im vertragsärztlichen Bereich ist die **Genehmigung** der kassenärztlichen Vereinigung erforderlich. Ein Job-Sharing ist für Vertragsärzte möglich (§ 101 SGB V). Vertragsärzte dürfen danach auch in gesperrten Versorgungsbereichen Kollegen in Teilzeitarbeit anstellen oder zusammen mit ihnen eine Gemeinschaftspraxis gründen. Voraussetzung ist, dass der aufzunehmende Arzt die Voraussetzungen

für Vertragsärzte gilt:
- Job-Sharing möglich
- Genehmigung der KV erforderlich
- auch in **gesperrten Gebieten** Anstellung von Kollegen in Teilzeitarbeit o. Gründung einer Gemeinschaftspraxis zulässig; aber Pflicht zur Leistungsbegrenzung

zur Zulassung erfüllt. Er muss derselben Facharztgruppe im Sinne der Weiterbildungsverordnung angehören. Führen beide Ärzte Schwerpunktbezeichnungen, müssen diese übereinstimmen. Wird ein Arzt in eine bereits bestehende Gemeinschaftspraxis aufgenommen, reicht es aus, wenn der eintretende Kollege die gleiche Fachrichtung vertritt, wie ein bereits in der Praxis arbeitender Arzt.

Der aufnehmende Vertragsarzt hat sich gegenüber dem Zulassungsausschuss der kassenärztlichen Vereinigung zu einer **Leistungsbegrenzung** zu verpflichten, wodurch der bisherige Praxisumfang nicht wesentlich überschritten wird (§ 101 I Nr. 4,5 SGB V). Dabei hat man sich auf eine zulässige Ausdehnung des Praxisumfangs um maximal 3 % geeinigt.

Nach wie vor ist es untersagt, **überörtliche Gemeinschaftspraxen** zu gründen. Die hierdurch möglichen Filialbildungen, die in der gewerblichen Wirtschaft üblich sind, sind nach gegenwärtiger Rechtsauffassung mit dem Wesen des Arztberufs als freiem Beruf nicht vereinbart. Für Rechtsanwälte, die ebenfalls einen freien Beruf ausüben, ist die Bildung überörtlicher Praxen selbstverständlich. Daher erscheint dieses Verbot einer dringenden gerichtlichen Überprüfung zu bedürfen.

12.3 Ärzte-GmbH

Der Bundesgerichtshof hat es im Jahre 1993 für zulässig erachtet, dass sich Zahnärzte in der Rechtsform einer Gesellschaft mit beschränkter Haftung (GmbH) zusammenschließen (BGH MedR 1994, 152 ff.). Unter dem Gesichtspunkt des Gleichheitsgrundsatzes gilt diese Rechtssprechung für sämtliche Ärzte. Ambulante Heilbehandlungstätigkeiten von Kapitalgesellschaften dürfen mit Hilfe angestellter Ärzte durchgeführt werden (BGHZ 70, 158). Es ist auch kein sachlicher Grund erkennbar, dass eine ambulante ärztliche Tätigkeit innerhalb von Krankenhäusern, die von GmbH's betrieben werden zulässig sind, die gleiche Tätigkeit jedoch verboten sein soll, wenn eine GmbH allein ärztliche ambulante Leistungen erbringt (Deutsch/Spickhoff Rdn. 108; Anders OVG Münster MedR 2001, 150 ff.: Dort wird ein Widerspruch zum Berufsbild des Arztes in eigener Praxis als eines freien Berufes gesehen, sodass eine Arztpraxis nicht als GmbH geführt werden dürfe).

Ein Vorteil dieser Form des Zusammenschlusses besteht darin, dass eine **Haftungsbegrenzung** möglich ist. Dieses ist allerdings nur für schuldrechtliche Verbindlichkeiten der Fall. Vor einer deliktischen Haftung nach einem Behandlungsfehler schützt diese Rechtsform nicht. Hier verbleibt es bei der Haftung des Arz-

---

Bei Aufnahme eines Kollegen in einem gesperrten Bezirk darf der Anstieg der Leistungen 3 % nicht übersteigen.

Haftungsbegrenzung für schuldrechtliche Verbindlichkeiten möglich

Nachteile:
- Körperschaftssteuer fällt an
- GmbH darf keine vertragsärztlichen Leistungen erbringen!

tes. Steuerlich ist diese Gesellschaftsform als nachteilig anzusehen, da **Körperschaftssteuer** zu zahlen ist. Letztlich hat sich die Entscheidung des Bundesgerichtshofes praktisch nicht ausgewirkt, da nur vereinzelt derartige Gesellschaften gegründet worden sind. Dies mag seinen Grund auch darin haben, dass das Tätigkeitsfeld dieser Gesellschaft auf die Behandlung von **Privatpatienten** beschränkt ist. Da Vertragsärzte ihre vertragsärztlichen Leistungen persönlich in freier Praxis zu erbringen haben, ist die GmbH nicht zur Teilnahme an der vertragsärztlichen Versorgung berechtigt.

Diese Gesellschaftsform bringt oft keine Erleichterung etwa im Bereich der Werbung. Eine Ärzte-GmbH darf für die Leistungen ihrer Ärzte nicht mehr und nicht weniger werben als es Ärzte selbst nach der Berufsordnung dürfen (OLG Hamburg MedR 1995, 115).

12.4 Vor- und Nachteile der Kooperationsformen

Die gemeinsame ärztliche Berufsausübung bietet rechtliche, wirtschaftliche und tatsächliche Vorteile. Diese können in einer Gemeinschaftspraxis ebenso wie in einer Praxisgemeinschaft erreicht werden. Eine Nutzung von Sach- und Personalmitteln sowie die Investition in medizinische Geräte und die Praxisausstattung ermöglicht mehreren Ärzten die Verteilung des finanziellen Risikos. Die vorhandenen Strukturen können wirtschaftlich besser ausgelastet werden. Eine Kostenminimierung ist bei Lieferungen und Leistungen durch Dritte zu erzielen, da wegen des höheren Bedarfs günstiger eingekauft werden kann.

Vorteil des Zusamenschlusses: Senkung der Betriebskosten

Die Gemeinschaftspraxis bietet auch deshalb einen weiteren Vorteil, als zwischen den Patientinnen und der Gesellschaft der Behandlungsvertrag abgeschlossen wird. Es erfolgt damit keine strikte Zuordnung zu einem bestimmten Arzt. Vielmehr sind die Patientinnen solche der Gemeinschaftspraxis und deren Gesellschafter. Das Recht auf **freie Arztwahl** bleibt bestehen. Gleichwohl besteht die Möglichkeit einer Behandlung durch mehrere Ärzte in der Gemeinschaftspraxis, ohne dass vertragsärztliche Vertretungsregeln entgegenstehen. Dies bietet für die Ärzte die Möglichkeit, eine Spezialisierung auf bestimmte **Behandlungsschwerpunkte** vorzunehmen. Daneben wird dem Patienten ein größerer Bereich von Behandlungsmöglichkeiten angeboten. Nicht zu unterschätzen ist die **wechselseitige Beratung** in problematischen Fällen. Die **Vertretungsregelungen** sind ohne Schwierigkeiten möglich. Bei Urlaub oder Erkrankung eines Arztes kann die Praxis geöffnet bleiben.

Weitere Vorteile:
- Schwerpunktbildung möglich
- Gegenseitige Beratung möglich
- Vertretung weniger problematisch

Die Gemeinschaftspraxis bietet gegenüber der Praxisgemeinschaft einen weiteren Vorteil, als durch vertragliche Vereinbarung ein langfristiger Bestandschutz der Zusammenarbeit möglich ist.

Vor- und Nachteile der Kooperationsformen		
	Praxisgemeinschaft	Gemeinschaftspraxis	Ärzte-GmbH
Merkmale	• gemeinsame Nutzung von Praxisräumen / Einrichtungen / Personal bei ansonsten selbständiger Praxisführung • jeder Arzt hat eigenen Patientenstamm u. eigene Karteiführung • Arztvertrag zwischen einzelnem Arzt und Patient • jeder Arzt haftet ggü. Patientin ausschließlich selbst	• gemeinsame Ausübung ärztlicher Tätigkeit durch Ärzte des gleichen oder ähnlichen Fachgebiets auf gemeinsame Rechnung • gemeinsam u.a.: Räume, Praxiseinrichtung, Personal, Patientenstamm, Karteiführung. • Arztvertrag zwischen allen Ärzten und Patientin • gemeinsame vertragliche Haftung aller Ärzte ggü. Patientin	• ausdrückliche Bezeichnung • Vertretung durch Geschäftsführer • fiktive Namen bei der Firmierung
Entstehungs- / Zulässigkeitsvoraussetzungen	• Zusammenschluss von Praxen • Gesellschaftsvertrag • Verträge nur zwischen einzelnem Arzt und Patient	• bei Vertragsärzten: Genehmigung durch KV notwendig • Gesellschaftsvertrag	• notarieller Vertrag • Einzahlung des Stammkapitals • Eintragung ins Handelsregister
Vorteile / Konsilium in schwierigen Fällen	• jeder Arzt hat eigenen Patientenstamm • jeder haftet für eigene Behandlungsfehler • einfachere Auseinandersetzung	• organisatorische Erleichterung • Verteilung des wirtschaftlichen Risikos • wirtschaftliche Auslastung • Behandlungsvertrag mit Gesellschaft	• Haftungsbeschränkung bzgl. vertraglicher Verbindlichkeiten möglich, für die dann ausschließlich GmbH haftet • Haftung auf Gesellschaftsvermögen beschränkt
Nachteile	• Vertretung wird nicht geschuldet • Haftung als Gesamtschuldner für Rechtsgeschäfte	• zulässig: überörtliche Gemeinschaftspraxen • Haftung jedes Gesellschafters • streitige Auseinandersetzung der Gesellschaft	• Körperschaftssteuer fällt an • GmbH ist nicht zur vertragsärztlichen Versorgung berechtigt ⇒ nur Behandlung v. Privatpatientinnen • Bedenken der Patientin • Pflicht zur Bilanzerstellung

Übersicht 12.2: Vor- und Nachteile der Kooperationsformen

Nachvertragliche Wettbewerbsverbote können für den Fall vereinbart werden, dass ein Arzt aus der Gemeinschaft ausscheidet.

Ein erheblicher **Nachteil der Ärzte-GmbH** besteht darin, dass die vertragsärztliche Tätigkeit den niedergelassenen Ärzten überlassen ist. Eine GmbH als solche ist nicht zulassungsfähig. Weiter ist zu berücksichtigen, dass zahlreiche Versicherungsbedingungen der privaten Krankenversicherung die Erstattungsfähigkeit von Leistungen häufig auf die Tätigkeit niedergelassener Ärzte beschränken. Diesen Anforderungen genügt eine GmbH ebenfalls nicht. Nicht zuletzt schrecken Patienten auch davor zurück, mit einer GmbH einen Behandlungsvertrag zu schließen.

12.5 Integrierte Versorgung

Mit dem GKV-**Gesundheitsreformgesetz 2000** wurde die integrierte Versorgung zu den sektoralen Versorgungsformen in die Regelversorgung übernommen. Die integrierte Versorgung soll eine **sektorübergreifende Versorgung** der GKV-Versicherten gewährleisten. Ihre Grundlage hat die integrierte Versorgung in den §§ 140 a–140 h SGB V. Dabei steht die Vernetzung von Gemeinschaften niedergelassener Vertragsärzte und Krankenhäuser im Vordergrund. Das Gesetz selbst sieht in § 140 b II SGB V nur Gemeinschaften zur vertragsärztlichen Versorgung zugelassener Ärzte als Vertragspartner vor. Nach dem Gleichheitsgrundsatz des Art. 3 GG erscheint es jedoch zweifelhaft, ob hier einzelne niedergelassene Vertragsärzte tatsächlich ausgeschlossen werden können.

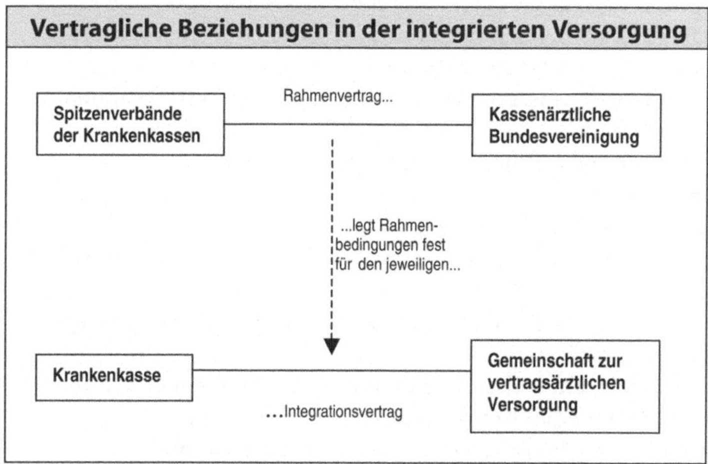

Übersicht 12.3: Vertragliche Beziehungen in der integrierten Versorgung

12.5.1 Rahmenbedingungen

Für die Integrationsversorgung legt das Gesetz die Rahmenbedingungen fest. Die Ausgestaltung und Umsetzung der einzelnen Versorgungsstrukturen und Maßnahmen überlässt er der **Vereinbarung der Selbstverwaltungspartner**. Das Versorgungsangebot und die Voraussetzungen ihrer Inanspruchnahme stehen einzelnen Verträgen vorbehalten.

Der von den Spitzenverbänden der Krankenkassen gemeinsam und einheitlich mit der Kassenärztlichen Bundesvereinigung abgeschlossene Rahmenvertrag begrenzt die Gestaltungsfreiheit der Vertragsparteien (Deutsches Ärzteblatt 2000 Heft 49 A 3364 ff.).

In der Rahmenvereinbarung sind die Inhalte der integrierten Versorgung umschrieben. Versorgungsaufträge für eine integrierte Versorgung können insbesondere umfassen:

- integrierte **indikationsspezifische Versorgung** (in Versorgungsketten), deren Kernfunktionen sich auf die Versorgung von Patienten mit chronischen und das Patientenproblem bestimmenden Krankheitsbildern konzentrieren;
- nicht-indikationsspezifische, umfassende Versorgungsangebote.

Enthalten sind ferner die **allgemeinen Voraussetzungen** zur Teilnahme von Vertragsärzten. Danach sind allgemeine Voraussetzungen zur Teilnahme von Vertragsärzten:

- Teilnahme an der vertragsärztlichen Versorgung,
- Verpflichtung zur Erfüllung des im Vertrag nach § 140 b SGB V vereinbarten besonderen Versorgungsauftrags,
- Verpflichtung zur Dokumentation der erbrachten Leistungen,
- Befähigung zur Teilnahme am elektronischen Informationsaustausch in der integrierten Versorgung.

Als **besondere Voraussetzung** zur Teilnahme von Vertragsärzten ist vorgesehen:

- eine bestimmte fachliche Ausrichtung des teilnehmenden Arztes bzw. der Arztpraxis,
- eine zusätzliche Qualifikation,
- eine besondere technische oder personelle Ausstattung der Praxis,
- die Zulassung in der Region, in der die integrierte Versorgung angeboten wird,
- eine Mindestzahl von in der Praxis betreuten Patienten, die bei den teilnehmenden Krankenkassen versichert sind.

Als **organisatorische Voraussetzungen** werden genannt:

- das Vorliegen einer Konzeption für eine sektorübergreifende Versorgung der teilnehmenden Versicherten,
- eine auf die Versorgungskonzeption abgestellte Organisations- und Finanzierungsplanung,
- eine Konzeption für ein wirksames Qualitätsmanagements,
- ein qualifiziertes und mit organisatorischer und finanzieller Entscheidungskompetenz ausgestattetes Management,
- eine Rechtsform, die auch die Haftung für eingegangene Verpflichtungen sicherstellt.

Die Vertragspartner einer integrierten Versorgung sollen eine angemessene Vergütung der ärztlichen Leistungen unter Berücksichtigung der Finanzierungsmöglichkeiten festlegen.

Aus der Vergütung für die integrierten Versorgungsformen sind sämtliche Leistungen, die vom teilnehmenden Versicherten im Rahmen der einbezogenen Leistungen in Anspruch genommen werden, zu vergüten, auch soweit sie von nicht an der integrierten Versorgung teilnehmenden Leistungserbringern erbracht werden. Dabei kann die Vergütung als Festbetrag, nach Einzelleistungen, als Kopfpauschale, als Fallpauschale oder nach einem System berechnet werden, das sich aus der Verbindung dieser oder weiterer Berechnungsarten ergibt. Es können auch Vergütungsregelungen getroffen werden, die bei einer Leistungserbringung durch mehrere Leistungsanbieter Pauschalen vorsehen, deren Aufteilung unter den Leistungsanbietern nach Maßgabe entsprechender Regelungen im Vertrag über die integrierte Versorgung vorgenommen wird.

12.5.2 Integrationsvertrag

Diese Verträge zur integrierten Versorgung werden zwischen Krankenkassen und Gemeinschaften zur vertragsärztlichen Versorgung zugelassener Ärzte sowie sonstige an der Versorgung teilnehmenden Leistungserbringern abgeschlossen. Die Vertragspartner der Krankenkassen verpflichten sich zu einer qualitätsgesicherten, wirksamen, ausreichenden, zweckmäßigen und wirtschaftlichen Versorgung der Versicherten. Leistungen dürfen nur erbracht werden, sofern der Bundesausschuss keine ablehnende Entscheidung getroffen hat.

Die Regelungen zur integrierten Versorgung werden den Einfluss der Krankenkassen auf die ärztliche Behandlung verstärken.

In der **Integrationsvergütung** sind alle Leistungen auszugleichen, die der Versicherte innerhalb und außerhalb der integrierten Versorgung in Anspruch nimmt.

Durch den Abschluss dieser Verträge haben die Krankenkassen die Möglichkeit, auf ihre **Vertragspartner direkt** einzuwirken. Dies ist insbesondere dann der Fall, wenn ein Vertragsarzt sich nicht an die in dem Integrationsvertrag vereinbarten Vorgaben hält.

Für die Patienten hat die integrierte Versorgung den Vorteil, dass ihnen nach Maßgabe der Krankenkassensatzungen ein Bonus gewährt werden kann, wenn sie die Teilnahmebedingungen mindestens ein Jahr eingehalten haben und die Versorgungsform zur Einsparung geführt hat.

12.6 Einzelheiten zur Praxisübernahme

Man kann sich heute gar nicht mehr vorstellen, dass nach der früheren Rechtssprechung die Übertragung einer Arztpraxis unzulässig war. Heute ist es selbstverständlich, dass eine Arztpraxis veräußert wird (BGH NJW 1989, 763). Zulässig ist auch die **teilweise Veräußerung einer Arztpraxis** wie die **Abgabe der**

Zulässige Arten einer Praxisübertragung sind die
- vollständige Übertragung, die
- Übertragung unter Fortführung einer Privatpraxis und die
- Übertragung an eine Gemeinschaftspraxis.

Kassenpraxis unter Fortführung einer Privatpraxis in denselben Räumen.

Ebenso zulässig ist die Einrichtung einer Gemeinschaftspraxis durch Aufnahme eines Partners in eine bestehende Einzelpraxis oder die Veräußerung von Anteilen an eine Gemeinschaftspraxis.

Veräußert werden die Praxiseinrichtung, die Patientenkartei sowie der ideelle Praxiswert (Goodwill). Dieser besteht in dem wirtschaftlichen Wert der dem Übernehmer gegebenen Chance, die Patienten der veräußernden Partei zu übernehmen, für sich zu gewinnen und den vorhandenen Bestand als Grundlage für den weiteren Ausbau der von ihm erworbenen Praxis zu verwenden (BGH NJW 1983, 98/100). Enthalten sind auch die Gewinnaussichten der Praxis.

Veräußerungsgegenstände:
- Praxiseinrichtung
- Patientenkartei
- ideeller Praxiswert (Goodwill)

12.6.1 Zulässigkeit

Das grundsätzliche Recht zur Veräußerung einer Arztpraxis wird bei der Veräußerung einer Kassenpraxis durch das **Gesundheitsstrukturgesetz 1993** beschränkt.

Hierdurch sind einschneidende Beschränkungen der Handlungsfreiheit bei der Aufgabe einer Kassenpraxis im gesperrten Gebiet und ihre Fortführung durch den Erwerber und damit Nachfolger geschaffen worden. Weder der Praxisinhaber noch dessen Erben können den **Nachfolger** frei auswählen und mit ihm den Kaufpreis aushandeln. Es wird vielmehr die frei werdende Stelle des Vertragsarztes durch die kassenärztliche Vereinigung ausgeschrieben und vom Zulassungsausschuss nach pflichtgemäßen Ermessen ausgewählt (§ 103 IV Satz 3 SGB V).

bei Veräußerung einer vertragsärztlichen Praxis:
- KV schreibt Stelle aus
- Zulassungsausschuss (nicht Praxisinhaber!) wählt Nachfolger aus

Dabei sind berufliche Eignung, Approbationsalter und die Dauer der ärztlichen Tätigkeit zu berücksichtigen. Ausschlaggebend ist ferner, ob der Bewerber der Ehegatte des Veräußerers ist oder sein angestellter Arzt bisher war oder der Vertragsarzt ist, mit dem die Praxis bislang bereits gemeinschaftlich ausgeübt wurde.

Dabei ist auch die **Altersgrenze** von 55 Jahren zu beachten. Der Ausschluss der über 55 Jahre alten Ärzte von der Zulassung zur vertragsärztlichen Versorgung ist als verfassungsgemäß angesehen worden (BSGE 73, 223 ff.).

Wirtschaftliche Interessen des ausscheidenden Vertragsarztes sind nur zu berücksichtigen, soweit der Kaufpreis die Höhe des Verkehrswertes der Praxis nicht übersteigt (§ 103 IV S. 6 SGB V).

eingeschränkte Berücksichtigung wirtschaftlicher Interessen des ausscheidenden Vertragsarztes

Vorstehendes gilt analog bei **Ausscheiden eines Partners** aus einer Gemeinschaftspraxis zwischen Vertragsärzten. Dabei sind die Interessen der in der Gemeinschaftspraxis verbleibenden Vertragsärzte bei der Auswahl des Bewerbers durch den Zulassungsausschuss angemessen zu berücksichtigen. Es gilt außerdem eine

Altershöchstgrenze für den Bewerber. Die Kassenzulassung endet automatisch zum Ende des Kalendervierteljahres, in dem der Vertragsarzt das 68. Lebensjahr vollendet (§ 95 VII SGB V). De facto fällt aber den Partnern einer Gemeinschaft über ihr Veto-Recht gegenüber dem Zulassungsausschuss die Auswahl eines Nachfolgers zu, sofern dieser die kassenrechtlichen Voraussetzungen erfüllt.

Voraussetzung hierfür ist allerdings, dass der Gesellschaftsvertrag eine solche Übertragung zulässt.

12.6.2 Durchführung

Die Veräußerung einer Praxis erfolgt durch einen Vertrag, der regelmäßig ein **Kaufvertrag** sein wird, und durch Übereignung der Praxiseinrichtung. Es kann nur jedem empfohlen werden, sich der Schriftform zu bedienen, damit bei etwaigen späteren Auseinandersetzungen entsprechende Beweismöglichkeiten bestehen. Wird bei gestaffelter Zahlung des Kaufpreises eine **Wertsicherungsklausel** vereinbart, bedarf diese der Genehmigung des Bundesamtes für Wirtschaft. Zu beachten ist weiter die Frage, ob der übertragende Vertragspartner über sein gesamtes Vermögen verfügt. Er ist dann zu befragen, ob er im gesetzlichen Güterstand der Zugewinngemeinschaft lebt (§§ 1365 I, 1366 BGB). In diesem Fall bedarf der Vertrag der Zustimmung des Ehegatten des übertragenden Arztes.

Die **Mängelhaftung** richtet sich nach den Bestimmungen des Kaufrechts im BGB, wobei zwischen Sachmangel und Rechtsmangel unterschieden wird (§ 434 BGB). Ein Sachmangel liegt z.B. vor, wenn nicht gebrauchsfähige Gerätschaften veräußert werden oder der Umfang der veräußerten Praxis von den im Vertrag vorausgesetzten Angaben wesentlich abweicht. Rechtsmängel sind etwa Sicherungseigentum einer finanzierenden Bank an Praxisgegenständen oder Eigentumsvorbehalte von Lieferanten (§ 435 BGB). Hierzu gehören ferner unrichtige Angaben des Veräußerers über den bisherigen Umsatz oder den Gewinn der Praxis (BGH NJW 1977, 1356).

Die vertraglich vorausgesetzte Verwendung der Praxis besteht darin, dass der Erwerber in ihr seiner ärztlichen Tätigkeit uneingeschränkt nachgehen kann. Dies darf der Käufer als gewöhnliche Verwendung erwarten. Daher liegt ein Mangel vor, wenn etwa eine Behandlungseinheit defekt ist oder sonstige Gebrauchsgegenstände schadhaft sind.

BGB regelt Haftung des Veräußerers für Sach- u. Rechtsmängel der Praxis; In der Regel Vereinbarung eines Haftungsausschlusses für Sachmängel

Um die damit verbundenen Folgen zu vermeiden, wird regelmäßig die **Sachmängelgewährleistung** in einem solchen Praxiskaufvertrag ausgeschlossen.

Es sollten **Vereinbarungen über die Beschaffenheit** in den Vertrag aufgenommen werden, da die Parteien hierdurch die wertbildenden Faktoren der Praxis konkretisieren. Dabei sollte der Zustand der vorhandenen Medizintechnik festgehalten werden. Kennt der Verkäufer Funktionsstörungen, sollten diese in den Vertrag aufgenommen werden. Anderenfalls haftet er, da er bei arglistigem Verschweigen ihm bekannter Mängel sich nicht auf den Haftungsausschluss berufen kann. Ferner haftet der Verkäufer für alle auch nur fahrlässig mitgeteilten Fehlinformationen (§§ 280 I, 276 BGB).

wenn Haftung nicht ausgeschlossen, ist Veräußerer zur Reparatur oder Nachlieferung verpflichtet

Der Verkäufer ist bei Vorliegen von Mängeln zunächst zur **Nacherfüllung** verpflichtet. Er hat den Mangel nach Wahl des Käufers zu beseitigen oder eine mangelfreie Sache zu liefern (§ 439 BGB). Der Verkäufer kann die Beseitigung oder Nachlieferung verweigern, wenn die Nacherfüllung mit unverhältnismäßig hohen Kosten verbunden ist.

Daher ist der Verkäufer grundsätzlich verpflichtet, defekte oder untaugliche Geräte nachzuliefern, sofern kein wirksamer Gewährleistungsausschluss vereinbart wurde. Wird diese Nacherfüllung vom Verkäufer abgelehnt oder scheitert sie, kann der Käufer **vom Vertrag zurücktreten oder** die **Minderung des Kaufpreises** als alternativ nebeneinander stehende Rechte geltend machen.

Ein Rücktritt vom Vertrag ist ausgeschlossen, wenn die Pflichtverletzung unerheblich ist. Wenn ein Mangel erheblich ist, kann der Käufer nach Ablauf einer angemessenen **Frist zur Nacherfüllung** vom Vertrag zurücktreten. Dann ist die Praxis zurück zu übertragen und der Kaufpreis zu erstatten. Eine derartige Fristsetzung ist nicht erforderlich, wenn die Nacherfüllung unmöglich, fehlgeschlagen oder dem Verkäufer nicht zuzumuten ist.

scheitert Nacherfüllung: nach Wahl des Käufers Rückgängigmachung des Vertrags oder Herabsetzung des Kaufpreis

Dies kann für den Verkäufer problematisch werden, wenn er bei Rückabwicklung des Kaufvertrages über die Praxis über **keine Zulassung mehr** verfügt und daher die Praxis nicht fortführen kann. Hier empfiehlt es sich, die Voraussetzungen und den Umfang einer etwaigen Rückabwicklung im Vertrag zu regeln. So kann etwa eine Mindestgrenze für den mangelbedingten Minderwert der Praxis vereinbart werden. Wird dieser Wert überschritten, ist der Rücktritt möglich.

auch Haftung für falsche Angaben über bisherigen Praxisumsatz /-gewinn

Neben dem Rücktritt ist die **Minderung des Kaufpreises** möglich. Dabei wird der Kaufpreis in dem Verhältnis herabgesetzt, in welchem zur Zeit des Vertragsschlusses der Wert der Praxis in mangelfreiem Zustand zu dem wirklichen Wert gestanden haben würde (§ 441 III BGB).

Neben diesen beiden Möglichkeiten kann der Käufer zusätzlich **Schadensersatz** statt Leistung verlangen, wenn der Verkäufer die Pflichtverletzung zu vertreten hat.

Neuerdings ist zu beachten, dass **Angestellte** gemäß § 613 a V BGB umfassend über den beabsichtigten Praxisverkauf informiert werden müssen. Nunmehr hat der bisherige Praxisinhaber oder der Übernehmer die betreffenden Arbeitnehmer vor dem Betriebsübergang schriftlich über den Zeitpunkt bzw. den geplanten Zeitpunkt des Übergangs, dem Grund für den Übergang, die rechtlichen und wirtschaftlichen Folgen des Übergangs für die Arbeitnehmer und über die für den Arbeitnehmer in Aussicht genommenen Maßnahmen zu unterrichten.

vorherige schriftliche Unterrichtung der Praxisangestellten über Verkauf

Der Arbeitnehmer soll mit Hilfe dieser Informationen entscheiden können, ob er von seinem ebenfalls mit der Gesetzesänderung eingeführten Recht Gebrauch macht, dem Übergang des Arbeitsverhältnisses auf den neuen Praxisinhaber zu widersprechen oder nicht. Der **Widerspruch** kann nur schriftlich innerhalb eines Monats nach Zugang der entsprechenden Unterrichtung erklärt werden. Wenn der Arbeitnehmer dem Übergang des Arbeitsverhältnisses widerspricht, besteht der Arbeitsvertrag mit dem bisherigen Praxisinhaber fort.

Widerspruchsrecht der Praxisangestellten gegen Übergang der Arbeitsverhältnisse auf Erwerber

Dieser ist dann berechtigt, aus betrieblichen Gründen unter Einhaltung der regulären Fristen das Arbeitsverhältnis zu kündigen. Nutzt der Arbeitnehmer das Widerspruchsrecht nicht, wird das Arbeitsverhältnis mit dem neuen Praxisinhaber fortgeführt.

Hier ist darauf zu achten, dass die Mitarbeiter umfassend informiert werden, da andernfalls die genannte Monatsfrist nicht zu laufen beginnt.

Am Ende dieses Kapitels sind Checklisten für die Beteiligten abgedruckt.

12.6.3 Einzelne Veräußerungsgegenstände

Von besonderer Wichtigkeit ist die Übergabe der Patientenkartei. Sie ist wesentlicher Bestandteil des Praxisübernahmevertrages.

WICHTIG ! **Die Übertragung der Patientenkartei ohne Zustimmung der einzelnen Patientin verletzt das informationelle Selbstbestimmungsrecht der Patientin und damit die ärztliche Schweigepflicht. (BGH NJW 1995, 2026). In einem solchen Fall wäre der Vertrag sittenwidrig (§ 138 I BGB).**

Ferner sind die Patientinnen von der Übergabe im Einzelnen zu informieren und aufzufordern, ihre Zustimmung zur Übertragung zu erteilen. Die andere Möglichkeit besteht im sogenannten „2-Schrank-Modell". Danach wird der Karteischrank vom Praxisveräußerer dem Übernehmer verschlossen übergeben. Es sind

zwingend erforderlich: Zustimmung **aller** Patientinnen zur Karteiübertragung sämtliche Behandlungsunterlagen darin enthalten. Es wird im Vertrag eine **Verwahrungsklausel** vereinbart. Der Erwerber der Praxis verpflichtet sich, die Altkartei des Veräußerers der Praxis zu verwahren und nur von Fall zu Fall darauf Zugriff zu nehmen. Dieses geschieht, wenn ein bisheriger Patient des Veräußerers den Erwerber zwecks Behandlung aufsucht.

Erklärt sich dann der Patient mit der Benutzung der alten Kartei einverstanden, so darf diese entnommen werden und in die dann laufende Patientenkartei des neuen Praxisinhabers übernommen werden (§ 613 a V BGB).

Schwierigkeiten bereitet oft die Berechnung des **Goodwill**. Hierunter wird die Zusammenfassung aller Möglichkeiten, Chancen und Beziehungen einer gut eingeführten, allgemeinen Praxis mit einem festen Patientenstamm verstanden (BGH NJW 1973, 98/100).

Schwierigkeiten bei dessen Berechnung entstehen im Hinblick auf das öffentlich-rechtliche Zulassungsrecht und die **Nachfolgeregelung** in § 103 IV Satz 5 SGB V. Danach sind die wirtschaftlichen Interessen des ausscheidenden Vertragsarztes oder seiner Erben nur insoweit zu berücksichtigen, als der Kaufpreis die Höhe des Verkehrswertes der Praxis nicht übersteigt. Hierdurch sollte erreicht werden, dass nicht der Meistbietende den Zuschlag erhält. Die Bundesärztekammer hat zur Ermittlung des Goodwills den Praxisumsatz zugrunde gelegt. Dabei werden die **Bruttoumsätze** aus der Kassen- und Privatpraxis aus den letzten **drei Kalenderjahren** vor der Praxisübergabe zugrunde gelegt.

Der Goodwill lässt sich nach verschiedenen Verfahren berechnen, die durchaus zu unterschiedlichen Ergebnissen führen können, Verhandlungsspielraum!

Hiervon wird ein **kalkulatorischer Arztlohn** für den Praxisinhaber abgezogen. Regelmäßig wird ein kombiniertes Verfahren zugrunde gelegt, bei dem der immaterielle Wert und die übrigen Vermögenswerte getrennt voneinander ermittelt werden. In den meisten Fällen wird ein Gutachten eines Sachverständigen eingeholt.

Von Bedeutung ist die Ermittlung und Berechnung des Goodwills auch bei einer **Ehescheidung** eines Arztes. Dies gilt für die Ermittlung des **Zugewinnausgleichs**. Entscheidend ist hier auf den sogenannten Stichtag abzustellen, der sich aus der Zustellung des Scheidungsantrags durch das Gericht an den gegnerischen Ehepartner ergibt.

In steuerlicher Hinsicht ist zu beachten, dass ab dem Veranlagungszeitraum 2001 der „halbe Steuersatz" gilt (§ 34 III EstG).

Ab 2002 gilt eine Höchstgrenze für Gewinne bis 5.000.000,00 €. Zwar sind Umsätze aus einer Tätigkeit als Arzt gemäß § 4 Nr. 14 UStG umsatzsteuerfrei, doch der Verkauf von Praxisgegenständen sowie der Verkauf einer Arztpraxis ist jedoch insoweit umsatzsteuerpflichtig, als der Kaufpreis auf einen ideellen Praxiswert entfällt (§ 4 Nr. 14 UstG).

CHECKLISTE

Übergebender Arzt

○ Verkehrswert der Praxis ermitteln (KV-Abrechnungen der letzten drei Jahre und Einkommen-Überschussrechnung der letzten fünf Jahre)

○ Praxisforderungen und Verbindlichkeiten erfassen

○ Bonität des Vertragspartners prüfen

○ Zusammenstellung aller Praxisverträge inkl. Arbeitsverträge

○ Betriebs- und apparatebezogene Genehmigungen prüfen

○ Inventarverzeichnis erstellen

○ Belegärztliche Tätigkeit des Erwerbers sichern

○ Kontakt zu Rechtsanwalt und Steuerberater aufnehmen

○ Verlängerung des Mietvertrages und Abklärung der Möglichkeit des Eintritts in den laufenden Vertrag

○ Übernahme des Personals abklären

○ Praxisverträge mit Erwerber besprechen, ob Übernahme gewollt und möglich; anderenfalls kündigen

○ Ausschreibungsantrag stellen

○ Erwerber zur fristgerechten Bewerbung anhalten

○ Übergabevertrag bei Ärztekammer vorlegen

○ Zustimmung des Patienten einholen

○ Übergabezeitpunkt festlegen unter Berücksichtigung des Behandlungsplanes

○ Berufshaftpflichtversicherung informieren und gegebenenfalls kündigen

○ Sonstige Versicherungen prüfen und kündigen, falls Übernahme nicht gewollt oder nicht möglich

○ Anzeige der Übergabe an Berufsverband, Gesundheitsamt und Gewerbeaufsichtsamt

○ Abmeldung bei Berufsgenossenschaft

CHECKLISTE

Übernehmender Arzt

○ Frühzeitige Klärung der Finanzierung

○ Ermittlung des Verkehrswertes der Praxis

○ Eintragung in Warteliste, wenn gesperrtes Gebiet

○ Kontakt zu Rechtsanwalt und Steuerberater zwecks Erstellung eines Vertragsentwurfes

○ Entscheidungen zur Übernahme des Personals treffen

○ Ausschreibung der Praxis durch Veräußerer veranlassen

○ Bewerbung innerhalb der Bewerbungsfrist

○ Einsicht in den zu übernehmenden Mietvertrag

○ Vorlage des Vertrages bei der Ärztekammer

○ Versicherungen abschließen (Berufshaftpflicht, allgemeine Haftpflicht)

○ Anmeldung bei Arbeitsamt, Finanzamt und Berufsgenossenschaft für Gesundheitsdienst und Wohlfahrtspflege, Berufsverband, Gesundheitsamt

○ Personengebundene Genehmigungen (z.B. § 3 RÖV) einholen

○ Betriebs- und apparatebezogene Genehmigungen kontrollieren

○ Röntgeneinrichtung beim Gewerbeaufsichtsamt anmelden

○ Telefonanschluss übernehmen

○ Mitteilung der Bankverbindung an KV

○ Praxisübernahme und Eröffnung in örtlicher Presse bekannt geben (Standesrecht beachten)

13 Der Umgang mit Firmen

Spätestens seit dem sogenannten Herzklappenskandal, der seinen leidigen Anfang Mitte 1994 nahm, sollte jedem im Gesundheitswesen Tätigen bewusst sein, dass bei Entgegennahme von einseitigen Leistungen der Industrie besondere Aufmerksamkeit geboten ist. Die von der Staatsanwaltschaft München jüngst eingeleiteten Verfahren gegen rund 4.000 Personen zeigen, dass dieses Thema nach wie vor aktuell und brisant ist.

WICHTIG! **Es ist unumgänglich, sich mit dem richtigen Umgang mit Sponsoren vertraut zu machen. Dieses gilt besonders für diejenigen Personen, die im öffentlichen Dienst tätig sind.**

Aber auch im Dienst privater Träger Beschäftigte sollten die notwendige Vorsicht walten lassen.

13.1 Der Gynäkologe im öffentlichen Dienst

Die Vorteilsnahme durch Ärzte und spiegelbildlich die Vorteilsgewährung durch Mitarbeiter der Pharma- und Medizinproduktindustrie ist strafrechtlich das Hauptproblem bei deren Zusammenarbeit.

Kooperation mit Industrie: Gefahr der Strafbarkeit wegen <u>Vorteilsannahme</u>!

> **§ 331 StGB Vorteilsannahme**
>
> (1) Ein Amtsträger oder ein für den öffentlichen Dienst besonders Verpflichteter, der für die Dienstausübung einen Vorteil für sich oder einen Dritten fordert, sich versprechen lässt oder annimmt, wird mit Freiheitsstrafe bis zu drei Jahren oder mit Geldstrafe bestraft.
>
> (3) Die Tat ist nicht nach Abs. 1 strafbar, wenn der Täter einen nicht von ihm geforderten Vorteil sich versprechen lässt oder annimmt und die zuständige Behörde im Rahmen ihrer Befugnisse entweder die Annahme vorher genehmigt hat oder der Täter unverzüglich bei ihr Anzeige erstattet und sie die Annahme genehmigt.

Hierdurch soll die **Lauterkeit des öffentlichen Dienstes** und das Vertrauen der Bevölkerung in diese Lauterkeit geschützt werden. Amtsträger sind dabei diejenigen Ärzte, die einen Beamtenstatus haben (§ 11 I Nr. 2 a StGB).

Amtsträger sind nach § 11 Abs. 1 Nr. 2 b StGB auch alle angestellten Ärzte und Pflegekräfte, die in Universitätskliniken, Kreis-,

mögliche Täter der Vorteils-
annahme:
- Beamte
- Angestellte im öffentlichen Dienst

Bezirks- oder städtischen Krankenhäusern tätig sind (OLG Karlsruhe NJW 1983,352).

Aber auch angestellte Ärzte, die in Kliniken in der Trägerschaft gesetzlicher Sozialleistungsträger arbeiten, gehören zu diesem Personenkreis. Es kommt dabei nicht auf die Organisationsform des Krankenhauses an. Es ist daher unerheblich, ob ein städtisches Krankenhaus etwa in der Rechtsform einer GmbH oder in Gestalt einer öffentlichen Körperschaft betrieben wird. Entscheidend ist vielmehr die **öffentlich-rechtliche Trägerschaft** des Krankenhauses.

Nicht zu Amtsträgern gehören **Belegärzte**. Sie sind freiberuflich tätig. Ebenfalls sind die bei Großkirchen angestellten Ärzte, die in von Kirchen getragenen Krankenhäusern tätig sind, keine Amtsträger (OLG Düsseldorf NJW 2001, 85).

Vorteil als Gegenleis-
tung für **pflichtgemäße**
Dienstausübung

Das Tatbestandsmerkmal der **Dienstausübung** wird weit ausgelegt. Hierunter wird jede Tätigkeit verstanden, die ihrer Natur nach mit dem Amt in einer inneren Beziehung steht und nicht völlig außerhalb des Aufgabenbereiches des Amtsträgers liegt (BGH St 31, 264 ff.). „Dienstliche Handlungen" liegen z.B. vor, wenn der Arzt forscht, einen Vortrag hält, Gespräche mit Vertretern führt, Bestellungen vornimmt oder veranlasst. Unter **Vorteil** wird jede Leistung verstanden, auf die der Amtsträger keinen Rechtsanspruch hat und die seine wirtschaftliche, rechtliche oder nur persönliche Lage objektiv verbessert (Hanseatisches OLG MedR 2000, 371).

Auch **immaterielle Vorteile** wie die Befriedigung des Ehrgeizes oder Karrierechancen können ausreichen (BGH NJW 1985, 2652). Allerdings hat der BGH in einer neuen Entscheidung darauf hingewiesen, dass dieses eher „fernliegend" sei (BGH NJW 2002, 2801/2804). Die Rechtslage ist daher im Augenblick als unsicher zu bezeichnen. Im Jahre 1997 wurde die bis dahin bestehende Rechtslage verschärft, indem auch dann von einer Strafbarkeit auszugehen ist, wenn der Täter den **Vorteil für einen Dritten** fordert, sich versprechen lässt oder annimmt. Dritter kann hier sowohl die Klinik als auch jeder ärztliche oder nichtärztliche Mitarbeiter sein.

„**Fordern**" ist das einseitige Verlangen einer Leistung. Das Verlangen kann in versteckter Form erfolgen. Voraussetzung ist jedoch, dass der Täter erkennen lässt, dass er den Vorteil für seine Handlung begehrt. Dabei ist es bedeutungslos, ob eine positive Reaktion des anderen Teils erfolgt.

Das Sich-versprechen-lassen bedeutet die Annahme des Angebotes von noch zu erbringenden Vorteilen, wobei auch die spätere Hingabe des Vorteils von Bedingungen abhängig gemacht wird.

Das „**Annehmen**" bedeutet die tatsächliche Entgegennahme des Vorteils mit dem zumindest nach außen erklärten Ziel, eigene Verfügungsgewalt darüber zu erlangen. (BGH NJW 2002, 2801).

Der Täter muss den „**Vorteil**" gerade für die Dienstausübung fordern, sich versprechen lassen oder annehmen. Dies wird als **Unrechtsvereinbarung** bezeichnet. Zwischen dem Arzt und demjenigen, der den Vorteil verspricht oder gewährt (z.B. ein Industrieunternehmen) muss daher eine ausdrückliche oder stillschweigende Übereinstimmung bestehen, wonach der Amtsträger innerhalb eines Aufgabenbereiches als Gegenleistung für die Zuwendung irgendeine dienstliche Tätigkeit vorgenommen hat oder vornehmen wird.

Nach § 333 StGB macht sich strafbar, wer einem Amtsträger oder einem für den öffentlichen Dienst besonders Verpflichteten **für dessen Dienstausübung einen Vorteil** für diesen oder einen Dritten anbietet, verspricht oder gewährt. Es handelt sich hierbei um die spiegelbildliche Strafbarkeit desjenigen, der dem Amtsträger für dessen Dienstausübung einen Vorteil zukommen lassen will.

Im Gegensatz dazu macht sich wegen **Bestechlichkeit** derjenige strafbar, der für sich oder einen Dritten einen Vorteil als Gegenleistung dafür fordert, sich versprechen lässt oder annimmt, dass er eine konkrete Diensthandlung vorgenommen hat oder künftig vornehmen wird und dadurch seine Dienstpflichten verletzt. Hier handelt es sich um die konkrete, **pflichtwidrige Diensthandlung**, die von einem zu gewährenden Vorteil abhängig gemacht wird. Dabei ist die Diensthandlung pflichtwidrig, wenn sie gegen Gesetze, Verwaltungsvorschriften, Richtlinien, allgemeine Dienstanweisungen oder Anweisungen des Vorgesetzten verstößt. Hier ist der Strafrahmen höher, da das Gesetz eine Freiheitsstrafe von sechs Monaten bis zu fünf Jahren vorsieht. Nur in minderschweren Fällen ist eine Freiheitsstrafe bis zu drei Jahren oder Geldstrafe vorgesehen.

Wegen Bestechung nach § 334 StGB macht sich strafbar, wer einem Amtsträger einen Vorteil für diesen oder einen Dritten als Gegenleistung dafür anbietet, verspricht oder gewährt, dass dieser eine konkrete Diensthandlung vorgenommen hat oder künftig vornimmt und hierdurch seine Dienstpflichten verletzt.

13.2 Der Gynäkologe im Dienst privater Träger

Wer als Angestellter oder Beauftragter eines geschäftlichen Betriebs im geschäftlichen Verkehr einen Vorteil für sich oder einen Dritten als Gegenleistung dafür fordert, sich versprechen lässt oder annimmt, dass er einen anderen beim Bezug von Waren oder gewerblichen Leistungen im Wettbewerb in unlauterer Weise bevorzuge, macht sich ebenfalls strafbar wegen **Bestechlichkeit im geschäftlichen Verkehr**, §§ 299 Abs. 1, 300 StGB.

Die sog. Angestelltenbestechlichkeit bzw. -bestechung greift bei Angestellten oder Beauftragten eines geschäftlichen Betriebs, wozu auch Krankenhäuser gehören. Nicht erfasst werden Praxisinhaber und Belegärzte. Betroffen sind jedoch angestellte oder beauftragte Ärzte einer Praxis.

WICHTIG! **Für eine künftige Bevorzugung muss der Täter den Vorteil als Gegenleistung fordern, sich versprechen lassen oder annehmen. Auch hier ist eine sog. Unrechtsvereinbarung Voraussetzung. Nicht ausreichend ist eine Zuwendung zur Herbeiführung allgemeinen Wohlwollens (Klimapflege). Hierin besteht ein nicht unerheblicher Unterschied zu den für den Bereich des öffentlichen Dienstes bestehenden Vorschriften.**

Die Unrechtsvereinbarung muss darauf abzielen, dass der Täter oder ein von ihm begünstigter Dritter beim Bezug von Waren oder gewerblichen Leistungen im Wettbewerb unlauter bevorzugt wird. Hierbei handelt es sich um jede anvisierte Besserstellung des Täters oder eines von ihm begünstigten Dritten, auf die er oder der Dritte keinen Anspruch hat. Dabei muss es sich um Leistungen handeln, die geschäftliche Entscheidungen des Angestellten sachwidrig beeinflussen können.

Neben dem Risiko, strafrechtlich verurteilt zu werden, läuft der Angestellte, der sich einer Bestechlichkeit im geschäftlichen Verkehr schuldig macht, Gefahr, dass sein Arbeitsverhältnis fristlos gekündigt wird.

13.3 Grundprinzipien beim Umgang mit Firmen

Die vorstehenden Ausführungen zeigen die bestehende Rechtsunsicherheit auf. In der Vergangenheit hat es eine Vielzahl von Initiativen gegeben, um die zulässigen Kooperationsformen zwischen Medizinern und Industrie klar abzustimmen und somit dem Bereich des Strafrechts zu entziehen.

Stellungnahmen liegen vor zum gemeinsamen Standpunkt zur strafrechtlichen Bewertung der Zusammenarbeit zwischen Industrie, medizinischen Einrichtungen und deren Mitarbeitern vom Bundesverband der pharmazeutischen Industrie, dem **Kodex Medizinprodukte**, dem Beschluss der Kultusministerkonferenz vom 17.09.1999 zum Thema „Drittmittelforschung und strafrechtlich relevantes Verhalten" und dem dazugehörenden Beschluss der Justizministerkonferenz vom 15.12.1999. In vielen Universitätskliniken und Krankenhäusern gibt es Richtlinien bzw. Dienstanweisungen für die Zusammenarbeit mit Industrieunternehmen.

Grundprinzipien beim Umgang mit Firmen

Trennungsprinzip

- Der von der Industrie gewährte Vorteil muss unabhängig von einer Gegenleistung des Empfängers sein.
- Daher sind Zuwendungen seitens der Industrie und etwaige Umsatzgeschäfte (Bestellungen, Empfehlungen usw.) strikt zu trennen!
- Der Vorteilsempfänger sollte keinen Einfluss auf Einkauf oder Bestellung haben.

Transparenzprinzip

- Sämtliche Kontakte zwischen Industrie und Klinikmitarbeitern sind nach allen Seiten offen zu halten.
- Der Klinikträger bzw. die Klinikverwaltung sollten zur Genehmigung der Zuwendung aufgefordert werden.
  ⇒ Dabei sind alle für die Beurteilung wesentlichen Fakten offen zulegen!

Dokumentationsprinzip

- Alle Absprachen sollten schriftlich und vollständig dokumentiert werden.

Prinzip der Bargeldlosigkeit

- Alle Geldzuwendungen haben in Form von Überweisungen oder Schecks zu erfolgen.
  ⇒ Bargeldzahlungen sind auszuschließen!

Kontendistanz

- Wer in Umsatzgeschäfte mit den Unternehmen eingebunden ist, darf keine Verfügungsmacht über die Konten haben, auf die die Zuwendungen gezahlt werden.
- Dies gilt insbesondere für Fördervereine und Stiftungen:
  ⇒ Hier müssen externe Personen, die sich fachkundiger Beratung bedienen, über die Konten verfügen und einzelne Auszahlungen vornehmen.

Prinzip der Fremdnützigkeit

- Für die Annahme von Zahlungen müssen Klinik- oder Patienteninteressen ausschlaggebend sein.
  ⇒ Eigene und Drittinteressen müssen ausgeschlossen sein!

Übersicht 13.1: Grundprinzipien beim Umgang mit Firmen

Gleichwohl sollte jeder die grundlegenden Prinzipien erkennen und einhalten, da das Industriesponsoring im Verhältnis Arzt und Industrie erhebliche Gefahren in sich birgt, so dass größte Sorgfalt geboten ist.

- **Trennungsprinzip:**
  Unter allen Umständen ist eine strikte Trennung zwischen Zuwendungen seitens der Industrie und etwaigen Umsatzgeschäften (Bestellungen, Empfehlungen usw.) einzuhalten. Der Vor-

Einfluss des Zuwendungsempfängers auf Umsatzgeschäfte ist auszuschließen!

teilsempfänger sollte keinen Einfluss auf Einkauf oder Bestellung haben.

WICHTIG! Der von der Industrie gewährte Vorteil muss unabhängig von einer Gegenleistung des Empfängers sein.

- **Transparenzprinzip:**
Sämtliche Kontakte zwischen Industrie und Klinikmitarbeitern sind nach allen Seiten offen zu halten.
Der Klinikträger bzw. die Klinikverwaltung sollten zur Genehmigung der Zuwendung aufgefordert werden, wobei alle für die Beurteilung wesentlichen Fakten offen zulegen sind.

- **Dokumentationsprinzip:**
Alle Absprachen sollten schriftlich und vollständig dokumentiert werden.

- **Prinzip der Bargeldlosigkeit:**
Alle Geldzuwendungen haben in Form von Überweisungen oder Schecks zu erfolgen.

WICHTIG! Bargeldzahlungen sind ausgeschlossen.

- **Kontendistanz:**

WICHTIG! Wer in Umsatzgeschäfte mit den Unternehmen eingebunden ist, darf keine Verfügungsmacht über die Konten haben, auf welche die Zuwendungen gezahlt werden.

Dies gilt insbesondere für Fördervereine und Stiftungen. Hier müssen externe Personen, die sich fachkundiger Beratung bedienen, über die Konten verfügen und einzelne Auszahlungen vornehmen.

- **Prinzip der Fremdnützigkeit:**
Bei der Annahme von Zahlungen sind Klinik- oder Patienteninteressen ausschlaggebend.

WICHTIG! Privatinteressen müssen ausgeschlossen sein.

Nicht erfasst werden sozialadäquate Zuwendungen wie kleine Geschenke und **persönliche Aufmerksamkeiten**. Die Wertgrenze wird hier regelmäßig zwischen 25,00 € und 50,00 € angenommen (OLG Frankfurt NLW 1990, 2074).

Einladungen zu einem Essen in einem Restaurant dürfen den Betrag von etwa 40,00 € nicht überschreiten.

13.4 Praktische Hinweise zur Versteuerung von Zuwendungen

Zuwendungen, die in der Übereignung oder Überlassung von Wirtschaftsgütern zum Gebrauch erfolgen, sind Sachbezüge.

Sachbezüge = zu versteuernde geldwerte Vorteile

WICHTIG! **Sachbezüge sind geldwerte Vorteile, die zu versteuern sind. Hierzu gehören Freiflüge, die Übernahme von Hotelkosten, Essenseinladungen, die Zur-Verfügung-Stellung von Eintrittskarten und die Kostenübernahme für Veranstaltungen und Fortbildungsveranstaltungen.**

Dabei kann sich niemand darauf berufen, die Höhe der Kosten nicht zu kennen, die der Sponsor für den Arzt aufgewendet hat. Diese Kosten, wie etwa Reise-, Hotel- und Verpflegungskosten sind als geldwerter Vorteil zu versteuern. Hier wird verlangt, dass der Begünstigte sich beim Sponsor erkundigt, welche Kosten dieser für die Leistungen der Sachbezüge aufgebracht hat. Flug- und Hotelkosten können leicht ermittelt werden.

Reisekostenerstattung: zu versteuern, wenn Reise nicht weitaus überwiegend beruflich veranlasst

Ersetzt ein privater **Arbeitgeber** Aufwendungen für eine Reise des Arbeitnehmers, die nicht als weitaus überwiegend beruflich veranlasst anzusehen ist, stellt dieses für den Arbeitnehmer einen geldwerten Vorteil dar. Dieser ist zu versteuern. Wer Einrichtungen einer Klinik für außerhalb des Dienstverhältnisses liegende Tätigkeiten in Anspruch nimmt, bezieht ebenfalls einen Sachbezug.

Kosten für Kongresse und Fachtagungen sind nicht ohne weiteres steuerlich absetzbar. So wird eine **Reise als Einheit** betrachtet. Wenn objektive Merkmale eine zutreffende und ohne Schwierigkeiten nachprüfbare Trennung des beruflichen vom privaten Teil der Reise ermöglichen und der berufliche Teil nicht von untergeordneter Bedeutung ist, werden die Aufwendungen steuerlich anerkannt. Dabei ist das vollständige Reiseprogramm vorzulegen. Namen und Anschriften der restlichen Teilnehmer werden verlangt. Das Reiseprogramm muss auf die besonderen beruflichen Bedürfnisse und Gegebenheiten zugeschnitten sein.

Kosten für Kongresse/Fachtagungen steuerlich absetzbar, wenn beruflich veranlasst
⇒ hohe Anforderungen!

Der Teilnehmerkreis muss im Wesentlichen gleichartig sein. Die Teilnehmer müssen verpflichtet sein, am Programm teilzunehmen. Dieser Nachweis kann durch Zertifikate, Mitschriften oder sonstige Seminarunterlagen geführt werden.

Wird hierbei die **Teilnahme des Partners** festgestellt, werden die Kosten regelmäßig als nicht abzugsfähig angesehen. Ist die Reiseroute mit häufigem Ortswechsel verbunden und stellen diese gleichzeitig beliebte Touristenziele dar, wird eine berufliche Veranlassung regelmäßig verneint. Das Programm muss derart straff durchorganisiert sein, dass kein Raum für private Erholungs- und/oder Bildungsinteressen bleibt. Wird nicht das günstigste Beförderungsmittel gewählt, geht die Finanzverwaltung regelmäßig von einer privaten Veranlassung der Kosten aus, so dass diese nicht abzugsfähig sind. Ist z.B. für einen viertägigen Ärztekongress eine Hin- und Rückreise von 16 Tagen in Anspruch genommen worden, geht die Finanzverwaltung von einer privaten Veranlassung der Kosten aus (BFHE 161, 547).

Besonders deutlich ist eine Entscheidung des Bundesfinanzhofs, in der als Indiz für eine private Mitveranlassung einer Reise es als ausreichend angesehen wurde, dass in dem Tagungsprogramm eine Mittagspause von 12.00 Uhr bis 16.00 Uhr vorgesehen war. Da die Tagung in Davos stattfand, ging das Gericht von einer privaten Veranlassung aus, da die Zeit zwischen 12.00 Uhr und 16.00 Uhr als schönste Zeit des Tages in Davos angesehen wird.

Für öffentlich-rechtliche Einrichtungen ist im Zusammenhang mit der Versteuerung von Zuwendungen Vorsicht dabei geboten, Leihgeräte, auch zur sog. Erprobung, anzunehmen und anschließend Materialien von der gleichen Firma zu beziehen. Dies betrifft beispielsweise die Leihbestellung oder Erprobung eines Blutzuckermessgerätes und den anschließenden Bezug von Blutzucker-Teststreifen, die kostenlose Erprobung beziehungsweise leihweise Aufstellung von Laborgeräten und den anschließenden Bezug von Reagenzien der gleichen Firma und Ähnliches.

Ähnlich verhält es sich mit der kostenlosen Überlassung von Gerätschaften, z.B. eines Rollstuhls mit Werbeaufschriften einer Firma, wenn später von dieser Firma solche Geräte bezogen werden.

14 Die Europäisierung

Das Medizinrecht wird zunehmend durch **Normen der Europäischen Union** beeinflusst. Hierauf ist auch die Einführung des Begriffs „Gesundheitsrecht" als alle Rechtsregeln umgreifendes Recht zurückzuführen. Die Kompetenzen der Europäischen Union im Gesundheitswesen werden durch konkrete Kompetenzzuweisungen gestärkt (Art. 152 EG-Vertrag, neu).

Hierzu gehört insbesondere die Verpflichtung der Gemeinschaft, bei allen Maßnahmen ein hohes **Gesundheitsschutzniveau** zu gewährleisten. Auch wenn die Gemeinschaft auf dem Gebiet des Gesundheitswesens derzeit insgesamt nur beschränkte Zuständigkeiten aufweisen kann, wird sich ihr rechtspolitischer Einfluss wie auf anderen Feldern auch weiter verstärken.

14.1 Niederlassungsfreiheit

Die **Freizügigkeit** der Arbeitnehmer sowie die **Niederlassungsfreiheit** betreffen die auf Dauer angelegte Ausübung einer **angestellten oder selbstständigen Tätigkeit** im EU-Ausland (Art. 39 ff.; 43 ff. EGV, neu). Die einschlägigen Regelungen sind in vollen Unfang anwendbar auf Ärzte und nichtmedizinisches Hilfspersonal. Es besteht das **Verbot der Diskriminierung** von EU-Ausländern. Ferner sind sonstige Beschränkungen verboten, die eine Berufsausübung im Ausland behindern könnten. Zunächst stellt sich dabei die Frage nach der gegenseitigen Anerkennung von Diplomen und Studienabschlüssen, Facharztweiterbildungen usw. (Art. 47 EGV, neu).

In der EU besteht eine Verpflichtung zur gegenseitigen Anerkennung der Qualifikationen

Maßgebend sind hier zahlreiche europäische Richtlinien, in denen entsprechende Details geregelt sind. Von besonderer Bedeutung ist die Richtlinie 93/16 des Rates vom 05.04.1993 zur Erleichterung der **Freizügigkeit für Ärzte** und zur gegenseitigen Anerkennung ihrer Diplome, Prüfungszeugnisse und sonstigen Befähigungsnachweise (ABl.L 167, Seite 1). Im Zuge der gegenseitigen Anerkennung von Hochschulausbildungsabschlüssen haben ihrerseits deutsche Staatsangehörige mit den in der Bundesrepublik Deutschland ausgestellten Diplomen, Prüfungszeugnissen und sonstigen Befähigungsnachweisen einen Rechtsanspruch auf Anerkennung dieser Ausstellungsnachweise in den übrigen Staaten der EU. Ferner ist die Entschließung des Rates vom 24.07.1997 betreffend Ärzte, die innerhalb der Gemeinschaft zu- und abwandern, von Bedeutung (ABl.C 241, Seite 1).

Die **Rechtssprechung des europäischen Gerichtshofes (EuGH)** zur Freizügigkeit und Niederlassungsfreiheit bei medizinischen Berufen zeigt eine sehr **gemeinschaftsfreundliche Linie.** Problematisch ist jedoch, dass jeder Mitgliedstaat seine medizinischen und paramedizinischen Berufe selbst festlegen kann. Wenn etwa in einem Land ein bestimmter medizinischer Beruf anerkannt wurde, ist dieses von anderen Mitgliedstaaten zu respektieren. Sie brauchen aber umgekehrt diesen Beruf nicht bei sich selbst einzuführen und zuzulassen.

Die durch die EU gewährleistete **Niederlassungsfreiheit** bedeutet nicht, dass danach der Betrieb einer ärztlichen Zweigpraxis ohne weiteres zulässig wäre. Der Qualitätsanspruch bezieht sich auf die inländische ärztliche Tätigkeit. Daher hat auch derjenige Arzt, der in einem EU-Mitgliedsstaat eine Zweigpraxis oder unselbständige Niederlassung eröffnen will, die **Genehmigung der zuständigen Ärztekammer** einzuholen. Ein Arzt, der neben seiner Niederlassung oder neben seiner ärztlichen Berufstätigkeit im Geltungsbereich der Berufsordnung in einem anderen Mitgliedstaat der EU eine Praxis führen will oder dort eine weitere ärztliche Berufstätigkeit ausüben will, ist verpflichtet, dieses der Ärztekammer anzuzeigen (Kap. D Nr. 12).

Hierdurch soll die zwangsläufig mit einer Verzettelung der ärztlichen Tätigkeit verbundene Qualitätsminderung verhindert werden. Ausländische Ärzte, die nicht Staatsangehörige des europäischen Wirtschaftsraumes sind, erfüllen die Voraussetzungen zur Erteilung der Approbation nicht. Sie haben daher keinen Rechtsanspruch auf Erteilung einer solchen, unabhängig davon, ob sie die ärztliche Ausbildung in Deutschland oder im Ausland absolviert haben.

Viele Ärzte können Ihren Beruf nur ausüben, wenn sie unter den besonderen Voraussetzungen des § 3 III BÄO einen Anspruch auf Approbationserteilung haben oder wenn ihnen eine Berufserlaubnis nach § 10 BÄO erteilt wird.

Nach § 3 III BÄO kommt die **Approbationserteilung** für Ärzte, die nicht Staatsangehörige des Europäischen Wirtschaftsraumes sind, sondern aus einem sogenannten Drittland stammen, nur in besonderen Einzelfällen oder aus Gründen des öffentlichen Interesses in Betracht. Dabei werden an das Vorliegen eines besonderen Einzelfalles besondere Anforderungen gestellt. Dabei spielt insbesondere die Integration des Ausländers in die hiesigen Berufs- und Lebensverhältnisse eine entscheidende Rolle (BVerwG MedR 1992, 54). Die persönlichen und beruflichen Verhältnisse des Arztes müssen Besonderheiten aufweisen, die sich von dem Regelfall des Ausländers, der als nichtapprobierter Arzt in der Bundesrepublik ärztlich tätig ist, wesentlich unterscheiden. Ob eine Integration in beruflicher Hinsicht stattgefunden hat, wird nicht durch Zeiten, in denen sich der ausländische Arzt seiner ärztlichen Aus- und Weiterbildung gewidmet hat, beeinflusst. Diese Zeiten bleiben unberücksichtigt (OVG Münster MedR 2000, 333 ff.). Der mit einem **deutschen Ehepartner** verheiratete ausländische Arzt erfüllt die Voraussetzungen einer Integration in die hiesige Berufswelt erst nach einer mindestens achtjährigen ärztlichen Tätigkeit in der Bundesrepublik.

Nach § 10 **BÄO** kann die Erlaubnis zur vorübergehenden Ausübung des ärztlichen Berufs erteilt werden. Sie darf nur widerruflich und nur bis zu einer Gesamtdauer der ärztlichen Tätigkeit von höchstens vier Jahren erteilt werden. Dieser Zeitraum darf ausnahmsweise überschritten werden, wenn

- der ausländische Arzt unanfechtbar als Asylberechtigter anerkannt ist,
- die Rechtsstellung nach § 1 des Gesetzes über Maßnahmen für im Rahmen humanitärer Hilfsaktionen aufgenommene Flüchtlinge vom 22. Juli 1980 (BGBl. I S. 1057) genießt,
- er mit einem Deutschen verheiratet ist, der seinen gewöhnlichen Aufenthalt im Geltungsbereich dieses Gesetzes hat,
- er im Besitz einer Einbürgerungszusicherung ist, der Einbürgerung jedoch Hindernisse entgegenstehen, die der Antragsteller selbst nicht beseitigen kann.

Der Arzt hat Vorkehrungen für eine ordnungsgemäße Versorgung der Patienten vor Ort zu treffen. Die Ärztekammer kann verlangen, dass der Arzt die **Zulässigkeit** der Eröffnung der weiteren Praxis nach dem **Recht des betreffenden Mitgliedstaates** der Europäischen Union nachweist (Kap. D Nr. 12 Satz 3 MBO-Ä). Interessant ist, dass von einer Bedarfsprüfung hier nicht die Rede ist.

14.2 Gesundheitspolitik in der Europäischen Union

Nach der eigentlichen Bedeutung des Begriffs gibt es eine **europäische Gesundheitspolitik** derzeit nicht. Es existiert kein eigener politischer Bereich für das Gesundheitswesen, innerhalb dessen auf europäischer Ebene umfassend Recht gesetzt werden könnte, das den nationalen Regelungen vorginge. Vielmehr existieren nur gewisse, allerdings anwachsende Kompetenzen für die europäischen Institutionen, die vereinzelte Maßnahmen treffen können und gleichzeitig nationale Maßnahmen ergänzen. Im **Maastrichter Vertrag** findet sich das Postulat eines hohen Gesundheitsschutzniveaus. Die Mitgliedstaaten werden zu einer Koordinierung ihrer nationalen Politik im Benehmen mit der Europäischen Kommission in Brüssel aufgerufen.

Seit dem **Amsterdamer Vertrag** zielen die Maßnahmen auf europäischer Ebene darauf ab, dass generell bei allen Tätigkeiten der Gemeinschaft ein **hohes Gesundheitsschutzniveau** sichergestellt sein muss (Art. 152 EGV, neu). Dies wird als sogenannte **Querschnittsklausel** bezeichnet, die in allen anderen Gemeinschaftspolitiken zum Tragen kommt, etwa den Binnenmarktvorschriften, der Arbeits- und Sozialpolitik oder der Agrarpolitik.

Die Tätigkeit der Gemeinschaft ergänzt und unterstützt die Politik der Mitgliedstaaten und fördert die Zusammenarbeit zwischen ihnen, aber auch mit dritten Ländern und internationalen Organisationen. Die **Harmonisierung** der Vorschriften der Mitgliedstaaten ist jedoch **ausgeschlossen**.

WICHTIG ! **Die Tätigkeit der Europäischen Gemeinschaft ist ausgerichtet auf die Verbesserung der Gesundheit der Bevölkerung, die Verhütung von Krankheiten und Bekämpfung von Krankheitsursachen, also auf Maßnahmen der allgemeinen Prävention und nicht der Krankheitsbehandlung.**

Fördermaßnahmen wurden durch Aktionsprogramme, den Aufbau von Netzwerken, die Anfertigung von allgemeinen Studien und Berichten zu einzelnen als prioritär angesehenen Komplexen verwirklicht (Krebsbekämpfung, Aids, seltene Krankheiten, Drogensucht, Alkoholismus und Doping).

Dieses soll dadurch unterstützt werden, dass die künftige Gemeinschaftspolitik nicht mehr auf einzelne Situationen reagieren soll. Vielmehr soll die Information zur Entwicklung der öffentlichen Gesundheit verbessert, eine **rasche Reaktion auf Gesundheitsgefahren** begründet und die Berücksichtigung der für die Gesundheit entscheidenden Faktoren durch **Gesundheitsförderung und Prävention** unterstützt werden. Es sollen künftig auch Daten über die verschiedenen Gesundheitssysteme, insbesondere über Kosten und Finanzierung sowie die Effizienz der verschiedenen Systeme einschließlich der Rolle der gesetzlichen und privaten Krankenversicherungen erhoben werden.

14.3 Entscheidungen des Europäischen Gerichtshofes

Die Entscheidungen des EuGH haben auf das nationale Recht erhebliche Auswirkungen. Sie sind gerade auf dem Gebiet des Gesundheitsrechts ein wesentlicher Bestandteil der rechtsfortbildenden Aufgabe des EuGH. Grundlage der Gemeinschaft ist der freie Binnenmarkt. Dieser gewährt freien Warenverkehr sowie freien Dienstleistungsverkehr. Dienstleistungen müssen ohne Diskriminierung und Beschränkung möglich sein (Art. 49 EGV, neu).

Beschränkungen des **Dienstleistungsverkehrs** innerhalb der europäischen Mitgliedstaaten haben meist finanzielle Hintergründe, was insbesondere für die Kostenträger gilt.

Beispiel:

Berühmt wurde der Fall Kohll. Hier wurde von einem luxemburgischen Staatsangehörigen eine Arztbehandlung in Deutschland in Anspruch genommen. Sein Antrag auf Kostenübernahme bei der luxemburgischen Krankenversicherung wurde abschlägig beschieden. Der EuGH stellte fest, dass es sich um eine Beschränkung der Dienstleistungsfreiheit handelte (EuGH Urteil vom 28.04.1998 MedR 1998, 317).

Die luxemburgische Regierung hatte im Verfahren vorgebracht, dass durch eine derartige Handhabung das finanzielle Gleichgewicht der Sozialversicherung und damit das Gesundheitswesen eines kleinen Landes insgesamt gestört werde. Zwar erkannte der EuGH dies als mögliches zwingendes Erfordernis an. Er verneinte jedoch dessen Vorliegen, d.h. dessen Anwendung auf den vorliegenden Fall, da nicht konkret vorgetragen worden sei, dass das Genehmigungserfordernis zur Erhaltung eines bestimmten Umfangs der medizinischen und pflegerischen Versorgung im Inland erforderlich sei. Diese Entscheidung eröffnet die Möglichkeit, dass Patienten auf Kosten der Versicherungen im Ausland behandelt werden können.

Dieses hat der EuGH in zwei jüngeren Entscheidungen auch für das etwa in Deutschland geltende Sachleistungsprinzip bestätigt (EuGH Urteil vom 12.07.2001 NJW 2001, 3391 ff.).

Der EuGH stellt klar, dass auch stationäre medizinische Leistungen in den Schutzbereich der **Dienstleistungsfreiheit** fallen. Diese Entscheidung wird für den ambulanten Bereich weitreichende Konsequenzen haben. Da die Kassen von einer kostengünstigeren Behandlung profitieren, wird ihre Bereitschaft steigen, zumindest bei im Ausland kostengünstigeren Gesundheitsleistungen eine Genehmigung zu erteilen.

Inzwischen findet eine grenzüberschreitende Gesundheitsversorgung zwar in Grenzgebieten statt. So ist im Gebiet Euregio Maas-Rhein (EMR) vereinbart worden, dass sich niederländische, belgische und deutsche Patienten im Rahmen von Projekten wie ZOM („Zorp op Maat", Versorgung nach Maß) oder IZOM (Integration Zorp op Maat) grenzüberschreitend von Fachärzten behandeln lassen können. Beide Vereinbarung umfassen die ambulante Diagnostik und Therapie, die damit verbundene Versorgung mit Medikamenten sowie eine eventuelle notwendige stationäre Behandlung einschließlich der Transportkosten. Bei Leistungen der Spitzenversorgung mussten die Krankenkassen vorher eine **Genehmigung** erteilen. Dies ist durch eine Entscheidung des Europäischen Gerichtshofes vom 13. Mai 2003 für den ambulanten Bereich aufgehoben worden. Die Genehmigungspflicht gilt nur noch für stationäre Behandlungen.

Seit Juli 2000 können Versicherte der niederländischen CZ Groep und der AOK Rheinland ambulante fachärztliche Leistungen über eine eigene Versichertenkarte in Anspruch nehmen. Dadurch entfällt das früher notwendige Genehmigungsverfahren mit Vordrucken bei der heimischen Krankenkasse. Die GesundheitscardinternationalI ermöglicht die Abrechnung direkt zwischen den Kooperationspartnern CZ und AOK Rheinland. Im Zuge der grenzüberschreitenden Gesundheitsversorgung, die durch die europäische Union unterstützt wird, haben sich zahlreiche professionelle Patientenvermittler bestellt, die für Kliniken und Niedergelassene tätig sind. Nach Mitteilung der Ärztezeitung lassen sich etwa 50.000 Gastpatienten aus allen Ländern in deutschen Krankenhäusern behandeln.

Noch nicht entschieden ist die Frage, ob luxemburgische Ärzte und Krankenhäuser ohne gesetzliche Grundlage unterschiedliche Sätze bei gleicher Leistung auf Personen anwenden dürfen, je nach dem, ob diese im gesetzlichen System versichert sind oder anderweitig. Auch diese Entscheidung wird von erheblicher Tragweite sein.

Nur zu bekannt ist eine weitere Entscheidung des europäischen Gerichtshofs, worin die Feststellung getroffen wurde, dass der **Bereitschaftsdienst**, den Ärzte in der Gesundheitseinrichtung leisten, Arbeitszeit ist (EuGH Urteil vom 03.10.2000 MedR 2001, 90; ZfBeamtR 2001, 29). Bis heute ist dieses Urteil in Deutschland noch nicht umgesetzt. Dies mag an den mangelnden Ressourcen liegen.

Der EuGH stellte in dieser Entscheidung außerdem fest, dass beim Bereitschaftsdienst in Form ständiger Erreichbarkeit nur die Zeit, die für die tatsächliche Erbringung von Leistungen der medizinischen Grundversorgung aufgewandt wird, als Arbeitszeit anzusehen ist. Ferner ist auf einen Beschluss des Bundesarbeitsgerichts vom 18.02.2003 hinzuweisen. Das Bundesarbeitsgericht ist der Entscheidung des EuGH gefolgt und hat festgestellt, dass Bereitschaftsdienste in den Räumen des Arbeitgebers als Arbeitszeit zu werten sind. Es sieht sich jedoch aufgrund der eindeutigen Gesetzeslage nicht in der Lage, das Arbeitszeitgesetz europarechtskonform auszulegen, wie dieses jedoch zuvor von einzelnen unterinstanzlichen deutschen Gerichten wie dem LAG Hamm in dessen Entscheidung vom 07.11.2002 erfolgte.

Die **Bedeutung des EuGH** wird dadurch überdeutlich, als dass Gerichte, die in letzter Instanz entscheiden, verpflichtet sind, die Frage der Gültigkeit oder der Auslegung von Gemeinschaftsrecht dem Gericht zuvor vorzulegen, soweit dieses für ihre Entscheidung erheblich ist. Alle anderen Gerichte können unter den genannten Voraussetzungen diese Frage dem EuGH vorlegen (Art. 234 II EGV, neu). Allerdings müssen sie dann den EuGH einschalten, wenn sie die Gültigkeit von Gemeinschaftsrecht bezweifeln.

Für ambulante Behandlungen im EU-Ausland ist keine vorherige Genehmigung der Krankenkasse erforderlich.

Bereitschaftsdienst im Krankenhaus ist als Arbeitszeit anzurechnen, die Umsetzung dieses Gerichtsurteils wird aber personell und finanziell schwierig werden.

Insoweit steht dem EuGH das **Verwerfungsmonopol** zu, d.h. das Recht, ein nationales Urteil wegen Unvereinbarkeit mit Gemeinschaftsrecht für unzulässig zu erklären.

14.4 Ausblick

Die gesetzgeberischen Aktivitäten des Rates und die Entscheidungen des EuGH haben erhebliche Auswirkungen auf das nationale Recht. Man kann als sicher annehmen, dass noch zahlreiche Entscheidungen das Gesundheitswesen in Deutschland erheblich beeinflussen werden.

Gerade auf dem Gebiet des Gesundheitsrechts ist die Rechtsprechung des EuGH wesentlicher Bestandteil der rechtsfortbildenden Aufgaben.

Die unterschiedliche Gesetzgebung sei anhand der Regelungen zum Schwangerschaftsabbruch anhand folgender Übersicht verdeutlicht:

Regelungen zum Schwangerschaftsabbruch im europäischen Vergleich:

Schwangerschaftsabbruch verboten:
Irland
Malta

Schwangerschaftsabbruch bei Lebensgefahr für die Mutter zulässig:
Polen

Schwangerschaftsabbruch bei Gefahr für die psychische Gesundheit der Schwangeren zulässig:
Nordirland
Portugal
Spanien

Schwangerschaftsabbruch aus sozioökonomischen Gründen zulässig:
Finnland
Großbritannien
Ungarn

Schwangerschaftsabbruch auf Verlangen zulässig (teils mit Beratungspflicht und Wartezeit von 3-8 Tagen):
Österreich
Belgien
Tschechien
Dänemark
Frankreich
Deutschland
Griechenland
Italien
Niederlande
Norwegen
Schweden

Fristgrenzen nach Konzeption:
Belgien: 14 Wochen
Niederlande: 22 Wochen
Alle anderen: 10-12 Wochen

Übersicht 14.1: Regelungen zum Schwangerschaftsabbruch im europäischen Vergleich

Die sich aus den Diskrepanzen der nationalen Gesetzgebung bei offenen Grenzen ergebenden Probleme („Abtreibungstourismus") sind offenkundig und hinlänglich bekannt.

Für die Regelungen bezüglich der Reproduktionsmedizin (Präimplantationsdiagnostik, Eizellenspende, Leihmutterschaft) finden sich vergleichbare Diskrepanzen der nationalen Gesetzgebungen mit bekannten Folgen.

Das Europäische Parlament hat diesbezüglich Stellung bezogen, indem es die Mitgliedstaaten 1997 aufgefordert hat, den Schwangerschaftsabbruch unter bestimmten Bedingungen (z.B. nach Vergewaltigung oder bei gesundheitlicher Gefährdung der Schwangeren) zuzulassen.

Ob sich hier eine Harmonisierung auf europäischer Ebene entwickeln wird oder Einzelfallklagen vor dem europäischen Gerichtshof zu Konsequenzen für das jeweilige nationale Recht führen, bleibt abzuwarten.

Sachverzeichnis